儿童发展与教育心理学

第二版

主　编 / 程翠萍
副主编 / 杨桂云　刘杰　杨怡

西南大学出版社
SWUP
国家一级出版社　全国百佳图书出版单位

图书在版编目(CIP)数据

儿童发展与教育心理学 / 程翠萍主编 ; 杨桂云, 刘杰, 杨怡副主编 . -- 2版 . -- 重庆 : 西南大学出版社, 2025. 3. -- ISBN 978-7-5697-2810-1

Ⅰ. G44

中国国家版本馆CIP数据核字第2025Y4U769号

儿童发展与教育心理学(第二版)

主　编　程翠萍

副主编　杨桂云　刘　杰　杨　怡

责任编辑: 翟腾飞

责任校对: 路兰香

装帧设计: 闰江文化

排　　版: 瞿　勤

出版发行: 西南大学出版社

地址:重庆市北碚区天生路2号

邮编:400715

市场营销部电话:023-68868624

印　　刷: 重庆天旭印务有限责任公司

成品尺寸: 185 mm×260 mm

印　　张: 16.75

字　　数: 360千字

版　　次: 2025年3月 第2版

印　　次: 2025年3月 第1次印刷

书　　号: ISBN 978-7-5697-2810-1

定　　价: 48.00元

前言

儿童是家庭的希望、民族的未来,也是社会主义建设者和接班人。儿童教育与心理现象,遍布中国教育工作、家庭生活的每个角落。掌握儿童心理发展与教育规律,对每位一线教师完成“为党育人、为国育才”的使命、对每一位家长实现科学育儿的目标具有重要价值。“儿童发展与教育心理学”是小学教育等诸多师范专业的教师教育课程,它涉及了发展心理学和教育心理学两个重要学科。目前,承担小学教师等培养任务的师范院校多采用单独的教育心理学或发展心理学教材,统整这两个学科主要内容的教材比较少,并且专门针对儿童群体的发展与教育心理学的教材则更少。因此,新时代培养卓越小学教师非常需要一本观点新、体系新、内容新的《儿童发展与教育心理学》课程教材。

这本教材对成为卓越小学教师所需的儿童发展与教育心理学知识、能力和素养作了比较系统的整理,集结了4位扎根讲台的教师自从攻读研究生以来的一些教学经验、科研成果,是对当前儿童发展与教育心理学教材建设的一个重要补充,对于人们从心理学的角度理解儿童的发展与教育现象有着深远的意义。

本次修订主要围绕案例更新、在线资源同步、新理论嵌入三个方面进行。经过这些修订,这本教材从内容上看,大致分为学科概述、发展心理、学习心理、教师心理四个模块。从编写特色上看,具有下述三大特色:

首先,这本教材精准定位儿童,凸显培根铸魂的育人价值。无论是知识点的选择,还是配套资源的确定,都聚焦儿童的心理发展与教育。就像教材中对埃里克森人格发展理论的梳理,重点笔墨放在前四个阶段,详细介绍了0—12岁儿童的人格发展特征。在资料超链接和给教师的建议部分,所有链接的案例资料都是针对儿童群体的,大部分给教师的建议也是立足儿童视角的操作性方法。而且,教材有机融入了探索求真的科学精神、乐教爱生的教育情怀等思政元素。例如在第七章,编者重现了行为主义学习理论的经典实验过程,巧妙嵌入了基于证据探索发现的科学思维、保护儿童权益的科研伦理。

其次,我们的教材章节标题不同于以往学理导向的抽象描述,均指向具有时代特征的现实教育问题,缩短了心理学理论与教育实践的距离。教材的每个章节标题都以儿童心理发展与教育的现实问题为主标题,以问题反映的学科理论为副标题。比如,第一章第一节的标题是“早教班有利于儿童成长?——心理发展的实质与特点”。这样兼具通俗与学理的标题表述在心理学理论和儿童教育实践之间架起了互通的桥梁,尤其是那些关于儿童教育实践的问题描述,均是来自教育教学经验丰富的一线教师的反馈,所以我们能很直观地感受到这本教材的可读性、实用性和趣味性。

第三，拿起这本纸质教材，看似不够厚重，其实它在智慧树网配套了形态丰富的数字教材资源(可在智慧树网搜索“儿童发展与教育心理学”，课程负责人：程翠萍)，顺应了新时代大学生智慧学习的发展趋势。毫不夸张地说，这本教材如同行走的儿童发展与教育心理学资源库，学习者可以实现随时随地的学习与共享。

总而言之，这是一本非常适合未来小学教师使用的专业教材，也是可供学生家长研读的通用书籍。强国必先强教，强教必先强师。《儿童发展与教育心理学》等教师教育课程教材是新时代高素质专业化教师队伍培养的重要载体，我们相信这本教材能够为我国培养卓越小学教师的教学研究与实践注入新的活力。

程翠萍

2024年9月20日

目录

绪论

儿童发展与教育心理学概述

学习目标

1. 厘清儿童发展与教育心理学的发展简史、研究方法。
2. 辨认儿童发展与教育心理学的研究对象和内容体系。
3. 遵循儿童研究的基本原则，树立求真务实、爱护儿童的科学伦理。

知识导图

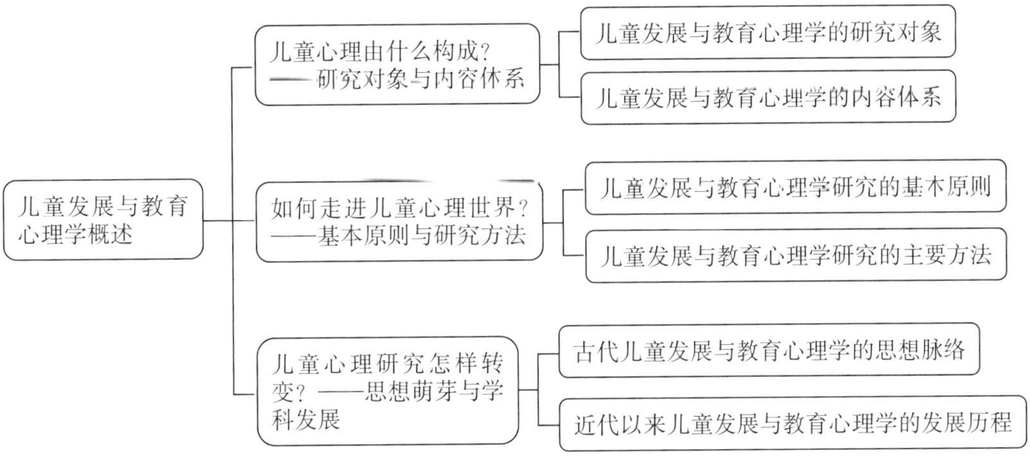

第一节　儿童心理由什么组成?

——研究对象与内容体系

儿童发展与教育心理学是发展心理学与教育心理学的交叉学科,研究儿童心理发展特点与规律、儿童学习特点与规律以及它们在教育教学实践中的应用。本节探讨儿童发展与教育心理学的研究对象和具体内容体系。

一、儿童发展与教育心理学的研究对象

儿童发展与教育心理学是研究儿童心理发展特点与学习规律及其在教育教学中的应用的科学。因此,儿童发展与教育心理学既有基础学科的色彩,也有应用学科的特性。

(一)研究基础:儿童心理发展特点与规律

苏霍姆林斯基曾说:"教育首先是人学。不了解孩子,不了解孩子的智力发展、思维、兴趣、爱好、能力、禀赋、习气,就没有教育。"①要教育儿童,必须了解儿童,了解儿童的心理发展特点与规律。儿童是小学教育教学活动的对象,一切小学教育教学活动最根本的目的就是促进儿童的全面发展。可以说,儿童的心理发展既是教育教学活动的起点,也是教育教学活动的目的,所以儿童心理发展特点与规律是儿童发展与教育心理学研究的基础内容。

本书第一章至第六章将系统介绍儿童心理发展特点与规律的相关内容,包括儿童心理发展的生理基础,认知发展、人格发展、社会性发展、品德发展的阶段特点和规律,以及儿童心理发展的个体差异。

给教师的建议

举手回答问题

课堂上,当一个小学1年级的孩子从座位上站起来,高高地举起他的右手,希望老师能够让自己回答问题时,作为老师的你,会不会满足他的愿望呢?不满足的话,会不会打击他的积极性?在此,我们给教师的建议是:如果这个孩子经常出现这样的行为,最好不要抽他回答问题,否则他会不断地通过这样的方式来吸引老师的注意,久而久之就可能会变得不愿等待、耐心不够,养成容易急躁、焦虑的A型人格。老师可以利用消退原理,只请坐得端、举了手的学生,并且提醒其他同学向他学习。

①苏霍姆林斯基.育人三部曲[M].毕淑芝,等译.北京:人民教育出版社,1998.

(二)研究重点:儿童学习过程与学习条件

教师的教育教学活动要通过儿童的各类学习活动发挥作用,因此,儿童的学习过程与学习条件等内容就成为儿童发展与教育心理学研究的重点。具体来说,该领域的研究要阐明儿童学习的本质、特点及类型,儿童学习机制的各种理论,儿童学习的不同条件和影响因素,以及不同类型的学习过程及其规律。

本书第七章至第十一章将详细阐述儿童学习过程和学习条件的相关内容,先介绍四个学派关于儿童学习机制的基础理论,然后从学习过程的角度介绍儿童的学习动机理论及激发方法,儿童学习知识、技能与规范的过程与条件,儿童的学习策略及其教学,以及儿童学习迁移理论及规律。

(三)研究旨归:将儿童发展特点与学习规律应用于教育实践

研究儿童发展特点与学习规律,最终目的是指导教育教学实践,提高教育教学效果。因此,儿童发展特点与学习规律在教育教学实践中的应用也属于儿童发展与教育心理学的研究对象。儿童发展特点与学习规律只有被一线小学教师充分理解和内化,才能在教育教学实践中真正发挥作用。

本书在心理发展模块第二章至第五章、学习心理模块第八章至第十一章增设了"一般规律与教育(教学)启示",分别从教学设计和教学管理两个角度揭示儿童发展特点与学习规律在教育教学实践中的应用。此外,本书第十二章特别介绍了教师职业心理素质、教师职业角色与威信、教师职业发展与心理健康。

阅读与思考

作业没写拼音

上写字课的时候,杨老师为了省事,没有用粉笔在黑板上写生字的拼音。结果学生的写字作业交上来后,有个学生的作业本上只有汉字而没有拼音。杨老师奇怪地问:"你怎么不写拼音呢?"这个学生一脸无辜地说:"老师,你也没有写拼音呀!"

思考:学生不写拼音,你认为是谁之过?假如你是杨老师,会如何与这个学生沟通?

二、儿童发展与教育心理学的内容体系

儿童发展与教育心理学的具体研究内容主要是围绕学生的学与教师的教两个方面展开的,包括学生、教师、教学内容、教学媒体和教学环境五种要素,以及学习过程、教学过程和评价反思过程这三种过程。在此系统中,五种因素和三种过程交织在一起,相互影响。

(一)学习与教学的要素

1. 学生

学生是学习的主体，也是教育教学的对象，任何教育教学手段都必须通过学生起作用。学生的心理发展特点和学习规律会直接影响教育教学过程。在开展教育教学活动时，要考虑学生的群体差异和个体差异。比如年龄差异，6岁小学生和12岁小学生的思维水平存在明显的差异，同一种教学方法对12岁小学生效果很好，但对6岁小学生就可能行不通。

2. 教师

教师是学习的组织者、引导者与合作者。教师的专业精神、专业知识、专业技能及教学风格等都会对学生的学习产生影响。例如，不同教学风格的教师营造出的课堂氛围有很大不同，对学生的学习动机与效果也会产生不同的影响。

3. 教学内容

教学内容是学习与教学过程中有意传递的主要信息，一般表现为课程、教材和教学大纲。课程的设置、教材的编制和大纲的设计必须以学习和教学的科学理论为基础。例如，教材的内容、结构和难度，既要适合学生的现有发展水平，又要能促进学生向更高水平发展；既要适合学生学习的特点，又要考虑到教学的有效性，还必须考虑社会发展的需要。

4. 教学媒体

教学媒体是教学内容的载体，是教学内容的表现形式，是师生之间传递信息的工具。随着教育技术的发展，教学媒体也在不断更新。早期教学媒体包括黑板、实物、录音机等，现在有了投影仪、幻灯片、交互式电子白板、电子书包等。教学媒体不仅影响教学内容的呈现方式和容量的大小，而且对师生在教学过程中的作用、教学组织形式以及学生的学习方式等都产生了深远的影响。

5. 教学环境

教学环境是学习与教学的外部条件，包括物质环境和社会环境两个方面。前者涉及课堂自然条件、教学设施以及空间布置等物质条件，后者涉及课堂纪律、课堂气氛、师生关系、同学关系、学风校风以及社会文化背景等社会文化心理条件。教学环境不仅影响学生的学习过程和方法、教师的教学方法以及教学组织，而且对学生人格、社会性、品德的发展也有直接作用。

(二)学习与教学的过程

1. 学习过程

学习过程指学生在教学情境中通过与教师、同学以及教学信息的相互作用获得知识、能力、素养的过程。学习过程是儿童发展与教育心理学研究的核心，如学习的实质、学习机制、学习动机、学习策略、学习迁移等。

2. 教学过程

教学过程指教师引导学生主动建构自己的知识、能力和素养体系的过程。在教学过程中，教师设计教学情境、组织教学活动，与学生进行信息交流，实施教学管理，从而引导学生进行理解、思考、探索和发现等活动，使其获得知识、能力和素养。

3. 评价反思过程

评价反思过程指对学习和教学效果进行测量、评定和反思的过程。评价反思过程贯穿在整个教学过程中，包括教学之前对教学设计效果的预测和评判、教学过程中对教学的监视和分析以及教学之后的检验和反思。

资料超链接

学习儿童发展与教育心理学：从新手教师到专家型教师[①]

美国学者柏林纳将教师从新手到专家的成长过程划分为5个阶段，分别是新手水平、高级新手水平、胜任水平、熟练水平和专家水平。新手水平教师是师范生或刚进入教学领域的教师，任务是学习一般的教学原理、教材内容知识和教学方法；高级新手水平教师是有两三年教龄的教师，开始意识到各种教学情境有其共性，也会运用一些教学策略来调节和控制自己的行为；胜任水平教师的教学能明确自己的教学目标和内容，能确定课堂教学活动中各类事件的主次；熟练水平教师对课堂教学情境和学生的反应有敏锐的观察力，可以准确预测学生的学习反应；专家水平教师以直觉方式处理课堂教学事件，其轻松流畅的课堂教学行为成为一种自然而然的反射行为。

学习儿童发展与教育心理学可以帮助未来的教师准确地了解问题，为实际教学提供科学的理论指导，分析预测并干预学生的行为，结合实际教学进行创造性研究，更好地走向专家型教师的成长之路。

第二节　如何走进儿童的心理世界？

——基本原则与研究方法

儿童发展与教育心理学的研究从方案设计、材料收集、数据处理到得出结论的每一步都必须遵循教育科学研究的基本原则，并运用相应的具体研究方法。下面介绍儿童发

①陈琦，刘儒德. 当代教育心理学[M]. 3版. 北京：北京师范大学出版社，2019.

展与教育心理学研究的基本原则和主要方法。

一、儿童发展与教育心理学研究的基本原则

(一)客观性原则

客观性原则是指研究者对待客观事实要采取实事求是的态度,不能歪曲事实或主观臆测。儿童发展与教育心理学研究中,客观性原则要求研究者必须如实地记录外部刺激和儿童的各种行为反应、口语报告等,研究结果也应当与研究者自身的信念、情绪状态无关。

(二)系统性原则

系统性原则是指要坚持整体、系统的观点,多层次、多侧面地进行研究,不能孤立、片面、割裂式地看问题。儿童发展与教育心理学研究中,系统性原则要求研究者将研究对象放在有组织的系统中进行考察,运用系统的方法从不同层次和侧面进行分析,对儿童的各种心理现象进行整合性的研究。

(三)教育性原则

教育性原则是指研究者开展的研究必须符合儿童的身心发展规律,对儿童成长具有积极的教育意义,决不能损害儿童的身心健康。因此,在进行儿童发展与教育心理学研究时,研究方案的整个实施过程都要考虑对儿童是否有良好的教育影响,不能给儿童留下直接或潜在的心理创伤。

阅读与思考

男孩当女孩养

一场手术损坏了8个月大的男孩布鲁斯·雷默的生殖器官,这导致他未来已经无法像正常男性一样生活。心理学研究者约翰·莫尼建议不如趁男孩还小,像女儿一样养育儿子,从而转变他的性别。父母和心理学家一拍即合,一个长期心理学实验就此开始。整个实验的过程与心理学家的设想不同,因为布鲁斯·雷默根本就不想当女孩,他拒绝一切与女生有关的东西,尤其是裙子和洋娃娃,他只想当一个男生。这个实验给布鲁斯·雷默带来了巨大的心理伤害,他在知道事情的真相后,经历了几次修复手术,改名叫大卫,还与一位女性结了婚。然而,他的心理创伤非常严重,以致38岁就开枪自杀了。

思考:约翰·莫尼的性别置换实验给研究者开展儿童发展与教育心理学研究怎样的警示?

(四)实践性原则

实践性原则是指儿童发展与教育心理学的研究要与教育实践密切联系,研究问题要来源于教育实践,研究成果也要服务于教育实践。如果儿童发展与教育心理学的研究成果不能应用于教育实践,它就没有生命力。因此,儿童发展与教育心理学的研究成果只有在教育实践中才能得到检验、修正和发展。

(五)发展性原则

发展性原则是指研究者应以发展的眼光来看待儿童心理发展与教育现象。儿童是处于不断发展中的人,其心理活动也是变化发展的过程,所以研究者需要用动态、变化的视角来衡量和评估儿童的心理发展水平,在发展中研究儿童的心理与教育现象,而不是采用绝对、一成不变的视角。

阅读与思考

小时平庸,大必不行

思思今年4岁,上幼儿园中班。其老师为参加区里组织的论文比赛,私自给班上的每个孩子进行了智力测试,并将测试结果写进论文,论文结论中明确指出智商越低的儿童适应性越差,这篇文章还在学术期刊上公开发表。老师在之后的教育活动中,认为那些智商较低的幼儿不能适应小学各学科的学习,并有意无意地给班里孩子的成长空间下定论——“小时平庸,大必不行”。

思考:这位幼儿教师的做法违背了哪些研究原则?

二、儿童发展与教育心理学研究的主要方法

儿童发展与教育心理学研究中,回答“是什么”的描述性研究方法主要包括观察法、调查法、个案法等,验证变量“相关关系”的典型研究方法是测验法,探究变量“因果关系”的重要研究方法是实验法。

(一)观察法

观察法是指研究者通过感官或借助科学仪器,有目的、有计划地考察和记录儿童某种心理活动的表现或行为变化,从而分析和描述其心理特点与规律的方法。观察法是儿童发展与教育心理学研究中最基本、最普遍的方法,分为结构式观察和非结构式观察。观察法的优点是在自然情境中研究儿童的心理,所得的资料比较真实,而且简便易行。不过,使用观察法要求研究者具有敏锐的观察力,并坚持观察的目的性、客观性、全面性。

资料超链接

陈鹤琴观察儿子808天①

陈鹤琴是我国著名儿童心理学家，先后毕业于清华大学、哥伦比亚大学。1920年，陈鹤琴先生喜得长子一鸣，他以一鸣为研究对象，对儿童的动作、能力、情绪、言语、学习、绘画等方面的发展进行了连续长达808天的观察，写出了《儿童心理之研究》一书。这本专著，奠定了中国儿童心理学和儿童教育学的第一块基石。

（二）调查法

1.问卷法

问卷法是将研究者严格设计的一系列问题以书面形式发给儿童，以获得儿童心理和行为表现资料的方法。问卷通常有两种形式：开放式问卷和封闭式问卷。开放式问卷只提出问题，要求被试根据自己的实际情况或看法作答，适合对某些尚不明确的问题的探索性研究。封闭式问卷则把所有问题和可供选择的答案全部印在问卷上，被试在给出的答案中做出选择，它适合一些现有问题的描述性研究。问卷法的优点是可在短时间内获得大量的资料，省时、经济、便捷，而且所得的资料便于统计分析；但问卷只适合书面语言能力达到一定程度的儿童，且容易受问卷信效度、回收率的影响。

2.访谈法

访谈法是通过与儿童或相关人员进行口头交谈，收集有关儿童心理特征和行为数据资料的方法。访谈法的最大特点在于整个访谈过程是访谈者与受访者之间相互影响、相互作用的过程，可分为结构式访谈和非结构式访谈。访谈法适用于一切具有口头表达能力的不同文化程度的受访者，能灵活、有针对性地开展资料收集工作，回收率和有效率非常高。但访谈法费时费力，访谈结果的准确性、可靠性受访谈者自身素质的影响较大，所获数据资料也难以量化。

资料超链接

问卷调查法实施技巧②

调查问卷的基本结构包括标题、指导语、问题和答案、结束语，其中问题和答案是核心部分，所以这个部分的设计最为关键。在编制调查问卷时应注意：第一，问卷题目不宜过多，对问卷题目的回答应是所需了解的内容；第二，问卷的编制应尽量生动有趣，最好能够消除被调查者的防御心理，不需要太多的思考；第三，在

①陈鹤琴.儿童心理之研究[M].北京：商务印书馆，2021.

②董奇.心理与教育研究方法[M].北京：北京师范大学出版社，2004.

问卷中应加入一些探测项目，用以了解被调查者是否真实地回答调查项目；第四，问卷在正式施测之前，应进行信度和效度分析，以保证问卷的有效性。

（三）个案法

个案法是指对某一个体或群体组织在较长时间内收集其全面资料的方法。该方法比较适合特例研究，比如对超常儿童、特殊才能儿童、学习困难儿童及品德不良儿童等的研究；而且，研究早期阶段提出理论或假说也常用个案法。个案法由于观察比较细致、记述比较系统，可以获得其他方法所不能获得的宝贵资料，但研究结果的适用范围较小、推广性不高。

（四）测验法

测验法是以测验量表为工具，通过标准化测验程序研究儿童心理特点和规律的方法。测验法所使用的测验量表需要经过编制测验题目、预测、项目分析、合成测验、进行信度与效度检验、建立常模等标准化过程。测验法的优点是测验量表的编制十分严谨，结果处理方便，量表有现成的常模，可以直接进行对比研究。然而，测验法的灵活性差，对主试的要求较高，结果也可能受练习、经验等因素的影响。

阅读与思考

儿童智商测试引发的诉讼

某小学教师为了开展学生智力和学业成绩关系的研究，对小学生的智商进行了测试，学生张某智商测试的成绩是68（一般智商70以下属于智力障碍）。当年张某应入读初中，但某中学得知他的智商测试成绩后，拒绝接收张某。张某母亲不甘心，找专业机构对孩子的智商重新进行了测试，结果孩子的智商为78，不属于智力障碍。于是张某母亲愤怒地向法院提起诉讼，弄得沸沸扬扬。

思考：你认为这位小学教师所用的研究方法合适吗？为什么？

（五）实验法

实验法是指在严格控制的情境下，系统地操纵变量的变化，来研究此种变量的变化对其他变量所产生影响的方法。实验法的基本目的在于确定各种变量之间的因果关系，分为实验室实验法和自然实验法。前者是在实验室内严格控制和操纵实验条件，并借助各种专门仪器设备研究儿童的心理活动规律。此种方法所获数据比较可靠，但结果应用范围有限。后者是在自然情境下，由实验者创设或改变一些条件，对儿童某些心理活动进行研究。此种方法所得结果比较切合实际，但实验情境不易控制。实验法的优点是能够对心理现象为什么产生、受哪些因素影响提供科学的解释和预测，但实验设计比较困难，且需要投入很多的人力、物力和财力。

心理实验室

棉花糖实验①

斯坦福大学米歇尔博士带领团队于1966—1970年完成了著名的“棉花糖实验”。他让4岁左右的儿童坐在房间里，里面有一张桌子，桌子上放着一颗棉花糖，还有一个小铃铛。研究者告诉小朋友，他需要暂时离开房间一会儿，如果小朋友能够不摇铃铛，也不去吃棉花糖，耐心地等待研究者回来，就可以获得两颗棉花糖。如果等不了那么久，小朋友也可以随时摇铃铛把研究者叫回来，这样他们可以马上获得桌子上的这颗棉花糖 。然后研究者关上门走了出去，观察孩子们的表现。结果显示，孩子们的表现可以分为三类：有些小朋友面对棉花糖，一分钟之内就会控制不住，摇响铃铛召唤研究者，想要尽快地享受棉花糖的甜蜜滋味；第二类小朋友甚至会偷偷吃掉棉花糖的一部分，然后假装自己什么都没有做；而第三类小朋友就难能可贵了，他们会用各种方法来帮助自己转移注意力，比如唱歌、玩游戏，或者蒙住自己的眼睛不去看桌子上的棉花糖，然后坚持到了最后，成功获得两颗棉花糖。此后，研究者对这些孩子进行了数年跟踪，发现那些能够为获得更多棉花糖而等待得更久的孩子，比那些缺乏耐心的孩子更容易获得成功。

第三节　儿童心理研究怎样演变？

——思想萌芽与学科发展

儿童发展与教育心理研究具有悠久的历史，但成为一门学科的历史还较为短暂。本节将简要回顾古代儿童发展与教育心理学的思想脉络和近代以来儿童发展与教育心理学的发展历程，并分析其未来发展方向。

一、古代儿童发展与教育心理学的思想脉络

从历史发展的角度看，儿童发展与教育心理学的思想起源于古代的哲学心理学。发展心理学所探讨的，是古代哲学心理学中有关人性本质变化的根本问题；而教育心理学

①(美)沃尔特·米歇尔.棉花糖实验[M].任俊，闫欢，译.北京：北京联合出版公司，2016.

所探讨的，则是有关人性本质在教育情境中改变的问题。

（一）西方古代儿童发展与教育心理学思想

西方古代儿童发展与教育心理学思想主要体现在几个代表性人物的思想中。古希腊时期，柏拉图主张教学方法应重视个别差异，教育目的在于促进身心和谐发展。亚里士多德主张顺应本性、培养习惯、启发心智的教育原则。18世纪末，裴斯泰洛齐强调以爱为教育的中心，视学校如家庭、教师如父母、学生如子女，重视儿童的个别差异与自然发展，教师教学的目的在于使儿童的心智、情意、行动三方面均衡发展。赫尔巴特重视儿童兴趣的培养以及教学的程序，将教学过程分为明了、联想、系统、方法四个步骤，后经其弟子修改，形成了著名的五段教学法，即准备、提示、比较、概括与应用。福禄贝尔指出，自由和创造是人的天性，父母的爱是子女人格发展的动力，要重视儿童游戏的社会化教育功能以及儿童感知觉的发展。19世纪末，莫依曼主张研究儿童身心发展的特征及个体差异、儿童学习过程与疲劳，实现教材教法心理学化、教育活动个性化、学习经济化。

（二）中国古代儿童发展与教育心理学思想

中国古代儿童发展与教育心理学思想主要源自孔子、孟子和荀子的观点。首先，孔子认为教育具有使人改变习性的功能，并主张通过道德认知、道德情感、道德意志和道德实践四个途径实施道德教育。从学习的角度，孔子主张学生的知、情、意、行四者并重，认为学生对所学知识有兴趣才能产生最佳的效果；从教学的角度，教师则应注重学生思维的启发诱导、循序渐进、因材施教。孟子提出性善论，人性之中具有恻隐、羞恶、辞让、是非四种善根，并肯定教育对人的发展的作用，顺乎人性本质发展，可形成合于教育理想的仁、义、礼、智的行为。他还认为，学生学习应专心致志，教师的教学方法可多种多样，开展道德教育的方法包括立志养气、反求诸已、改过迁善、清心寡欲、意志锻炼。荀子提出性恶论，认为人生来就好利，为争夺利益产生暴力；强调教育具有“化性起伪”的功能，人的贵贱、智愚都取决于后天的教育，强调学习过程中“知”之后“行”的重要性。

资料超链接

《学记》中的儿童发展与教育心理学思想[①]

《学记》是世界上最早的教育专著，成书于大约公元前403年—公元前211年。该书提出了许多闪烁着儿童发展与教育心理学思想的教学原则。其一，“杂施而不孙，则坏乱而不修”“幼者听而弗问，学不躐等也”“不陵节而施之谓孙”反映的是循序渐进原则。其二，“道而弗牵、强而弗抑、开而弗达”“君子之教，喻也”表达的是启发性原则。其三，“语之而不知，虽舍之可也”隐含的是可接受性原则。“使

①高觉敷.中国心理学史[M].北京：人民教育出版社，2009.

人不由其诚，教人不尽其材；其施之也悖，其求之也佛”包含的是因材施教原则。此外，“教学相长”“长善救失”“藏息相辅”“当其为师，则弗臣也”“相观而善之谓摩”等描述也蕴含了丰富的儿童发展与教育心理学思想。

二、近代以来儿童发展与教育心理学的发展历程

近代以来，儿童发展与教育心理学取得了较大的成绩。从发展脉络看，先后经历了教育科学取向、心理科学取向、认知与教学心理取向、全人发展取向四个阶段。

（一）教育科学取向：希望与挫折

自从19世纪末心理学脱离哲学成为一门独立学科以来，儿童发展与教育心理学也走上了科学的道路。在这个阶段，影响最大的是两次教育改革运动。一是以桑代克思想为中心的“教育科学运动”。1903年，桑代克出版了《教育心理学》，标志着教育心理学走向了科学化。在他的思想的影响下，美国发起了儿童阅读心理、智力测量、天才儿童、天性与教养等问题的研究。然而，这些研究脱离具体的教育情境，而且抽象化的定量数据无法解决复杂的教育问题。二是以杜威思想为中心的“进步教育运动”。杜威主张学校即社会、教育即生活，提倡儿童中心，强调“做中学”，儿童健康成长是教育的主要目的。支持杜威上述主张的研究者关注儿童的需要和兴趣、注重学习过程，使教育科学研究回归教育情境。这个阶段采取教育科学取向以改革学校教育，给人们带来了希望。但是上述研究没有获得预期的成效，也给研究者带来很大的挫折感，降低了研究者对学校教育问题的兴趣与信心。

（二）心理科学取向：偏离正轨

20世纪30年代以后，儿童发展与教育心理学走上心理科学研究取向的道路。这一时期，研究者用心理科学的研究思路来研究教育，不再关注儿童在教育情境中的发展，而是从人或动物的行为变化中发现普遍的原理，并将人类一切复杂的学习行为简化，认为学习都是刺激—反应的联结。其研究结果大多建立在非学校情境的学习活动基础之上，对于解决学校教育的实际问题缺乏应用价值。因此，这个阶段专注于远离教育实践的心理规律的发现，偏离了儿童发展与教育心理学研究的正轨，也失去了学科独立性和特殊性。

（三）认知与教学心理取向：研究对象窄化

20世纪60年代以后，儿童发展与教育心理学转向认知发展与教学心理取向。这个阶段，随着教育技术的应用、认知心理学的发展以及“恢复基础运动”的兴起，研究者逐渐开始关注儿童认知发展和知识学习的内在心路历程，符合学校教育的实际需要。但是，

仅强调儿童认知领域发展的相关研究，忽视了儿童人格和社会性发展等非智力因素，所以研究对象越来越窄化。

（四）全人发展取向：关注社会心理因素

随着人本主义心理学的影响扩大，20世纪80年代以后，儿童发展与教育心理学开始关注儿童个性与社会性发展，研究社会文化和网络环境对学生的影响，逐渐迈向全人发展取向。这个时期的研究重点聚焦主动学习，关注学生对知识的主动建构；关注合作学习，强调学生在学习过程中的合作、共享、交互，实现师生互动和生生互动；重视社会文化因素，研究社会文化背景如何影响人的学习过程和人格发展。

资料超链接

我国儿童发展与教育心理学的发展趋势①

第一，研究取向上重视全人发展，强调社会因素、成就动机等对知识和策略、品德与社会性习得的影响。第二，研究内容上强调教与学、认知与非认知并举，比如教与学的心理动力和策略研究、智力因素和非智力因素对学习的影响。第三，研究方法上量性与质性、人文精神与科学精神相结合，比如引入模糊数学、多元分析、结构方程等数学方法，同时兼用深度访谈、传记分析等质性方法。第四，学科体系上逐渐转向系统、整合完善，儿童发展心理、学习心理、教学心理和教师心理的研究成果密切联系、相互交融、共同发展。

本章小结

儿童发展与教育心理学是教师进入儿童内心世界的敲门砖。本章概述了儿童发展与教育心理学的研究对象与内容体系、研究原则与方法、思想萌芽与学科发展史，为后续儿童心理发展、儿童学习心理的系统学习奠定基础。

【练习与实践】

随着人工智能技术的发展，"能力风暴"等教育机器人逐渐进入中国孩子的日常生活，它们的功能和"智商"也在不断演进。于是，有人担心未来教师职业可能会被机器人替代，传统的教育体系将完全被人工智能颠覆。你如何看待这种担忧？

①张大均，郭成，余林.教育心理学[M].北京：人民教育出版社，2015.

【成长直播间】

成长维度	内容				
	我收获了什么	成长等级			
		A	B	C	D
知识					
能力					
素养					

【学习加油站】

[1]边玉芳.读懂孩子:心理学家实用教子宝典[M].北京:北京师范大学出版社,2014.

[2]黄希庭.心理学研究方法[M].重庆:西南大学出版社,2021.

[3]汪凤炎,郑红,燕良轼.中国心理学史新编[M].北京:人民教育出版社,2013.

第一章
儿童身心如何发展？——生理基础

学习目标

1. 认识儿童大脑结构与功能、神经系统发展的特点。
2. 领会儿童心理发展的实质与特点、儿童身体与动作发展的特点。
3. 内化生理因素影响儿童心理发展的职业理念。

知识导图

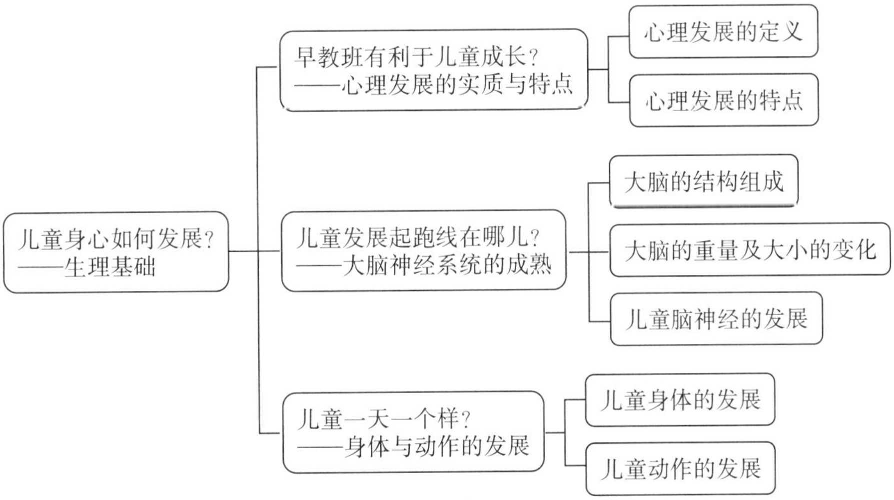

个体发展是指个体从生命开始到生命结束过程中连续的和系统的变化，包括生理、认知和社会情感等多方面。儿童的发展主要包括生理成长和心理发展两个部分，生理成长包括儿童大脑发育、身高增长、体重增加、生理机能改变等方面；心理发展则包含儿童认知、人格、社会性和品德发展等方面。

第一节　早教班有利于儿童成长？

——心理发展的实质与特点

在教育教学中，我们会观察到这样的现象：当教师询问天为什么会下雨时，1—2 年级的学生可能会回答是因为云朵在哭泣，5 年级的学生可能会归因于地球表面的蒸发作用，而更高年级的学生则可能会谈及积雨云等相关概念[①]。对同一个问题，不同年龄阶段的儿童会有截然不同的回答，这是因为儿童在不同发展阶段具备不同的发展水平和发展特点。因此，家长和教师应了解并掌握儿童生理及心理的发展规律，做到遵循规律、因材施教，更好地促进儿童全面、健康地成长。

一、心理发展的定义

心理发展指个体在整个生命历程中发生的一系列积极的心理变化。因此，并不是所有的心理变化都可称为心理发展。例如，由于疲劳、疾病等原因引起的心理变化，就不属于心理发展的范畴。

阅读与思考

绿领巾？红领巾！

下课铃响起，小学生们在老师的带领下排队回家。最先走出校门的是 1 年级学生，队伍自然地被他们佩戴的领巾颜色分成了两队：一部分孩子戴着鲜艳的红领巾，另一部分孩子则戴着绿领巾。该校老师声称，学习、思想品德表现不太如意的学生还没有加入少先队，不能佩戴红领巾，为了激励其上进，便为这部分学生发放了绿领巾。绿领巾虽不是差生的标识，但已变相地给儿童划分了等次，易使儿童幼小的心灵受到伤害，不利于他们的心理发展。

①王振宏，李彩娜．教育心理学[M].2 版．北京：高等教育出版社，2020.

二、心理发展的特点

儿童的心理发展不断由量变到质变，其发展过程中主要有连续性和阶段性、方向性和顺序性、不平衡性、普遍性和差异性等四个特点。

(一)连续性和阶段性

儿童心理发展的第一个特点是连续性和阶段性。心理发展的连续性指个体的心理发展是一个持续不断的变化过程，即心理活动不停量变积累的过程。心理发展的连续性体现在每种心理特征的变化都以个体前期心理发展水平为基础，即对之前的心理活动进行继承和发展。

心理发展的阶段性指个体的心理变化遵循一定的阶段特征。在此过程中，心理发展要依次经过不同时期，而每个时期又具备相对固定的特性。儿童心理发展的量变积累到一定程度后会发生质变，由此，儿童在心理发展的不同时期具备不同的心理特点。美国心理学家格塞尔曾通过"双生子爬楼梯实验"验证了儿童心理发展的阶段性。

心理实验室

双生子爬楼梯实验[①]

美国心理学家格塞尔曾以一对出生46周的同卵双生子A和B为实验对象，先让A每天进行爬楼梯训练，6周后，经过训练的A爬5级楼梯需要26秒，而未经过任何训练的B完成同样的任务却需要45秒。随后，他再对B进行了连续两周的爬楼梯训练。到55周时，B爬上5级楼梯只需要10秒。尽管A比B早训练了6周，训练时间也是B的3倍，但是在56周和3岁时，A和B爬楼梯的成绩高度相似。

通过格塞尔的双生子爬楼梯实验，家长和教师应知道：教育要尊重儿童的实际发展水平，在儿童尚未成熟前，家长和教师应耐心等待，不要违背儿童发展的自然规律，通过训练人为地加速儿童的发展。例如，儿童要先经历爬行再学走路和跑步，一般而言，他们在3个月时会俯卧，4—6个月时会翻身，7—8个月时会坐会爬，1岁左右才会站立或独立行走。但在现实生活中，部分家长望子成龙心切，会对儿童给予过高的期望，在无形之中"拔苗助长"，通过学步车等工具，让儿童越过爬的阶段，或者很少让儿童爬，就直接学走路。这种"跨越式的发展"，虽然能让儿童早早地学会走路，但过早走路容易把儿童的双腿压弯，影响形体健美，还容易形成扁平足，导致儿童日后走路步伐不稳，跌跌撞撞。

热播电视剧《小舍得》中有这样一个片段：孩子不停大哭并埋怨父母，为什么要给自己报这么多"兴趣班"，而父母却觉得这一切都是为了让孩子不输在起跑线上，为孩子以

①林崇德.发展心理学[M].北京：人民教育出版社，2009.

后考虑。早教班、兴趣班真的有利于孩子的成长和发展吗？根据儿童心理发展的特点，其实这在一定程度上违背了儿童心理发展阶段性的特点。根据心理发展的规律，幼儿期的儿童正处在“游戏期”，此时的教育应以游戏为主，在游戏中发展儿童的感官，激发儿童的心智，培养儿童的社会能力。但不少家长却认为游戏浪费了儿童的时间，因而提前教导儿童学习知识（如读、写、算）或才艺（如绘画、弹琴、舞蹈），将儿童提前置于不成功便失败的压力之下，使儿童逐渐养成以后遇事退缩与事后内疚的不良个性，影响其社会性发展。

（二）方向性和顺序性

儿童的心理发展具有一定的方向性和顺序性，既不能逾越，也不会逆向发展，是按照由低级到高级、由简单到复杂的顺序进行。例如，儿童的动作发展遵循自上而下、从粗大到精细的发展规律。儿童身体各大系统发育成熟的顺序为：神经系统、运动系统、生殖系统；大脑各区成熟的顺序是：枕叶（视觉）、颞叶（听觉）、顶叶、额叶。这种方向性和顺序性在某种程度上体现出基因型在环境的影响下，不断把遗传所确定的发展顺序显现出来。

（三）不平衡性

儿童的心理发展具有不平衡性，即个体从出生到成熟体现出多元化的模式，具体表现在不同系统的发展速度、起始时间、达到的成熟水平均存在差异，同一机能系统在不同的发展时期也有不同的发展速率。德国行为学家海因洛特用“印刻效应”验证了心理发展的不平衡性。在此基础上，有研究发现“印刻效应”不仅存在于低等动物，也同样存在于人类，即学习存在“敏感期”或“关键期”。儿童的学习在某一特定时期内进行效果会更好，更易发挥个体的学习潜能。例如，有研究发现：0—2岁是亲子依恋的关键期。家长和教师应抓住教学的关键期，达到事半功倍的效果。

资料超链接

印刻效应

1910年，德国行为学家海因洛特在实验中发现一个十分有趣的现象：刚刚破壳而出的小鹅，会本能地跟随在它的母亲后面。但是，如果它第一眼见到的不是自己的母亲，而是其他的活动物体，如一条狗、一只猫或者一个玩具鹅，它也会跟随在它们身后。尤为重要的是，一旦这只小鹅形成了对某个物体的跟随反应后，它就不可能再对其他动物或物体形成跟随反应了。因此，这种跟随反应的形成是不可逆的，也就是说，小鹅承认第一，无视第二。这个现象显示了关键期的重要性。[①]

①张会利.康拉德·洛伦茨及其习性学对心理学的影响[D].武汉：华中师范大学，2003.

（四）普遍性和差异性

心理发展还具有普遍性和差异性。人类心理发展的规律具有普遍性，即所有儿童都会经历相似的发展阶段。与此同时，个体心理发展在发展进程、内容、水平等方面又具有千差万别的特殊性。例如，儿童最后都能流利地介绍父母的姓名，但有的儿童在2岁时可以做到，而有的儿童3岁时才能做到。因此，家长和教师应充分了解儿童的发展水平，做到因材施教。

给教师的建议

要“循序渐进”，不要“拔苗助长”

教师应该充分尊重儿童心理发展的相关特点，由易到难、由浅入深地进行教学。针对儿童心理发展的不平衡性，教师要做到因材施教，通过适应学生每个阶段的敏感期做好教学工作。

第二节　儿童发展起跑线在哪儿？
——大脑神经系统的成熟

人的大脑居于脊髓顶端，藏于颅骨之中。成年人的大脑状若核桃，大小如柚，重量约为1.4千克。人的大脑时时刻刻都在运转，甚至在人们酣睡时也不停息。

一、大脑的结构组成

（一）大脑外表主要部分

每个人脑中的小褶皱各不相同，而大褶皱则大体类似。这些大褶皱在大脑半球中形成四个称作“叶”的区域：额叶、顶叶、颞叶和枕叶。大脑最前部是额叶；额叶后上部是顶叶；额叶后下部是颞叶；在脑最后部是枕叶。每个区域各司其职，发挥着特殊的功能（见图1-1）。它们的成熟也有一定的顺序，即枕叶最早成熟，然后是颞叶、顶叶、额叶。[①]

①（美）大卫·苏泽，等.教育与脑神经科学[M].方彤，黄欢，王东杰，译.上海：华东师范大学出版社，2014.

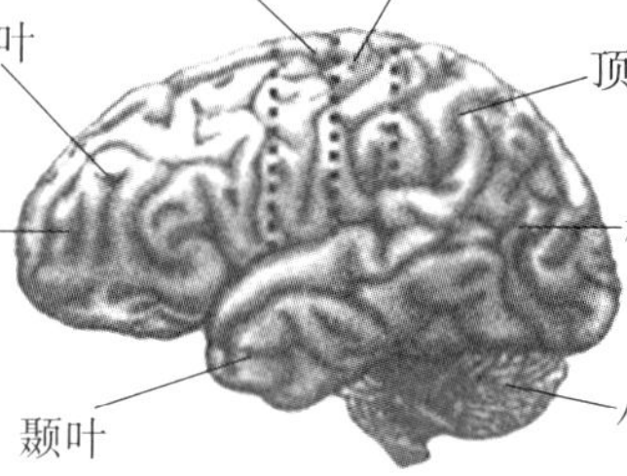

图1-1　大脑外表部分

额叶处于大脑前端，占整个大脑半球面积的25%。它是人心理活动的生理基础，负责计划、调节和控制人的心理活动。前额联合区既与注意、记忆、问题解决等高级认知功能有密切关系，也与人格发展有密切联系。额叶与人的“自我意志”息息相关，如果个体的额叶受到损伤，则可能导致行为和个性发生较大的改变，而这种改变有时是不可逆的。同时，额叶还具有纠错功能，比如个体在开车时，发现前面的道路被封堵了，他很快就会采取绕行、掉头等行为反应。又如，一件事情尝试了好几次都不成功，个体就会考虑换种方式进行。有研究者对20岁青年的脑部进行磁共振成像技术（MRI）研究后发现，额叶成熟得较慢，20岁青年人的额叶仍在生长。因此，青年人还不具备全面控制过激情绪的能力，与成年人相比，他们更容易因一时兴起而出现危险行为。

颞叶主管发声听音、鉴形辨貌等活动，兼备某些长时记忆的功能。颞叶还负责处理听觉信息，也与记忆和情感有关。

资料超链接

颞叶受伤会影响个体的哪些功能？①

颞叶功能区包括颞上回、颞中回、颞叶钩回、海马体、视束及视辐射、双侧颞叶等。颞叶受伤可能会导致语言、听觉、嗅觉、精神行为等功能受损。

颞上回：优势半球的颞上回是感觉性语言中枢所在，此部位受伤，可能会出现感觉性失语，主要表现为患者能听见对方和自己说话的声音，但不能理解说话的具体意思。

颞中回：颞中回是命名性语言中枢所在，此部位受伤可出现命名性失语，主要表现为患者对于一个物品，能说出它的使用途径，但不能准确表达这个物品的名称，比如对钥匙，只能说出它是开门用的，但说不出“钥匙”这个名称。

颞叶钩回：个体可出现对嗅觉和味觉的幻想，称为幻嗅和幻味，一般会做出舔舌、咀嚼动作，称为钩回发作。

①尹剑，周洪语．颞叶癫痫的外科问题[M]．沈阳：辽宁科学技术出版社，2016.

海马体:海马体位于大脑丘脑和内侧颞叶之间,属于边缘系统的一部分,主要负责短时记忆的存储转换和定向等功能,此部位受伤可出现记忆障碍、精神错乱、行为异常、癫痫等脑功能障碍。

视束及视辐射:视辐射纤维和视束位于颞叶深部,此部位受伤可出现视野改变,表现为两眼对侧视野的同向上象限盲。

双侧颞叶:个体主要表现为高级神经功能受损,包括人格改变、情绪异常、记忆障碍、表情淡漠等。

枕叶为视觉皮质中枢,负责处理语言、动作感觉、抽象概念及视觉信息。枕叶病损时主要会引发视觉障碍,而且出现记忆缺陷和运动知觉障碍等症状,但以视觉症状为主。

顶叶靠近人的头顶,主管空间定向、数字计算、再认类型等相关事项。有研究表明,顶叶的大小在一定程度上与个体的数学和逻辑思维能力有关,一般成正比,一个人顶叶后区体积越大,其在数学逻辑思维、发散思维等方面的能力越强。

(二)大脑内部主要部分

人脑内部主要包括大脑、脑干、小脑、边缘系统等结构。

大脑为神经系统最高级部分,由左、右两个大脑半球组成,两半球间由横行的神经纤维相联系。虽然左半脑和右半脑很对称,但是功能存在较大差异。左半脑主要负责语言处理和语法表达,如命名、阅读、写作、学习记忆等。左半脑支配着人体的右侧肢体,因此当左半脑受伤时,个体可能出现右侧肢体功能活动障碍,同时也会影响到个体认知功能、词语句法等能力的发展。右半脑则侧重于形象思维,主要在美术、空间、几何、音乐和人物识别、视觉记忆等方面占优势。

脑干位于大脑下方,脊髓和间脑之间,是中枢神经系统中较小的部分,呈不规则的柱状形。脑干的主要功能是维持个体生命,负责心跳、呼吸、消化等系列重要生理功能。

小脑是人脑的第二大组成部分,位于大脑的枕叶下方、脑干的背侧,形状如一板栗,重量约为人脑的11%。小脑褶皱深密,簇聚一堆,其中的神经元超过人脑其他所有地方的总和。小脑的主要作用是监测肌肉中神经末梢的活动,从而协调和整合各种指令,使人做出精细动作,例如用手臂挥舞羽毛球拍、用手指端起水杯等。此外,小脑还可存储自动化行为的记忆,使相关行为熟能生巧。例如,人在长时间使用电脑后,不看键盘就可以打字。小脑受伤的个体行动会变得较迟缓,难以进行系鞋带、系纽扣等精细动作。

脑干之上与小脑之下的地方聚集着一些结构体,统称为边缘系统。尽管边缘系统中大多数结构体都是“复制品”,在人脑的左右半球都有与之对应的部分,但每种结构体都发挥着各自不同的机能,如激发兴趣、处理记忆等。边缘系统中的丘脑、下丘脑、海马、杏仁核等四个结构对个体的学习和记忆起着至关重要的作用。

二、大脑的重量及大小的变化

（一）脑重

儿童在6岁时大脑的重量已接近成人，说明学前期是大脑发育的关键期。大脑结构生理的日趋成熟，为儿童行为的发育打下了良好的基础。

心理是脑对客观现实的主观反映。儿童的大脑从胚胎时期开始发育，和其他器官一样随着机体的成熟而发育变化。在胎儿后期，神经系统和脑的基本结构已经形成，支配生命活动的脑低级中枢已基本发育成熟。婴儿期时，大脑重约390克，相当于成人脑重的25%，而这时他们的体重只有成人体重的5%。第一年内，脑重增长最快，平均每天增加约1克，6个月时已可达到600—700克，约占成人脑重的50%。1岁时则可比出生时增加1倍多。

（二）头围

除了脑重会发生如此的变化外，儿童的头围也存在类似的情况。刚出生时，儿童的头围就已经有34厘米左右，约为成人头围的60%，12个月时可达到46—48厘米。新生儿如果头围过小，可能患小头畸形，其大脑发育将受到严重影响，从而导致智力障碍。新生儿如果头围太大，则可能是巨头畸形，可能患有脑积水或区脑畸形等脑部病变，需尽快检查治疗。

（三）脑的大小

相对于体重而言，人类拥有“巨大”的脑。人脑的大小与柚子或香瓜的大小相仿，大部分由水（约78%）、脂肪（约10%）和蛋白质（约8%）构成。从外表看，大脑与其他器官最不同的就是它的表面有许多凹陷的沟和隆起的回，这样就大大增加了大脑皮层的表面积，从而增加了人体神经细胞的数量。实际上，当把大脑皮层铺平时，它的面积约为一张展开的日报。

资料超链接

大脑不可“一心多用”①

研究发现，大脑不能同时进行两项认知活动，这是人为了生存而发展起来的遗传特性，就是大脑只在一时注意一件事，以便确定此事是否威胁生命。如果人同时注意几件事情，势必会削弱注意力，大大降低快而准地判断威胁的能力。

所谓的“一心多用”其实是指任务的切换，按照顺序完成任务（注意力从甲项移到乙项再移至丙项）或是交替完成任务（注意力在甲项与乙项之间来回转换）。

①（美）大卫·苏泽，等.教育与脑神经科学[M].方彤，黄欢，王东杰，译.上海：华东师范大学出版社，2014.

每当注意力从甲项转移到乙项再回到甲项时，就会产生认知损耗。相关研究证实，一个人如果在完成任务时被打断，则需要多花50%的时间完成任务，错误率也提升了50%。

三、儿童脑神经的发展

（一）婴儿的脑神经发展

婴儿时期，脑细胞体积显著增加，从而保证皮质细胞能形成联系的神经突触。在此期间，树突的分支增多、轴突变长，使得大脑皮层厚度增长，沟回增多，为形成更为复杂的条件反射提供了物质的前提和可能性。与此同时，神经纤维开始髓鞘化。神经纤维的髓鞘化是脑内部结构成熟的重要标志，它保证了神经冲动能沿着一定的通道迅速而准确地传导。神经系统各部分神经纤维实现髓鞘化的时间不同，较早完成的是感觉神经，其次才是运动神经。这也是婴儿动作发展落后于感觉发展的重要原因之一，也对婴儿出生时先拥有听觉、视觉、触觉等感觉系统，在此基础上才发展自身活跃的动作反应做出了合理的解释。

（二）学前儿童脑神经发展

3岁之后，儿童脑围与脑重的增长速度减缓。7岁时，儿童的脑重可达到1280克左右，相当于成人脑重的90%。儿童神经纤维的分支继续增多、增长，为形成复杂、众多的神经联系提供了物质基础。神经纤维髓鞘化基本完成，使得学前儿童的神经传导更加准确、迅速。大脑皮层的发育较成熟，有意动作的频率也有增加。此时，人的大脑半球表面有许多褶皱。随着脑结构的成熟，脑机能也发展起来。皮质兴奋与抑制过程加强，条件反射易建立且巩固，这意味着儿童对新知识的掌握较为牢固。例如，两三岁的儿童需要重复十几遍甚至几十遍才能学会一首新的儿歌，如果不及时复习，过不了几天就会忘得一干二净。而对于五六岁的儿童来说，父母只需要带他们简单重复几次，他们就可以将儿歌背诵得滚瓜烂熟。

资料超链接

儿童的神经元发展[1]

人的神经元萌发于受孕后四周形成的胚胎之中，随后将以不可思议的速度急速增长。在母亲受孕后的四个月里，儿童已形成2000亿个神经元，但当儿童发育到第五个月时，因不能与日益壮大的胚胎进行连接，将会有一半的神经元消失。

①（美）大卫·苏泽，等.教育与脑神经科学[M].方彤，黄欢，王东杰，译.上海：华东师范大学出版社，2014.

不过不用担心，这种神经元的消失源于人类与生俱来的遗传程序，其目的是保留已经形成连接的神经元，从而促进个体的生理发展。到儿童第六个月时，大脑开始出现皱褶，形成的沟回使人脑具有了沟壑纵横的外表。当儿童要适应周围环境时，其神经元之间的连接得到快速增长，环境越丰富复杂，神经元之间的连接次数就越频繁。

第三节　儿童一天一个样？
——身体与动作的发展

一、儿童身体的发展

生理发展是心理发展的基础，身高和体重是儿童身体发育的主要标志。从出生到成熟，儿童的身高和体重不断增长。一般情况下，女性身体于18岁左右停止发展，男性则到20岁左右。

（一）儿童身体发展的原则

儿童的身体和神经系统在发展过程中，都严格遵循着固定的次序和一定的原则。①

1. 头尾原则

头尾原则指从上到下的发展顺序，即儿童身体各部位的生长严格按照头颈—躯干—下肢的次序进行。例如，新生儿才出生时头部较大、四肢较短，是因为胎儿期和新生儿的前几个月主要以头部发育为主。刚出生的婴儿，其头部约占整个身体长度的四分之一，而腿长约占身体长度的三分之一。2岁左右时，儿童的头部约占身体长度的五分之一，而腿长却能达到整个身体长度的一半左右。

2. 远近原则

远近原则指从中轴向外围的发展顺序，即儿童在成长的过程中会优先形成胸腔和内部器官，然后是胳膊和腿，最后是手和脚。同时，婴儿的胳膊与腿的生长速度会明显快于脚的生长速度。

（二）儿童身高体重的发展

儿童的身体发展并不是随年龄增长而等速增加的，一般有两个快速期或高峰期。儿童的第一个发育高峰期是在0—2岁时。婴儿在出生后的三个月内，身高每月会增长

①彭小虎，王国锋，朱丹．儿童发展与教育心理学[M].上海：华东师范大学出版社，2014.

2.5—3厘米。在出生一年后，儿童的身高可以达到出生时的1.5倍，体重可以达到出生时的2倍。2岁时，身高可达到出生时的1.75倍，体重则可达到出生时的4倍。儿童的第二个发育高峰期是11—13岁（女）和13—15岁（男），在此期间，儿童的身高、体重增长速度加快。

（三）儿童骨骼的发展

在婴儿期，儿童的骨骼发展十分迅速，虽不断骨化，但仍具有弹性强、易变等特点。才出生的婴儿大多数骨骼是柔软而有韧性的，不易发生骨折，但不能起到支撑身体的作用，所以新生儿不能独立完成抬头、坐直或站立等动作。随着年龄的增长，儿童骨骼也会逐渐伸长、加宽，钙化水平进一步提高，但骨骼中含有的石灰质较少，胶质较多，此时骨骼富有弹性但不能承受较大外力，否则会出现变形和骨折。

阅读与思考

儿童更容易脱臼？

老人们常念叨，幼儿非常容易脱臼。他们在不同场合提醒父母在抱孩子、牵孩子时务必注意力度。但在实际生活中，父母们却并未将老人的劝诫放在心上，仍然带着儿童玩“人肉秋千”“高空抛物”等危险游戏。生活中我们也会观察到这样的案例：儿童和爸爸玩游戏时，在追逐中，爸爸将儿童的手轻轻一拽，没想到儿童竟然大哭起来；早上儿童赖床，妈妈怕儿童上学迟到，急忙拉儿童起床，没想到刚把儿童一只手拽出被窝，儿童就哭闹起来，带去医院诊断为脱臼了。家长们想不明白，自己的动作并不粗暴，怎么就把孩子弄脱臼了呢？

上面案例讲述的现象，其实是因为儿童在5岁以前，环状韧带薄弱，其手或前臂突然受到外力牵拉时，极易造成环状韧带脱位卡压，被拖离原本的位置，引发桡骨小头半脱位，从而出现疼痛和运动障碍，也就是脱臼，临床上被称为“牵拉肘”。幼儿的脱臼具有反复性和习惯性，因此家长应引起高度重视，不能与儿童进行“人肉秋千”“高空抛物”等高危游戏。

二、儿童动作的发展

儿童动作的发展是儿童发展过程中极其重要的一个方面。儿童的神经系统对肌肉、骨骼、关节的控制性不断提高，使全身及局部动作的灵活性与协调性得到改善，从而不断提升自己的动作水平。儿童动作的发展同样遵循一定的规律，即从整体动作到局部动作，从简单动作到复杂动作，从上部动作到下部动作，从粗大动作到精细动作。

（一）从整体动作到局部动作

儿童最初的动作是全身性的、笼统的、散漫的，例如，四五个月大的婴儿想拿放在面前的奶瓶，他们往往不会用手，而是用手臂乃至整个身体靠近奶瓶；又如，儿童在哭闹时会手舞足蹈。随着神经系统及身体肌肉的成熟，通过反复的练习，儿童的动作逐渐分化为局部的、准确的、专门的动作，他们开始学会控制身体局部的小肌肉群动作。在此阶段，当儿童身体的某个部位受到刺激时，他们能做到仅用相关部位做出反应，而抑制其余部位的动作。儿童学会对各部分小肌肉群的动作进行控制之后，又开始尝试把这些小动作归并到一起，整合为更复杂的整体动作。同时，儿童的动作也从最初的无意识慢慢地转变为受到较多心理意识的支配。

（二）从简单动作到复杂动作

儿童最初的动作，是身体每个部分单一、简单的动作，如儿童在同一时间只能完成伸手、踢腿、转头等其中一项动作，随着机体的成熟，儿童开始能同时完成转头、伸手等多重任务。

（三）从上部动作到下部动作

儿童动作的发展也遵循头尾原则，即一般是先学会抬头，然后尝试翻身，再学会坐、爬、站立，最后学会行走和跑步等动作。

（四）从粗大动作到精细动作

儿童动作和骨骼的发展同样遵循大小原则，即儿童首先发育的是大肌肉群，所以会先进行奔跑、骑脚踏车、单足跳等活动，以此促进肌肉组织纤维的增长、增强。6岁后，儿童的小肌肉群开始发展。他们通过不断练习，逐渐学会画圆圈、扣纽扣、系鞋带等精细动作。儿童部分大动作和精细动作的发展如表1-1所示。[①]

表1-1　儿童部分大动作和精细动作的发展

大动作的发展	精细动作的发展
儿童2—3个月时学会抬头，成人可将其竖直抱起。	儿童刚出生就有抓握反射，但是只能做出挥击、摆动胳膊等协调性较差的动作。
儿童4—5个月时学会翻身。	3个月以后，儿童逐渐提高了动作的精确性。
儿童5—6个月时学会坐。	5个月大的儿童甚至能够抓到黑暗中移动的发光物。
儿童9个月时学会爬。	7—8个月时，儿童可以将物体在两手之间灵活地进行转换，或者用一只手握住物体，另外一只手拨弄物体，还掌握了抓虫子、拧门把手、拨电话等动作。

①张家琼，蒋宗珍．学前儿童心理发展概论[M]．重庆：西南师范大学出版社，2018.

续表

大动作的发展	精细动作的发展
儿童10个月时学会站。	接近1周岁时，儿童可以把拇指、食指并拢起来，像一把小钳子一样去捏住和把弄物体。
儿童1岁时学会走。	1—2岁时，儿童的双手变得更加灵巧。
儿童3岁时步履简单，喜欢走直线，跑时不能轻易停止或拐弯。	16个月时，儿童可以用蜡笔作画。
儿童4岁时可以单脚跳，动作较轻便。	2岁时，儿童可以描画一些简单的横线或者竖线，可以搭5层甚至更高的积木。

资料超链接

儿童为什么喜欢“破坏”东西

家长们都会有这样的困惑：为什么儿童总喜欢把故事书扯断、把面巾纸撕毁、把妈妈心爱的口红解体？

这些让父母头疼不已的破坏行为，其实是儿童手部精细动作，如撕、擦的敏感期到了。在此期间，儿童总是希望通过撕、扯、抓东西等精细动作的反复，使手部肌肉得到进一步发展和提升。作为家长，我们可以创设适宜的环境、提供合适的玩具满足儿童的需求，促进其精细动作的进一步发展。

（五）从无意动作到有意动作

“无意”没有目的，不需要意志力努力；“有意”有目的，需要意志力努力。例如，个体出生时具备的吮吸、眨眼等动作都属于无意动作；而下围棋、打篮球等都属于有意动作。

本章小结

本章主要讲述了儿童的大脑结构与功能、心理发展的实质与特点、神经系统发展的特点、身体与动作发展的特点等相关知识，并分析了生理因素对儿童心理发展的作用。

【练习与实践】

家长为了让儿童赢在起跑线上，总是提前给儿童报班学习相关知识，这部分儿童往往在幼儿园或小学低年级时学习成绩较优异，但渐渐地，这部分儿童却出现了注意力不集中、学习成绩逐渐下降等情况。你能帮忙分析原因吗？

【成长直播间】

<table>
<tr><td rowspan="3">成长维度</td><td colspan="5">内容</td></tr>
<tr><td rowspan="2">我收获了什么</td><td colspan="4">成长等级</td></tr>
<tr><td>A</td><td>B</td><td>C</td><td>D</td></tr>
<tr><td>知识</td><td></td><td colspan="4"></td></tr>
<tr><td>能力</td><td></td><td colspan="4"></td></tr>
<tr><td>素养</td><td></td><td colspan="4"></td></tr>
</table>

【学习加油站】

[1]尹文刚.儿童脑开发:全脑开发带来超强学习力[M].北京:朝华出版社,2021.

[2](英)乔恩·提布克.教师应该知道的脑科学[M].王乃弋,朱旭东,等译.北京:教育科学出版社,2021.

[3]张家琼,蒋宗珍.学前儿童心理发展概论[M].重庆:西南师范大学出版社,2018.

[4]林崇德.发展心理学[M].北京:人民教育出版社,2018.

[5]谢超香.学前儿童心理学[M].重庆:西南大学出版社,2023.

第二章
儿童为何变得聪明？——认知发展

学习目标

1. 识别认知发展的影响因素、两种心理机能的内涵、支架式教学的环节及儿童认知发展的基本规律。

2. 应用认知发展四个阶段、最近发展区、儿童认知发展规律分析儿童认知现象。

3. 树立尊重儿童认知发展规律的教育教学态度。

知识导图

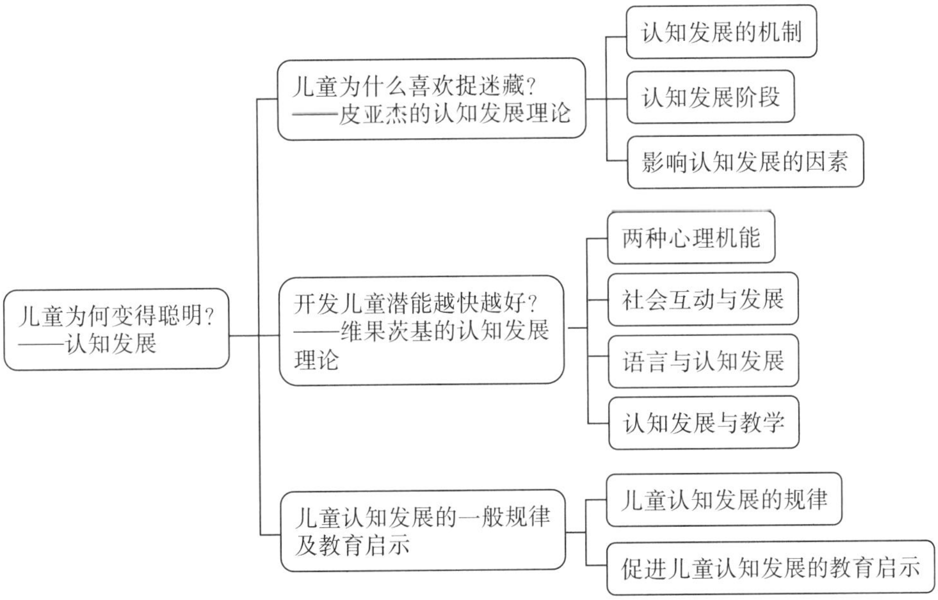

第一节　儿童为什么喜欢捉迷藏?
——皮亚杰的认知发展理论

皮亚杰(J. Piaget)是瑞士著名心理学家,是20世纪最有影响的发展心理学家之一。皮亚杰使用数理逻辑作为研究和分析儿童思维活动的工具,从发生认识论的视角对儿童的认知发展进行了深入而系统的研究,形成了极具影响力的儿童认知发展理论,提出了建构主义思想。

一、认知发展的机制

皮亚杰受其早期所从事的生物学研究工作的影响,提出认知发展是在已有图式的基础上,通过同化、顺应和平衡,循环往复、逐渐发展的过程。因此,要理解皮亚杰的认知发展理论,就需要理解图式、同化、顺应和平衡的概念。

(一)图式

皮亚杰认为,图式是动作的结构或组织,也是个体感知、理解和思考世界的方式,同时还是思维的基本单元。图式最初来自遗传,一些低级的动作图式,如吮吸、抓握、行走等,都来自遗传。这些基本的动作图式对儿童的发展有着重要的意义。例如,婴儿长到四五个月时,都会以摇摆物体等方式认识周围的事物。当他们摇摆物体时,物体会发出声响,或击打到其他事物的表面,促进儿童对事物的观察和认识。因此,摇摆是婴儿探索世界的最有用的图式之一。在个体不断适应环境的过程中,图式会不断地得到改变和丰富,逐渐发展出更高级的形式。在任何年龄阶段,儿童都要依赖他们现有的认知图式来认识周围的世界。

阅读与思考

儿童为什么总把东西放进嘴里?

在生活中我们常常观察到,当儿童拿到玩具、书籍等物品时,他们第一时间就会将这些物品放进嘴里。家长们为此非常苦恼,总是担心物品上有较多细菌,影响儿童的身体健康,因此他们想尽各种方式阻止儿童的吮吸行为,比如在手指上涂上苦涩的汁水、不停地将儿童放在嘴里的物品拿出来……但是根据图式概念,我们能够理解,此时儿童正通过吮吸来学习知识、认识世界。因此,作为家长和老师,我们不应该制止儿童的行为,而应尽可能保证物品的干净,做好消毒工作,从而让儿童放心大胆地探索、认知世界。

（二）同化

同化是指个体把新感知的材料或经验纳入已有的图式中。例如，儿童看到猫，会称之为“喵喵”；看到狗，会称之为“汪汪”。这些“喵喵”“汪汪”就是儿童已经建立的图式，利用这个图式，儿童会把他遇到的所有狗，不管是中华田园犬、哈士奇还是泰迪，都归入“汪汪”这样一个图式中，从而更好地认识狗。

（三）顺应

当儿童在学习完“狗”这个图式后，在动物园看到麋鹿、小马时，会发现这些动物与狗很相似：它们都有四条腿、尾巴、耳朵、皮毛等，但它们与狗又不同。所以，儿童没有办法将它们放入狗的图式，同化的过程也就无法实现。此时，儿童为了适应这些新的独特经历，不得不改造已有的图式，从而发展出一种新图式。皮亚杰将这种改变已有图式来理解新经验的过程称为顺应。随着儿童经验的增加和辨别能力的提高，他们会不断建立起有区别的、更复杂且数量更大的图式。

（四）平衡

尽管同化和顺应都是较为重要的认知过程，但如果儿童总是同化，那么他就不能够建立新的图式，同样，如果儿童一直顺应，那么图式就会越来越多，儿童就会较为困惑。因此，皮亚杰提出在同化和顺应之间获得适当的平衡更为重要，即引导孩子在同化与顺应之间不断协调 。

二、认知发展阶段

皮亚杰认为，儿童的认知发展会经历四个完全不同的阶段，即感知运动阶段（0—2岁）、前运算阶段（2—7岁）、具体运算阶段（7—11岁）和形式运算阶段（11岁以上）。同时他提出，所有儿童的认知发展都会依次经历这四个阶段，虽然不同儿童的发展速度存在差异，但前一阶段是后一阶段的基础，所有儿童都不能跳跃阶段发展。

（一）感知运动阶段（0—2岁）

在感知运动阶段，儿童主要通过探索感知觉与运动之间的关系来获得动作经验，在这些活动中形成一些低级的行为图式，以适应外部环境并进一步探索外界环境。例如，婴儿会通过吮吸和抓握来获得生物性需要的满足，并了解世界。在看到婴儿床上悬挂的物体后，他们开始尝试蹬脚或移动来触碰物体，从而对物体移动的视觉刺激产生反应。8—9个月的婴儿偶然把玩具鸭扔在地上，鸭子会发出嘎嘎的叫声。当家长把玩具鸭捡起来递给婴儿时，他会再次把玩具鸭扔在地上，让它发出响声。此时婴儿会很开心，因为他知道动作与动作的结果间是有联系的了。在感知运动阶段，儿童最显著的特点是客体永久性，即当某一客体从儿童的视野中消失时，儿童知道该客体并非不存在①。儿童大约在9—12个月时才会获得客体永久性，在此之前，他们往往认为不在眼前的物体就不存在了，不会去寻找。

资料超链接

客体永久性②

皮亚杰对婴儿客体永久性的研究主要基于“藏找”实验任务。而在皮亚杰之后，很多研究者采用了其他类型的实验任务探讨客体永久性，如简单的注视行为，这些任务对婴儿的要求较少，结果发现客体永久性出现的时间要比皮亚杰认为的早很多。典型的有1987年巴亚热昂设计的一种实验范式，即向婴儿呈现一些违反了客体永久性规则的事件，并观察婴儿对这些不可能事件的反应。结果发现，三个半月的婴儿就对违背客体永久性规则的事件表现出了“惊讶”的表情，这说明婴儿知道被藏的物体依然存在。

科学家曾用一块布把婴儿喜欢的玩具遮起来，9个月前的婴儿看到玩具消失了会很难过、失落甚至大哭，9个月之后的婴儿会迅速爬过来把布掀开，拿到他们心爱的玩具。此时婴儿虽然并没看到物体放在某个特定位置，也能积极寻找他们认为被藏起来的东西。

（二）前运算阶段（2—7岁）

与感知运动阶段相比，处于前运算阶段的儿童的思维更加符号化、象征化，父母也会在早教时借助很多卡片教导儿童辨认颜色、形状和水果。在此阶段，儿童已经可以运用表象、语言或较为抽象的符号来代表自己经历过的事情。例如，他们能够用单词“马”、马的图片或者假装骑在凳子上来表征一匹并非真正出现的马。他们的思维存在以下特点：

1. 自我中心

自我中心指儿童只能从自己的角度理解事物，不能把自己放在他人的角色或不能明白他人的感觉，即不具有观点采择的能力。例如，儿童为父母选择礼物时会挑选自己最喜欢的玩具，说话的第一个字总是“我”，例如“我要吃饭”“我要那个玩具”“我不洗头”。三山实验就说明了儿童自我中心的特点。

---

①陈琦，刘儒德．当代教育心理学[M].3版．北京：北京师范大学出版社，2019.

②（英）H.Rudolph Schaffer.发展心理学的关键概念[M].胡清芬，等译．上海：华东师范大学出版社，2008.

心理实验室

三山实验[①]

科学家为儿童展示了三座高低、大小、颜色不同的假山模型，邀请儿童绕着模型走动，认真从四个角度观察它们的形状、颜色等。儿童观察后，科学家邀请他们在随意一座山旁边坐下，并在山的对面放一个洋娃娃。随后科学家请儿童在一堆卡片中选出从洋娃娃的视角看到的山的形状。结果显示，儿童只能选择从自己的视角看到的山的形状，这反映了儿童自我中心的特点。

阅读与思考

强迫孩子分享自己的玩具

生活中常会观察到这样的现象，儿童2岁左右时开始不愿与他人分享自己的玩具，还喜欢把“我的玩具”“我的衣服”“我的妈妈”挂在嘴边。这时有些父母会以孔融让梨的故事教育儿童，或者强制拿走他们的玩具。此时，儿童不仅拥有自我中心的特点，其自我意识也开始萌芽。他们逐渐认识到有些东西是属于自己的，所以才会拒绝和别人分享，这其实是儿童成长过程中的正常表现。对于这种情况，家长不用过度担心和焦虑，更不要给孩子贴上“小气”“自私”的标签，而应该想办法引导孩子，帮助他们树立正确的分享意识。

2. 中心化

中心化是指儿童只注意物体或活动的一个方面，而且通常是那些具有感知优势的方面，而忽视了其他方面。例如，将两排数量相同的棋子以不同的形式排列，一排间距大，因此较长；一排间距小，因此较短。当询问4岁左右的儿童哪一排棋子多时，他们会毫不犹豫地选择间距大而较长的那排。

3. 不守恒不可逆

前运算阶段，儿童的思维具备不可逆的特点。例如，给一个前运算阶段的儿童呈现两个形状完全相同的矮粗杯子，里面装着同样多的水，当着儿童的面将其中一个杯子中的水倒进另一个高细杯子，然后问儿童：现在哪个杯子中的水更多？前运算阶段的儿童通常会回答高细杯子中的水要多一些[②]。因为他们还不具备守恒的概念，不能在头脑中逆向将高细杯子中的水倒回矮粗杯子。

---

①（瑞士）让·皮亚杰．教育科学与儿童心理学[M]．杜一雄，钱心婷，译．北京：教育科学出版社，2018．

②陈琦，刘儒德．当代教育心理学[M]．3版．北京：北京师范大学出版社，2019．

阅读与思考

儿童捉迷藏只藏脑袋不藏脚?

现实生活中我们常常发现:每次开始游戏,儿童就往窗帘后面、地毯下面、被子里面钻。但无论藏在哪儿,总会露出一双小脚丫!部分儿童甚至原地不动,直接捂住眼睛就算藏好了。"藏头不藏脚"式的捉迷藏,总让老师和家长们哭笑不得。你能用皮亚杰的认知发展理论对这一现象进行解释吗?

这一方面是因为儿童以自我为中心,缺乏观点采择的能力,他们以为自己看不到别人,那么同样别人也看不到自己;另一方面,也是思维不可逆、不守恒的体现。

4.不能推断事实

前运算阶段的儿童往往根据知觉到的表面现象做出反应,即不能推断事实。比如,实验人员给3岁儿童一辆红色的玩具汽车,并跟他多次确认小汽车的颜色,随后当着他的面给小汽车罩上一块黑布,再问他小汽车本来是什么颜色的,他会回答黑色。

5.泛灵论

泛灵论是指儿童认为所有的事物都有生命 ,这体现在他们画太阳公公时都会有笑脸,画下雨天时云朵总是在哭泣。他们会不自觉地对着洋娃娃讲话,会认为你踩草坪时小草会痛 。

资料超链接

娃的"泛灵心理"千万别抹杀了①

在前运算阶段,儿童会认为一切东西都有生命、有思想感情和活动能力。因此,我们常看到这个时期的儿童出现与枕头"谈心",与布娃娃、布熊玩偶"讲话"等行为。这个期间,父母和老师如果能好好地利用"泛灵心理",用婴儿的视角去看这个世界,那么在儿童的早期教育中将会得到事半功倍的效果!

例如,儿童在做游戏时,把板凳弄坏了。这时你如果只是当作没事一样或者只是很严厉地告诉儿童下次不要这样了,那儿童一定不明白为什么。但如果你能利用"泛灵心理",从儿童的视角去看待事情,告诉儿童,他摔了小凳子,小凳子会很疼的,那么他就会理解这样的做法不对,会给别人带来伤害,从而避免类似行为的出现。

①张家琼,蒋宗珍.学前儿童心理发展概论[M].重庆:西南师范大学出版社,2018.

(三)具体运算阶段(7—11岁)

与前运算阶段相比，具体运算阶段的儿童能够运用逻辑思维解决具体问题，但必须依赖实物和直观形象的支持才能进行逻辑推理。儿童在具体运算阶段的认知发展表现出去中心化、守恒可逆、分类、序列化四个特点。

1.去中心化

去中心化强调具体运算阶段的儿童能够注意到一种情境的多个方面，尝试从他人的角度理解问题，去除了自我中心。

2.守恒可逆

具体运算阶段的儿童已经能够在头脑中将高细杯子中的水重新倒回矮粗杯子，并且能够理解矮粗杯子里的水和高细杯子里的水一样多，也能理解先前曾是一团泥的飞机模型能够再变成一团泥。他们的思维具备了守恒性和可逆性。

资料超链接

可乐实验①

父亲买了两瓶一模一样的可乐，想要分享给两个儿子。他当着孩子的面，将其中一瓶可乐倒进大杯中，又将另一瓶可乐倒进两个小杯。4岁的小儿子着急地要先选择，只见他一会儿站在大杯前，一会儿又移动到小杯前，踌躇不定。而7岁的大儿子此时贴心地告诉弟弟："选择哪个都一样，因为它们一样多。"

3.分类

在具体运算阶段，儿童的思维得到进一步发展，他们可以进行一些简单的分类，例如将黑白棋子分类，将圆圈、三角形、方块等不同形状分类。具体运算阶段之前的儿童，大多数并不具有类包含的概念，不能理解某一特定的人或物可以从属于不同类别，形成分类系统。

4.序列化

序列化是指儿童可以根据大小、体积、重量或其他一些特性对一系列要素进行排序。当给他们一些长短不等的小木棒时，他们可以按照长短顺序进行排列。对于像A<B<C这样的逻辑序列，前运算阶段的儿童可能会知道A<B，B<C，但常常忽略A<C这一事实。具体运算阶段的儿童则已经具有这种序列化的能力，能够准确推测A<C。

(四)形式运算阶段(11岁以上)

青春期的儿童处于皮亚杰认知发展理论中的第四个阶段，即形式运算阶段。在此阶段，个体开始形成解决抽象问题的能力，著名的钟摆实验对此特点做出了较好的阐述。

①张大均.教育心理学[M].3版.北京：人民教育出版社，2015.

处于形式运算阶段的儿童的思维具有以下特点：

1.假设推理

假设推理能够使个体超越具体的感知和记忆，处理非直接经验领域内的问题。当问及具体运算阶段的儿童“如果没有水会发生什么”时，他们的回答可能是“不能喝水、洗漱”。形式运算阶段的儿童则会根据如果没有水的假设，推导出许多不同的可能结果，比如植物、动物及人类没有水会死亡。

2.类比推理

形式运算阶段的儿童能够很好地进行类比推理，能够理解类比关系，例如，河流对鲸鱼就像天空对麻雀一样。

3.演绎推理

演绎推理是指从一般推出特殊的结论。如给出这样一个陈述：“所有的糖都是甜的；棒棒糖是糖的一种”，形式运算阶段的儿童能得出这一逻辑结论：棒棒糖是甜的。

4.反思能力

形式运算阶段的儿童具备反思能力，即系统地检验假设的能力，能够系统地概括出解决某一问题的所有可能方法，能进行组合推理。英海尔德和皮亚杰曾采用钟摆问题评定小学生与中学生的科学推理能力。

心理实验室

钟摆实验[①]

皮亚杰为不同年龄段的学生提供相同的实验装置——钟摆，请他们自行设计实验，用以验证影响钟摆速度的因素是什么。形式运算阶段的儿童经过思考后，通过控制变量法得出了绳长改变会影响钟摆运动的正确结论。相比之下，幼儿或随机摆弄，或用力推动钟摆；小学阶段的儿童则大多同时改变几个因素，不会进行系统的假设检验。

三、影响认知发展的因素

每个人都有不同的先天条件及后天生活环境，因此皮亚杰认为，儿童的认知发展受成熟、物理环境、社会环境及平衡的影响。

成熟主要是指机体的成长，特别是神经系统和内分泌系统的成熟。儿童的某些行为模式的出现依赖于一定的躯体结构和神经系统的机能。

物理环境的影响表现在个体在与物体的相互作用中会获得经验。

社会环境包括社会生活、文化教育、语言等。它同样也是儿童心理发展的必要条件，

①王振宏，李彩娜．教育心理学[M].2版．北京：高等教育出版社，2020.

而不是充分条件。皮亚杰认为，环境与教育只能促进或延缓儿童的心理发展，而不能对儿童的心理发展起决定性作用。

皮亚杰认为，心理发展中最重要的（即决定因素）是平衡或自我调节。他指出，平衡就是不断成熟的内部组织和外部环境的相互作用，它才是儿童心理发展的决定因素。这种平衡并不是一种静态的平衡，而是动态的平衡，具有自我调节的作用。通过这种动态平衡，儿童心理结构不断变化发展。①

第二节　开发儿童潜能越快越好？
——维果茨基的认知发展理论

维果茨基（Vygotsky）是苏联著名心理学家，苏联儿童心理学的开创者。他重视人类高级心理机能的研究，强调语言符号在心理发展中所起到的作用，对人的高级心理机能的社会历史发生问题进行了深入探讨，创立了心理发展的社会文化理论。

一、两种心理机能

维果茨基认为，低级心理机能是动物进化的结果，是个体早期以直接的方式与外界相互作用时表现出来的特征，是被动的、不随意的、由外部事情引起的，例如感觉、知觉、记忆等。由于社会文化特别是语言符号的作用，这些低级心理机能逐渐转变为更加复杂的高级心理机能。以记忆为例，儿童出生后就具备一定记忆能力，但非常有限。生活在每一种社会文化中的儿童都将掌握一些工具，使他们能够更有效地使用自己的低级心理机能。生活在现代社会的儿童通过文字记录加强记忆，生活在原始社会的儿童通过刻画、结绳等方法帮助记忆。

通过一定的社会文化作用，儿童在与其他社会成员特别是成年人的交往中，逐渐掌握了高级心理活动的工具——语言和符号，不断在低级心理机能的基础上形成各种新的心理机能，如思维等。因此，高级心理机能是历史发展的结果，即以符号系统为中介的心理机能，是主观的、随意的、由内部主体发出的，例如语言表达能力、逻辑推理能力等。同时，由于每个社会的文化内容有所不同，维果茨基不像皮亚杰那样认为儿童智力发展的过程和内容是完全相同的，而认为它们会因社会文化的不同而存在差异。

①（瑞士）皮亚杰．皮亚杰教育论著选[M].2版．卢濬，选译．北京：人民教育出版社，2015.

二、社会互动与发展

维果茨基认为，学习与发展直接源于社会互动。他提出，儿童仅凭与环境相互作用是无法获取知识的，而是需要通过与他人进行交流从而掌握知识，即在社会交往中不断内化知识。在社会互动中，儿童是积极主动的参与者，通过与具有更多知识的人进行有意义的活动、交换观点，发展就发生了。成人在儿童内化知识的过程中可以给予解释、指导、反馈或引导。

三、语言与认知发展

维果茨基认为，语言对儿童认知的发展具有重要的作用。一方面，语言作为交流的工具，可以帮助儿童更好地认识和了解世界；另一方面，语言是一种非常有效的思维工具，可以反映和控制儿童的思维。

儿童在早期会出现一种非常重要的言语发展现象，即自言自语。皮亚杰最早发现了这样的现象，认为这是儿童不能进行观点采择的结果。而维果茨基对此有不同的见解，他发现儿童这种自言自语的行为并不是随时随地都会发生，更多时候是在特定情境下。当儿童尝试独立解决问题或完成重要任务时，这种现象发生的频率会增加。因此，维果茨基认为，儿童的这种行为并不是自我中心，而是在进行自我交流，从而帮助自己制订计划、选择策略，更好地实现目标。这也说明对话和讨论是儿童学习的重要方式。同时，维果茨基还发现随着年龄的增长，儿童自言自语的外显行为会逐渐减少，变成内部语言。

四、认知发展与教学

（一）最近发展区

维果茨基认为，儿童的发展有两种水平：一种是儿童的现有水平（实际发展水平），指儿童独立活动时所能达到的解决问题的水平；另一种是儿童可能的发展水平，即儿童不能独立完成任务，但在成人的指导或与他人合作的情况下能完成任务的潜在发展水平，两者之间的差异就是“最近发展区”（见图2-1）[①]。

---

①陈琦，刘儒德．当代教育心理学[M].3版．北京：北京师范大学出版社，2019.

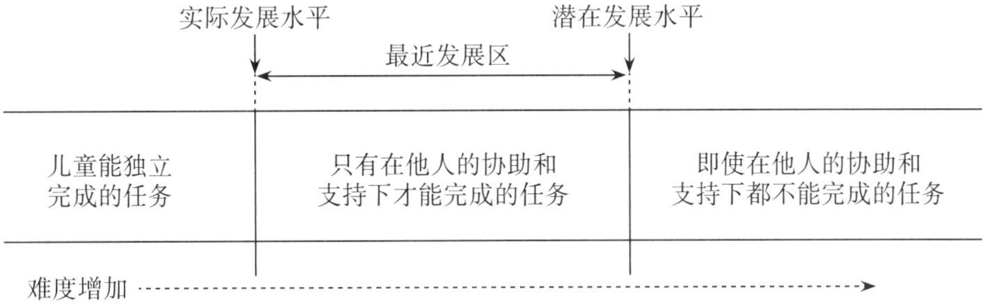

图2-1　最近发展区

资料超链接

支架式教学模式①

最近发展区采用支架式教学模式，即在学习过程中，老师应结合儿童实际情况为其给予一定帮助，但当儿童能力发展到一定水平时，就要让儿童承担更多的学习责任，支架就要逐渐拆除。例如，婴儿才开始学习走路时，父母会为其提供学步车，对儿童进行更好的引导和保护。等到儿童学会走路后，就不再使用学步车这个工具，而是让儿童自己独立行走。在实际的教育教学过程中，教师要根据最近发展区确立支架，通过支架作用不断将学生的智力从一个水平引导到另一个更高的水平，激发学生的潜能，不断创造新的最近发展区。

（二）教学应走在发展前面

维果茨基提出，教学应该走在发展前面，主张教学内容应该略高于儿童现有的水平，即教学应着眼于儿童的最近发展区。如果教育教学着眼于儿童实际发展水平，此时儿童已经具备了解决问题的能力，教师给予再多帮助，都是画蛇添足，就好比给大学生讲解加减法。同样，如果教育教学高于儿童潜在发展水平，无论教师能力多强都于事无补。例如，无论谁都没办法教幼儿园的儿童学习高等数学。因此，维果茨基认为教学的重要任务是创造最近发展区。

（三）学习的关键期

维果茨基认为，儿童每种认知能力的学习都有关键期，一旦错过了最佳年龄，就会对儿童的认知发展造成不利的影响。因此，对教学关键期的把握尤为重要，而教学关键期是由儿童的最近发展区决定的。随着某一阶段教学的结束，最近发展区将转化为现有发展水平，在此基础上又形成更高阶的最近发展区。随着最近发展区的动态变化，教学关键期也在不断变化。教师要因人而异，准确把握教学时机。

①(荷)瑞内·范德维尔.利维·维果斯基[M].郭冰，译.哈尔滨：黑龙江教育出版社，2017.

第三节　儿童认知发展的一般规律及教育启示

认知发展是小学儿童心理发展中极其重要的组成部分，内容涵盖小学儿童的感知、注意、记忆、想象等方面的发展。小学教师只有了解和掌握小学儿童认知发展的规律，并根据规律因材施教，才能取得良好的教学效果。

一、儿童认知发展的规律

（一）小学儿童的感知

感觉是人脑对直接作用于相应感觉器官的客观事物个别属性的反映，包括视觉、听觉、嗅觉等外部感觉和运动觉、平衡觉等内部感觉，是一切心理活动的基础。因此，感觉的发展尤其是视觉、听觉的发展，对于小学儿童的心理发展具有非常重要的影响。

心理实验室

感觉剥夺实验①

1954年，心理学家贝克斯顿、赫伦和斯科特等邀请被试进入一个漆黑的隔音室内，几乎什么都看不到、摸不着，因为他们都戴上了特别的眼镜和手套。一开始，被试还觉得很有趣。但稍后，被试开始失眠，变得焦躁不安，急切地寻找刺激，想唱歌，吹口哨，自言自语，用两只手套相互敲打，或者用它去探索这间小屋。虽然被试每天都可以获得丰厚的报酬，但是这也难以让他们在实验室中坚持3天以上。

1.小学儿童视觉的发展

视觉是人和动物最重要的感觉。科学研究发现，人类获取的信息80%来源于视觉通道。小学儿童视觉的发展是随着年龄的增长和学习活动的深入而不断进行的，主要体现在视力和颜色两个方面。

（1）小学儿童视力的发展

视力是指在一定距离上感知和辨别细小物体的视觉能力。近年来，我国儿童近视问题得到社会各界的广泛关注。2020年9到12月，国家卫生健康委员会对全国8604所学校的247.7万名学生开展了近视专项调查，结果显示：2020年，我国儿童青少年总体近视率为52.7%。其中6岁儿童为14.3%，小学生为35.6%，初中生为71.1%，高中生为80.5%。

①彭聃龄.普通心理学[M].5版.北京：北京师范大学出版社，2018.

小学儿童视力发展的关键期在10岁。据调查发现，10岁儿童的视觉调节范围最大，远近物体都能看清楚，这一特点对于儿童的学习具有较重要的意义。因为此时，儿童在课堂中需要将眼神不停地在距离较远的黑板和距离较近的书本间来回切换，每种事物都需要看清。还有研究者发现，儿童的视力在10岁前不断提高，10岁后逐渐下降。①这一变化可能与眼睛的生理机能相关，但更有可能与儿童的用眼习惯相关。部分儿童不注意用眼卫生，如经常在暗淡的光线下长时间注视，造成眼睛过度疲劳；或眼睛与书本的距离太近，使眼睛只习惯于看近物；或写字姿势不正确。久而久之，不少儿童视力下降。因此，老师在教学过程中要注意指导小学儿童科学用眼，也要注意教学环境的设计，如教室光线明亮、桌椅高低适宜、学生座位定期轮换等等。

资料超链接

“三个合理”预防儿童近视②

合理用眼：日常注意眼部清洁卫生；工作或学习时坐姿良好，注意眼睛至桌面的距离，避免距离过近引起视力持续下降；注意用眼光线，避免长时间或在黑暗、强光处用眼。

合理饮食：日常除均衡饮食营养外，还可多摄入含维生素、叶黄素的食物，如胡萝卜、猕猴桃、花生、蓝莓、菠菜等等，这些食物有助于增进眼部健康。

合理运动：坚持每日户外运动，有助于放松眼部。

（2）小学儿童颜色视觉的发展

小学儿童颜色视觉的转折期在6岁。研究发现，6岁儿童已经开始尝试分辨红、黄、绿、橙、白等颜色，但正确率较低，并受呈现时间长短的影响。6岁之后，儿童不仅出现颜色偏爱，如在常用的几种颜色中，大部分儿童更偏爱红色、黄色、绿色，偏爱黑色、棕色、灰色的儿童较少。6岁儿童对颜色的偏爱还出现了性别差异，男生最喜欢黄、蓝两色，其次是红色和绿色，而女生则最喜爱红、黄两色，其次是橙色、白色和蓝色。

2.小学儿童听觉的发展

儿童的纯音听觉和语音听觉在小学阶段得到较好的发展，这与小学语音教学特别是汉语拼音的教学息息相关。研究表明，在语音教学的影响下，1年级末期的小学儿童辨别汉语四声和相近字音的能力（如sh和s，ch和c，d与t，n与l等）已达到成人水平。另外，研究者发现，儿童对语音的感知能力受方言的影响，农村儿童略低于城市儿童，这与其生活环境和教育条件存在较大关联。

声音感知能力的发展不仅受先天条件、后天环境和教育的影响，也受听觉感受器、

①伍新春，张军.儿童发展与教育心理学[M].3版.北京：高等教育出版社，2020.

②陈巍，吴夕，张佩斌.儿童眼保健工作实用手册[M].北京：中国科学技术出版社，2020.

听觉中枢、言语运动中枢等物质基础的影响，虽然存在个体差异，但都可以通过训练的方式提高。因此，老师要重视对儿童听觉器官的保护和训练。为防止听觉器官受损，可引导学生正确清理耳朵，避免中耳炎，不大声喧哗，不听过高音量。同时，可通过组织诗歌朗读、歌咏比赛、听力练习等活动提高小学儿童的听觉能力。

3. 小学儿童知觉的发展

知觉是脑对直接作用于感觉器官的客观事物整体的反映。根据知觉对象的属性，可以把知觉分为空间知觉、运动知觉和时间知觉。本节主要讲解空间知觉和运动知觉。

（1）小学儿童空间知觉的发展

空间知觉对小学儿童认知能力的发展具有重要的意义。在此阶段，数学、自然等课程的学习都需要运用空间知觉。在空间知觉中，对儿童有较大影响的应属方位知觉。

方位知觉是个体对自身或物体所处方向的知觉。研究表明，小学低段儿童能准确判断上下、前后方位，但在判断左右方位时，常常需要和具体事物联系起来。例如，当1年级的体育老师发布“向左转”或“向右转”的口令时，至少有1/3的儿童会出错。因此，教师在教学活动中进行动作示范时要尽量采用“镜面示范”，便于学生理解。同时，受方位知觉的影响，儿童在刚学习汉字时，常不能正确区分“b”和“d”、“p”和“q”，这就要求老师在教授字形时，要尊重儿童的成长规律，尽量强调提醒，增强儿童的方位意识。

（2）小学儿童运动知觉的发展

儿童运动知觉的发展分为大肌肉运动觉和小肌肉运动觉两部分。儿童的大肌肉运动觉成熟较早，所以小学儿童能自如完成走、跑、跳、爬行、攀登等动作，但小肌肉运动觉发展较迟，所以小学儿童的精细动作还稍有欠缺，具体表现在手腕、手指还不够灵活。例如，低年级儿童写字时，字迹总是歪歪扭扭，还总是把纸戳破。这时教师不应操之过急，一来就批评学生，要理解儿童的处境：笔对于他们来说重量较大，握笔时手指、手腕较为僵硬，肌肉紧张程度较高，需要儿童移动前臂、上身或纸张来完成写字。教师应放低要求，多鼓励学生，先引导学生练习正确的书写姿势，再随着儿童手部动作的发展提高书写要求。

（二）小学儿童的注意

注意是心理活动对一定对象的指向和集中，是伴随着感知觉、记忆、思维、想象等心理过程的一种共同的心理特征。“聚精会神”“专心致志”等描述的就是“注意”。

资料超链接

注意缺陷与多动障碍①

注意缺陷与多动障碍俗称多动症，常发生于儿童时期，与同龄儿童相比，多动障碍的儿童明显表现出注意集中困难、注意持续时间短暂、活动过度或冲动等特

①李友明，李城. 学前心理学[M]. 北京：现代教育出版社，2015.

征。多动症是在儿童中较为常见的一种障碍，其患病率一般报道为3%—5%，男女比例为4:1。

1.小学儿童注意有意性的发展

小学儿童注意有意性的发展是指个体有意注意在认知活动中的作用逐步提高和注意的有意性由被动到主动的过程。

(1)有意注意在认知活动中的作用逐步提高

在个体的发展中，无意注意的发生先于有意注意。小学低段学生的认知活动以无意注意为主，因此在教学中，教学内容的直观性和形象性决定了学生的注意状态，只要刺激物是生动的、新异的，就能吸引他们的注意力。这就要求教师既要保证教学内容的趣味性，又要创新教学方式，从而避免学生出现“开小差”的情况。随着年龄的增长，大脑不断成熟，加之教师对儿童提出更高的学习要求和纪律规范，小学中段、高段的学生的有意注意得到迅速发展，他们开始有意识地把心理过程指向或集中于具体的目标并保持较长时间。如，5年级儿童对某对象估计的正确率，无意注意时只达22%，有意注意时则达56%。这表明在高年级学生的认知活动中，有意注意的作用超过了无意注意，占主导地位。

阅读与思考

教师如何“打扮”更适合教学

小美刚从大学毕业，即将前往重点小学任教。为了给学生们留下好印象，她一大早就起来梳妆打扮，穿上了颜色艳丽的新衣服，戴上了金光闪闪的新首饰，还特意喷了香水。

请你结合所学知识，对小美老师的行为进行点评。

(2)注意的有意性由被动到主动

小学低段学生的有意注意缺乏自觉性，具体表现为儿童不会主动确立目的，需要教师或其他成人为其制订目标。同时，他们不会组织自己的注意，需要他人不断提醒，一旦脱离外界的帮助，常常会不清楚或者忘记最终的目标，出现注意分散或转移。例如，教师教授小学低段儿童绘制熊猫，讲解并展示熊猫的模样后让学生自己动手绘制，大部分儿童可能会多次询问熊猫具体的样子。随着心理活动目的性、有意性、自控力的增强，中段、高段学生逐渐尝试自行确定目标，并有针对性地将注意力聚焦于目标。

2.小学儿童注意品质的发展

注意品质包括广度、稳定性、转移和分配。在良好的教育影响下，小学儿童的注意品质在有意注意的过程中不断发展，并表现出不同的特点。

（1）注意广度

注意广度是指个体在单位时间内所注意到的对象数量。数量越大，广度越大。注意广度通常表现为视觉注意的范围。小学儿童的注意广度主要有以下两个特点：

第一，随着年龄的增长，儿童的注意广度有所增加。研究发现[①]，请学生辨认1/10秒时间内呈现的圆点数时，二年级学生能清楚知觉到的圆点数一般少于4个，5年级儿童在4—5个之间，成人可辨认8—9个。同时，在日常生活中可观察到，1年级儿童在阅读时通常在手指的辅助下一个字一个字地读。随着心理机能的成熟，阅读频率的增加，儿童不仅可以直接阅读整个句子，还能分析句子间的联系。第二，小学儿童的注意广度存在性别差异，无论年级高低，女生的注意广度均高于男生。

（2）注意稳定性

注意稳定性是指把注意集中保持在某一对象（事物或操作活动）上的时间长短。时间越长，稳定性越高。小学儿童的注意稳定性也主要存在两个特点：

第一，小学儿童的注意稳定性随年龄增长而提高，其发展的速度超过幼儿期和中学阶段。研究者对小学生的日常学习活动进行观察，发现5—7岁儿童聚精会神地观察某一事物的平均时间是15分钟，7—10岁儿童可维持20分钟，10—12岁儿童延长至25分钟，12岁以上儿童可维持30分钟。因此，如果老师总是照本宣科、单调乏味地教学，很难维持学生的注意力，而方法适宜、趣味性强、参与度高的课堂可较大程度地提升学生的注意稳定性。第二，小学儿童的注意稳定性仍然存在性别差异，女生的注意稳定性高于男生，但随着年级的增长，两者之间的差距逐渐缩小。

资料超链接

请不要过度代劳，打扰儿童，允许他们有独立探索的机会

在育儿过程中，家长们常常会经历以下场景。

场景一：儿童正在专注地玩玩具，爸爸妈妈突然出现并“教授”儿童正确的玩法，不停地发布指令，玩这个、拿那个。

场景二：儿童正在认真地涂鸦，外公外婆一会儿喂水、一会儿擦汗。

场景三：儿童睡醒后刚睁眼，就立即被爷爷奶奶抱起安抚。

看似对儿童疼爱的举措，却总在“打断”他们独自探索世界的热情和状态，这些做法其实是不正确的。究其原因，0—3岁是儿童专注力培养的黄金期，此时儿童的大脑尚未发育完全，习惯养成事半功倍，在此年龄段儿童的专注力有3—5分钟，随着年龄的增长，专注力逐年递增2—5分钟。同时儿童的专注力具有外源性，它们就像一块海绵，时刻在吸收外界的信息，容易被吸引和干扰。如果家长总

①伍新春，张军．儿童发展与教育心理学[M].3版．北京：高等教育出版社，2020.

在儿童认真思考时进行干扰，长此以往就会影响儿童注意力稳定性的发育。因此家长可通过以下途径提升儿童注意力的稳定性：一是营造安静简单环境，减少外界对儿童的干扰；二是给予儿童认真陪伴，关注儿童，及时鼓励强化；三是精简儿童玩耍区域，不一次性提供太多玩具；四是鼓励儿童多种尝试，画画、手工、球类运动均可。

（3）注意转移

注意转移是指个体根据新的任务，主动把注意从一个对象转移到另一个对象上。小学儿童的注意转移虽然随着年龄的增长迅速发展，但小学低段儿童的注意转移能力较弱，在课间休息后无法将注意力集中到课堂。因此，小学低段教师应注重课堂导入，将儿童的注意力引导至课程学习上，使儿童养成迅速转移注意的习惯。

值得注意的是，小学儿童注意转移能力的发展也存在性别差异，但男生的发展优于女生，尤其是2至4年级，男生的注意转移较快。

（4）注意分配

注意分配是指在同一时间内，个体把注意指向不同的对象，可同时从事几种不同活动的现象。例如，教师可以一边讲课，一边观察学生听讲的情况；操纵机械的工人，既能观察仪表，又能控制和调节操作，还能注意周围环境的变化。小学儿童的注意分配存在以下特点：

第一，小学儿童的注意分配能力随着年龄的增长而提高。研究者发现，注意分配能力的发展与一个人生理发展的成熟度密切相关。1年级的小学生很难分配自己的注意力，当他在聚精会神地写字时，往往忘了要坐姿端正，甚至笔拿错了或练习本放歪了也浑然不知。因此，要求1年级的儿童边听课边做笔记，或者在抄写题目的同时考虑解题的方法，都是不现实的。低年级教师应尊重儿童的发展规律，不去要求儿童同时注意几件事情，等到儿童经过长期练习熟悉某种活动后，再提出分配注意的要求。第二，小学2年级是儿童的注意分配能力发展的转折期。教师可抓住这一关键期，不断训练，提升儿童的注意分配能力。

心理实验室

划消实验①

在划消实验中，被试需要在短时间内准确地按一定要求划去某个知觉对象，即被试需要高度集中注意力，准确而迅速地在许多类似的对象中辨认出特定的对象并把它划掉。

①陈舒永，杨博民，高云鹏．心理实验纲要[M]．北京：北京大学出版社，1989.

生活中，我们可以尝试用汉字划消的方式锻炼儿童的视觉注意力和识字能力，即把形状相近或相似的字放在一起，比如犬、大、太等，然后让儿童从中找出各个不同的字，划掉或者计数，以寓教于乐的方式激发儿童的学习兴趣。

3.小学儿童思维与想象的发展

（1）小学儿童思维的发展

皮亚杰的认知发展理论认为，小学儿童的思维由具体形象思维向抽象逻辑思维过渡。在小学儿童发展的不同阶段以及不同的学习活动中，都存在着具体形象思维与抽象逻辑思维，只是两者的比重发生了变化。因此，当教师面对具体形象思维占主导的低年级儿童时，应充分使用实物进行展示。例如，皮亚杰曾给低年级儿童出了这样一道题目：爱丽丝的头发比苏珊淡些，爱丽丝的头发比莉莎黑些，她们三个中，谁的头发最黑？这个问题如果只以语言的形式出现，儿童难以回答正确。但如果拿出三个头发黑白程度不同的洋娃娃，分别命名为爱丽丝、苏珊和莉莎，并按题目的顺序将洋娃娃展示给儿童，然后将洋娃娃藏起来，再次询问儿童相同的问题，他们就能毫无困难地指出苏珊的头发最黑。

研究者还发现，大部分小学儿童思维的转折期，即思维由具体形象思维占主导转变为抽象逻辑思维占主导，主要发生在4年级（10—11岁）。如果加强对学生思维品质的训练，也可能提前至3年级。

（2）小学儿童判断和推理的发展

小学1年级的儿童判断事物大多以其外部属性和特征为依据，例如“鱼会游泳”“草地是绿色的”。由于对事物属性的认识有限，他们的判断存在较大局限。例如，他们知道骆驼能搬运货物，但不知道骆驼还可以带人走出沙漠。同时，1年级的儿童只能从某一个角度思考问题，不能从多方面寻找原因。例如，有的同学没来上课，1年级的儿童会认为同学生病了；2，3年级的儿童则会进行更多猜想，但不会主动验证自己的假设，如：也许同学家里有急事，也许同学今天睡过头了。随着年龄的增长，高年级的儿童开始主动地、独立地进行某些复杂的推理和判断，如归纳推理、演绎推理和类比推理等，并尝试验证推理的准确性。

（3）小学儿童想象的发展

想象，是人在头脑里对已储存的表象进行加工改造，以形成新形象的心理过程。小学儿童的想象能力经过教师的教育引导，有了一定程度的发展。

一是想象的有意性得到发展，从盲目、被动逐渐发展为自觉、主动。低年级儿童的想象依赖于外界的刺激，并具有发散性的特点，高年级儿童能主动聚焦于某个具体目标展开想象。例如，教师请学生描述春节，低年级的儿童会讲述自己想到的所有内容，哪怕与春节毫无联系；高年级的同学则会有条理性、系统性地展开关于春节的介绍。

二是想象的创造性有所提升。低年级儿童在想象时更倾向于模仿和再现，所以教师应为其提供更多的案例和示范。随着经历的增长，儿童的想象力逐渐提升，他们开始结合自身知识创造故事。

三是想象的现实性逐渐提高。低年级儿童容易将自己想象中的事物与现实生活中的客观事件混淆，脱离实际。因此，教师在与低年级儿童交流时，须注意辨别事物的真实性。随着知识的积累和逻辑思维能力的提升，高年级儿童的想象更加理性化、现实化。

给教师的建议

“涂鸦”培养孩子的想象力

儿童涂鸦的敏感期一般在1.5岁至3.5岁之间，这个阶段的儿童喜欢随处涂抹，不管是洁白的墙面，木制的沙发，还是光滑的地板，都可以是儿童“创作”的载体。在这个过程中，儿童的涂鸦会逐步从无形发展到有形，从简单发展到复杂，从无力发展到有力，其想象力、创造力、专注力也在此过程中得到较大发展。

但是，不是所有儿童都能自行度过一个完整的“涂鸦敏感期”。他们的探索行为往往会被家长以某种方式中断，比如收起家里能用来画画的工具，把所有的家具都套上保护套，惩罚儿童随地涂鸦的行为等。家长和教师不仅应该尊重儿童的涂鸦行为，还应多称赞他们的作品，激发儿童创作的热情。

二、促进儿童认知发展的教育启示

（一）尊重认知发展规律，符合儿童发展特点

儿童的认知发展具有较多规律和特点，教师和家长应更多地学习规律、尊重规律、运用规律，促进儿童全面健康成长。例如，设计活动时，要对儿童思维的自我中心等特点予以考虑，在进行游戏时，告诉儿童他们不会总赢；在面对儿童“掩耳盗铃”式只藏头不藏脚地捉迷藏时，教师和家长不应该嘲笑儿童的行为，而应理解儿童“我看不见他就代表他看不见我”的不守恒不可逆思维，尽量做到积极配合，最好能将房间里的柜子都打开寻找，边找边说：“你藏到哪里去啦？”，历经“千辛万苦”找到儿童，陪儿童尽情游戏；又如，当儿童对洋娃娃说话或者以小草会疼为理由阻止你踩踏草坪时，尊重孩子泛灵论的特点，并用同样的方式回应他。

（二）适当借助认知失衡，提高儿童学习兴趣

认知失衡是指个体经验与期望不匹配时所产生的一种认知冲突。例如在看魔术表演时，观众会惊讶地发现兔子从先前空着的帽子中跑出来。在此情况下，观众会迫切地想知道原因。

在教学中，教师可以通过制造认知失衡的方式引发学生的好奇心，提高其学习兴趣与动力。教师在教学中不应只是将内容呈现给学生，若能先呈现一个令人困惑的问题或让他们做一个实验，其结果会让人吃惊。例如，在探索金属的属性时，教师可以先将一个金属棒加热，并让学生观察，第一次加热时，金属棒向下弯曲；第二次加热时，金属棒却向上弯曲。此时就能造成学生的认知失衡，他们会迫切地想知道这个现象是什么原因造成的。随后，教师再讲解金属属性相关知识点，一定会有更好的教学效果。

（三）充分借助实物教具，强化儿童思维能力

小学低年级儿童的思维有较大的具体形象性，一般还离不开具体事物的支持。因此，在教学中，教师应尽可能地使用图片、模型等教具来帮助他们理解相应的知识。例如，在学习加减法时，教师可为儿童提供糖果、苹果等实物教具，通过演示或引导学生自主练习，学习“1+1=2”等相关知识。教师应使用各种办法帮助学生形成有助于思维的表象，同时，在教学中不能一味地追求知识的量，更要重视儿童思维活动的质，在教授学生知识的同时，更要重视观察、引导和培养他们的思维能力。

（四）合理搭建教学支架，激发儿童发展潜力

维果茨基的最近发展区理论强调，儿童在成人指导或与他人合作的情况下，可以达到潜在的发展水平。在此过程中，教师和同伴可结合儿童实际水平，为儿童提供处于其最近发展区且难度适宜的“支架”。当儿童刚开始新的任务时，教师和同伴可为其提供示范、提示、训练和反馈。随着儿童对知识点的熟悉，逐渐减少对其的反馈和帮助，给予他们更多独立体验的机会。同时，由于儿童的最近发展区是动态变化的，教师和同伴应加强与儿童的沟通，不断获得儿童发展的反馈，适时进行调整。

（五）创新教学方式方法，吸引儿童有意注意

一般来说，3—4岁儿童注意力的集中时间平均约为10分钟，5—7岁儿童注意力的集中时间可达15分钟，而7—10岁儿童在条件适宜的情况下注意力可集中20分钟。因此，教师应创新教学方式方法，通过在课堂中引入游戏、提问、互动等形式，借助视频、图片、教具等媒介吸引学生注意。例如，在课前准备律动或手指游戏，以寓教于乐的方式导入课程；模仿《经典永流传》，将古诗词改编为歌曲进行学习；小组合作，以竞赛的方式完成课程学习。

本章小结

本章主要讲述了皮亚杰认知发展理论的机制和四个阶段，维果茨基的认知发展理论以及小学儿童在感知、注意、记忆、想象等方面的发展规律及教育启示。

【练习与实践】

随着《最强大脑》《挑战不可能》等综艺节目的播出，越来越多的人见识到了超强记忆的惊人之处。在感叹这些“大神”拥有如此强大的记忆力的同时，家长们也一定会希望自己的孩子拥有这样的“超能力”。在这种期望的驱使下，越来越多的孩子被送到记忆力培训班进行练习提升。对此，你怎么看？

【成长直播间】

成长维度	内容				
	我收获了什么	成长等级			
		A	B	C	D
知识					
能力					
素养					

【学习加油站】

[1]陶行知. 陶行知教育名篇[M]. 北京：教育科学出版社，2021.

[2]林崇德. 21世纪学生发展核心素养研究[M]. 北京：北京师范大学出版社，2016.

[3]（美）玛丽安·玛丽昂. 观察：读懂与回应儿童[M]. 刘昊，张娜，罗丽，译. 北京：中国轻工业出版社，2021.

第三章

儿童性格如何形成？——人格发展

学习目标

1. 能够描述弗洛伊德人格发展的五个阶段理论及其特点。
2. 应用埃里克森人格发展八阶段理论解决儿童人格养成问题。
3. 秉持儿童健全人格发展观。

知识导图

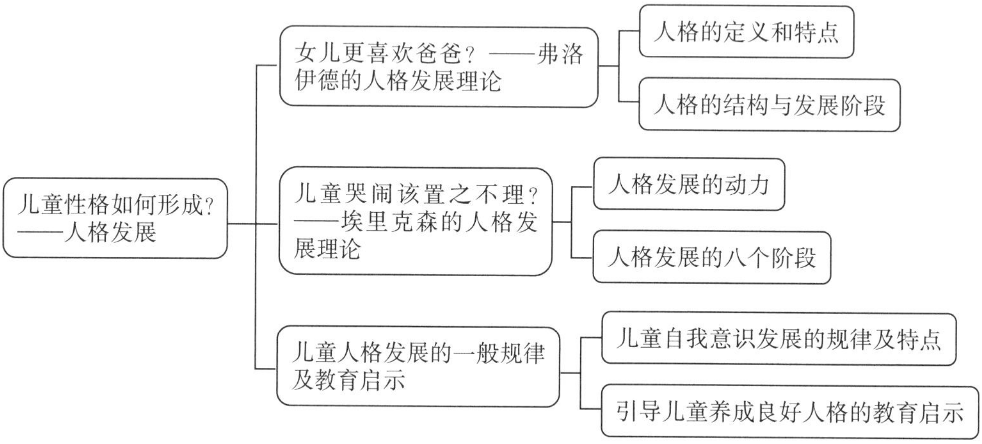

第一节 女儿更喜欢爸爸？
——弗洛伊德的人格发展理论

人格的发展对青少年儿童的成长起着至关重要的作用。儿童人格的社会性发展具有一定的普遍规律，也呈现出多样性。理解和掌握儿童人格发展的规律及特点，能有效提升教师和家长教育教学的效果。

一、人格的定义和特点

人格，是人所独有的，是个体在先天生物遗传素质的基础上，通过与后天社会环境相互作用而形成的相对稳定和独特的心理行为模型。这句话不仅对人格的定义进行了阐述，还强调了人格的特点，即相对稳定性和独特性。“江山易改，本性难移”就说明了人格的稳定性。受后天社会环境的影响，人格可能会发生改变，但总体而言，人格改变的机会小、难度大。人格的独特性体现在“人心千面，各有不同”，每个人的人格都是独一无二的。

前文提到，人格是个体在先天遗传物质的基础上，通过与后天社会环境相互作用而形成的多种心理特征的有机整合，包括个性倾向性（需要、动机、自我意识）和个性心理特征（能力、气质、性格）两部分。研究发现，人格具有独特性、统合性、功能性和稳定性等特征。

（一）独特性

个体的人格是通过遗传等先天因素和环境、教育等后天因素交互作用而形成的，不同的遗传、生活及教育环境，形成了每个人独特的心理特点。人与人之间没有完全一样的人格特点，“人心不同，各有其面”说的就是人格的独特性。但人格作为个体的整体特质，既包含个体与其他人不同的心理特点，也包含人与人在心理、相貌上的类似，每个民族、每个地区、每个阶段的人拥有共同的心理特点。

（二）统合性

人格是由多种成分构成的一个有机整体，具有内在的一致性，受自我意识的调控。人格的统合性是个体心理健康的重要指标，当人格结构在各方面和谐统一时，个体的人格就是健康的，否则就会出现适应困难甚至人格分裂。

资料超链接

多重人格[①]

多重人格，学术上叫分离性身份障碍，又称为多重人格障碍，表现为身份的瓦解。在此状态下，个体会出现两个或更多的相互独立的人格状态，并伴随明显的自我感及主体感中断。多重人格的患病率约为2%，女性占主体，病因主要有童年创伤、不良环境、成长过程中学习到防御能力等因素。

（三）功能性

人格通过发挥其中介作用，使外界环境的刺激在个体身上体现。人格能决定个体的生活方式，甚至决定个体的成败。例如，性格坚强的人面对挫折和失败时能发奋拼搏，性格怯懦的人会一蹶不振。

（四）稳定性

人格具有相对稳定性，俗话说，“江山易改，本性难移”，这里的“本性”就是指人格，那些偶然在行为中表现出来的具有一时性的心理特性不能称为人格特征。例如，性格内向的人喝酒后变得兴奋，言语增多，行为大胆，并不能说明这个人拥有活泼好动的性格特点。但人格的稳定性并不意味着它在人的一生中是一成不变的，随着个体生理的成熟和外界环境的变化，人格也可能产生变化。正因为人格具有可塑性，教师和家长才能培养、发展、健全儿童的人格。

资料超链接

《24个比利》和《柒个我》

《24个比利》是美国作家丹尼尔·凯斯创作的长篇小说，记录了美国史上第一位犯下重罪结果却获判无罪的嫌犯，因为他是一位多重人格分裂者。《柒个我》讲述了有七重人格的患者在他人帮助下重拾勇气、走出困境的故事。

二、人格的结构与发展阶段

西格蒙德·弗洛伊德（Sigmund Freud），奥地利精神病医师、心理学家，精神分析学派创始人。1895年，他正式提出精神分析的概念。1899年出版《梦的解析》，标志着精神分析心理学的正式形成。1919年国际精神分析学会成立，使精神分析学派最终形成。弗洛

①李凌江，陆林. 精神病学[M].3版. 北京：人民卫生出版社，2015.

伊德开创了潜意识研究的新领域，促进了动力心理学、人格心理学和变态心理学的发展，奠定了现代医学模式的新基础，为20世纪西方人文学科提供了重要理论支柱。

资料超链接

《梦的解析》：你的梦藏了多少秘密？①

《梦的解析》最初发表于1900年，被誉为精神分析第一名著。弗洛伊德认为，梦不是偶然形成的联想，而是被压抑的欲望。该书又译为《解梦》，是“理解潜意识心理过程”的捷径。

（一）人格的结构

弗洛伊德根据对病态人格进行的研究，提出了人格及其发展理论。该理论的核心是认为存在于潜意识中的性本能是人心理发展的基本动力，此动力是决定个人和社会发展的永恒力量。弗洛伊德早期认为，人格是由意识与无意识两个部分组成的，这两个部分就像海上的冰山一样，露出海面的部分是个体在日常生活中能够觉察到的心理部分，属于意识状态；但大量不能觉察的心理部分，就像隐藏在海面以下的冰山，看不见摸不着，属于无意识部分。在此基础上，弗洛伊德提出了新的人格学说，认为人格由本我、自我和超我三部分组成。

1. 本我

本我即原我，就是原始、本真的“我”，属于潜意识的结构组成，蕴含着人性中最接近兽性的本能性冲动。本我是与生俱来的，按照快乐原则行事，会提出饥、渴、性等需求，以此让自己得到满足。

2. 自我

自我，就是现实的、真实的“我”，是人格中有意识的成分，是在与现实世界反复作用时从本我中分化而来。自我遵循现实原则，即儿童随着年龄增长，在不断与外界交往的过程中逐渐明白不能凭冲动随心所欲，必须考虑现实情况。

3. 超我

超我，即超越的、道德的“我”，它处于人格的最高处，遵循至善原则，如上帝一般监督着本我提出的需求及自我寻找的方式是否符合社会准则。

本我、自我、超我三者构成了完整的人格。人的一切心理活动都可以从它们之间的联系中得到合理的解释。自我是永久存在的，而超我和本我几乎是永久对立的，这就需要自我来进行调节。若个人承受的来自本我、超我和外界的压力过大而产生焦虑时，自

①（奥）西格蒙德·弗洛伊德．梦的解析[M]．陈晓云，那振玲，译．武汉：武汉出版社，2019.

我就会启动压抑、否认、退行等防御机制。例如，儿童在上学路上经过一家早餐店，正好没有吃早饭，肚子饿得咕咕叫，可偏偏身上没有钱，怎么办呢？此时本我可能会提出饥饿的需求，而自我会根据现实情况寻找解决方法，比如向老板说明情况，先赊账后补款；或者趁老板不注意，偷偷拿走一份早餐……超我则会对自我提出的建议进行筛选，将符合社会道德的方式留下。研究发现，本我占主导的人会选择偷窃、抢劫等形式得到食物；自我占主导的人会想尽各种方法购买食物；超我占主导的人可能会摸摸肚子安慰自己："算了，算了，忍忍吧。"

（二）人格发展的五个阶段

弗洛伊德认为，儿童从出生到成年，人格要经历几个先后有序的发展阶段，每个阶段都有一个特殊的区域成为力比多兴奋和满足的中心，此区域被称为性感区。据此，弗洛伊德将心理性欲发展划分为口唇期、肛门期、性器期、潜伏期、生殖期五个阶段。他认为，儿童在五个阶段获得的各种经验决定了他们成年后的人格特征。

1. 口唇期（0—1岁）

口唇期是个体性心理发展的最原始时期，此时婴儿会通过吮吸、咀嚼、吞咽、咬合等口腔活动获得快感和满足。若婴儿在此时期能通过口腔活动得到满足，长大后就会有正面的口腔性格，如乐观开朗。反之，若此时期的口腔活动受到过分限制，例如，父母总是将婴儿塞进嘴里的东西强制拿出，将不利于其良好口腔性格的形成，长大后的儿童会出现口腔性依赖，即个体遇到挫折时，不能独立自主地解决问题，而是习惯性地向成人特别是向父母寻求依赖。又如口欲施虐，即儿童存在不自觉地咬人或咬东西的口腔倾向，长大后表现为咬指甲、烟瘾、酗酒、贪吃等不良行为习惯。

2. 肛门期（1—3岁）

在此阶段，儿童在排泄粪便时因解除内急压力而获得快感经验，从而对肛门的活动较感兴趣。在肛门期，为了帮助子女养成良好的卫生习惯，父母应对幼儿的排泄行为订立规矩，加以训练。如果父母的要求能配合幼儿自己的控制能力，好的行为习惯便得以养成，还会促进儿童的创造力和高效率。如果父母对幼儿的要求过于严格，训练中常发生冲突，则可能导致儿童出现肛门性格：一种是肛门排放型性格，表现为邋遢、浪费、放肆等；另一种是肛门便秘型性格，表现为过分爱干净、过分在意细节、固执、小气等。因此，弗洛伊德特别强调父母应注意儿童大小便的训练，不宜过早、过严。

3.性器期(3—5岁)

阅读与思考

女儿更喜欢爸爸,儿子更喜欢妈妈?

相信大家都听说过一句话:“女儿是爸爸的小棉袄。”现实生活中,我们也常常观察到,3—5岁时,女儿好像更喜欢黏着爸爸,总希望和爸爸一起做所有的事。但儿子的表现又恰恰相反,总跟在妈妈身后,说要做妈妈的保镖,却不愿与父亲交流,这是为什么呢?

这个时期的儿童已经初步认识到两性之间在解剖学上的差异,性器官成了他们获得性满足的重要刺激,表现为儿童喜欢抚摸生殖器、显露生殖器以及性幻想。此外,在性器期,儿童的性爱对象也发生了转移。3岁以前的儿童的性爱对象是自己身体的某一部位,3岁之后的儿童则把注意力转移到他人身上,尤其是异性家长身上。这也反映了性器期儿童另一个典型的特点:恋父、恋母情结。儿童会不自觉地对异性家长产生好感,而将同性家长视为多余的人。这一现象会对儿童人格的形成产生重要的影响,即他们会模仿同性家长的行为,以此得到异性家长更多的青睐,因此男孩的性格更像父亲,女孩的性格更像母亲。

4.潜伏期(5—12岁)

步入小学阶段的儿童进入心理性欲发展的第四个阶段:潜伏期。此时由于儿童道德感、羞耻心和害怕被别人厌恶等心理力量的发展,性欲受到了压抑。此阶段的力比多处于沉寂状态,儿童中止了对异性的兴趣,更倾向于和同性来往,并将之前的性冲动转向今后社会生活所必需的一些活动,如体育、歌舞、艺术、游戏等。

5.生殖期(12—20岁)

儿童在12岁之后,就进入人格发展的最后阶段:生殖期。男女儿童在身体上和性上趋于成熟,他们试图摆脱父母的管束,减少同父母、家庭的联系,将性的需求转向相似年龄的异性,开始有了两性生活的理想,有了婚姻家庭的意识。

弗洛伊德认为,在人格发展的每个阶段,都有可能发生力比多的变异,即固着和倒退。固着是指在某个阶段,力比多过度满足或缺乏满足,会导致人的性发展停滞在这一阶段,继续寻找适当的满足。如一个人特别爱吃,可能固着在了口唇期。倒退即指力比多在发展过程中遇到挫折,会从高级阶段返回到低级阶段,如男性在生殖期遇到困难,思考问题时总喜欢抽烟,此时吸烟就是口唇期满足的表现。

第二节　儿童哭闹该置之不理?
——埃里克森的人格发展理论

一、人格发展的动力

埃里克森(Erik H. Erikson)是美国著名的心理学家和精神分析学家,曾追随弗洛伊德学习精神分析学说,但他并不主张把一切活动和人格发展的动力都归结于"性",而是强调人格发展应受社会文化的影响和制约。基于此,他提出了社会化发展理论,认为人格发展的动力包括性本能、生物因素及文化和社会因素。

二、人格发展的八个阶段

埃里克森独具匠心地将弗洛伊德的观点和人类学相融合,创新性地提出人格的发展是一个逐渐形成的过程,必须经历八个顺序不变的阶段,每一阶段都有特定的目标、任务与要解决的主要问题。各个阶段相互依存,早期各阶段发展任务的实现对之后阶段发展任务的实现影响较大。同时,由于该研究距今时间较久远,各教材对埃里克森人格发展八个阶段时间划分存在一些出入,学生主要以每个阶段的任务与危机为学习识记重点。

(一)信任对怀疑(0—1.5岁)

个体出生后的发展目标是建立起对周围世界的基本信任感,即一种充分信任他人并且自己也值得信赖的基本感觉。对婴儿来说,如果在他哭叫时能得到预期的照顾,能够获得食物、得到爱抚等,信任感就会得到发展,他会认为世界是可预期的和安全的。相反,如果婴儿在他需要时不能得到照顾,或必要的需求得不到预期的反馈,如饥饿时没人喂食,尿湿了没人换尿布,哭泣时得不到安慰,就会发展出对他人的怀疑,这种怀疑会导致害怕、紧张,使其产生世界不可靠、不安全和充满敌意的感受。

心理实验室

小恒河猴实验[①]

哈洛和同事将一只刚出生的小恒河猴放进笼子中养育,并配置了两个"假妈妈":一个是胸前有奶瓶,可24小时提供奶水的"铁丝妈妈";另一个是布妈妈。令

①卢乐山,林崇德,王德胜.中国学前教育百科全书(心理发展卷)[M].沈阳:沈阳出版社,1995.

人惊讶的事情发生了：小猴只在饥饿的时候才到“铁丝妈妈”那里喝几口奶水（见图3-1）；当小猴遇到威胁时，会跑到“绒布妈妈”身边并紧紧抱住它，似乎“绒布妈妈”会给小猴更多的安全感（见图3-2）。这验证了触摸和温度给小恒河猴带来了安全感。

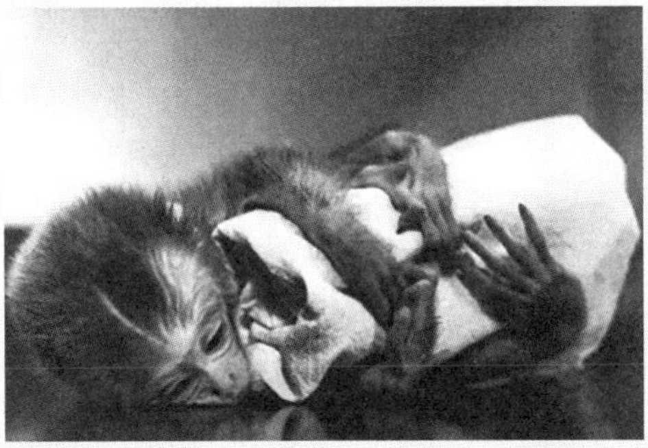

图3-1 恒河猴在铁丝妈妈身上吃奶

图3-2 恒河猴受到惊吓后抱住绒布妈妈

资料超链接

多拥抱、多触摸、多对话，养育安全感宝宝

父母对儿童的养育不能仅仅停留在喂饱穿暖层次，要帮助儿童健康成长，一定要为他提供触觉、视觉、听觉等多种感觉通道的积极刺激，让儿童能够感受到父母的存在，并能从他们那里得到安全感。“黏人”的宝宝有时让人心烦，但这恰恰说明他具有一种积极的情绪——对亲人的依恋。生活中，部分父母只顾着玩手机而忽略与孩子之间的肌肤接触，这不利于儿童身心健康发展。所以家长们应多和孩子有肢体接触，如抱抱孩子，摸摸孩子的脸、背孩子等，让孩子感受到接触所带来的安全感。

（二）自主对羞怯（1.5—3岁）

此阶段的儿童已经学会走路，并且能充分运用所掌握的语言和他人交流。他们开始表现出自我控制的需要与倾向，渴望自主尝试吃饭、穿衣、大小便。例如，在学会走路之后，儿童外出时不再要父母抱，而想要自己独立行走。如果父母把他们抱起来，他们会不停挣扎想要逃离，嘴里还一直嘟囔着：“下地，下地，我要下地。”看见地上有垃圾，他们会马上拿起扫帚打扫卫生，但结果垃圾反而会弄得满屋都是。“成事不足，败事有余”，成人常常会这样责备儿童。“不许”“别动”更是大人与儿童对话时的口头禅。

当儿童想要独立完成某件事情时，教师和家长不但不要责备，反而应该抓住时机，积极引导，给他们分配一些简单的任务，如自己穿衣服、整理房间等，鼓励儿童自由探索、认识、了解世界。如果教师和家长一味地打压和严格要求，会使儿童对自己的能力产生怀疑感和羞愧感。

（三）主动对内疚（3—6岁）

随着年龄的增长，儿童对周围事物积极主动的探索行为也增多，如自己选择衣服、剪头发甚至做饭。同时，儿童愈发关注周围事物，对外界充满了无限好奇，常常会问“这是什么？”和“为什么呢？”。尽管有些问题会给家长和教师带来困扰，但这是儿童发展的必经过程，因此家长和教师应给予儿童更多鼓励和支持。例如，儿童想自己动手做饭，父母可以让其在厨房帮忙，当儿童给父母递过一把勺子时，他们会认为自己正在从事一项非常重要的活动，发挥了极其重要的作用。又如，教师可以鼓励儿童午休后自己穿衣叠被，整理床铺，从而促进儿童社会技能的发展。如果儿童的主动探索行为常被制止，他们就会产生“一定是我做得不好，大人才不愿让我做”的内疚情绪，从而影响其探索世界的热情。

资料超链接

角色扮演游戏有助于儿童主动性的发展[①]

角色扮演游戏看似幼稚，实则能有效提高儿童的主动性。具体可归纳为以下原因：一是游戏本身具有自主性，儿童在游戏开始前能自主选择扮演的社会角色，有较大可操作空间；二是游戏开始后，没有固定的情节设定，儿童可结合自己的生活经验，自主商议游戏情节发展；三是为了成功扮演该角色，儿童需要主动观察每个角色的社会职责和特点，尝试主动模仿、再现该社会角色。

（四）勤奋对自卑（6—11、12岁）

整个小学阶段，儿童都处于埃里克森心理社会发展理论的第四阶段，因此小学教师应重点关注和了解这一阶段儿童的特点。随着年龄的增长，儿童不仅想要探索新事物，还希望在尝试的过程中获得成功，从而得到他人更多的认可和鼓励。所以在初入学校时，儿童对所有的事物都充满了好奇与动力，想要努力达到家长和教师的期许。在小学教育中，教师要有意识地培养学生勤奋刻苦的学习态度，引导学生体验通过努力获得好成绩后的成就感、幸福感。对于学习存在一定困难的学生，教师应特别注意培养其自信心，当他们获得一定进步后，及时表扬、肯定，避免其产生“我不够好”“我比不上别人”等自卑心理。

---

①郭建红.皮亚杰亲子游戏育儿法[M].北京：北京理工大学出版社，2012.

给教师的建议

教师应尽可能给学生展现独立性和责任感的机会，例如，容忍学生犯错误，但坚定地要求他们诚实地承认错误。同时，教师可以经常委派给学生一些小任务，诸如浇灌班级植物，收发作业本，管理班级计算机，互相给家庭作业评分等。

要特别注意对受挫学生给予适当的支持。例如，针对每个学生使用个性化的图表展示他们各自的进步。保留学生以前的作业，使学生能够看到自己的进步。经常以各种理由鼓励学生，如进步大、乐于助人、工作勤奋等。教师可以批评学生的行为，但不可否定他们的为人。

（五）角色同一性对角色混乱（12—18岁）

这一阶段相当于少年期和青春初期。个体此时开始体会到自我概念问题的困扰，即开始考虑“我是谁”这一问题，可能会感受到角色同一和角色混乱的冲突。角色同一强调了个体的自我统合，是指由个体的动机、能力、信念和经历组成的一致的自我形象，是对自己目前的知觉和未来期望的整合。如果能将上述因素整合得很好，且他所想、所做与其角色概念相符，个体就会获得较好的同一性。若个体没有实现因素整合，或是茫然无助，不知如何抉择，就会感受到角色混乱的威胁。

（六）亲密对孤独（成年早期18—35岁）

此时个体如果能够在人际交往中建立正常、友好的关系，就会形成一种亲密感。这种意义上的亲密感是指个体愿意与他人进行深层次的交往，保持一种长期友好的关系，学会与他人分享而不计回报。如果怕被其他人占有或不愿意与人分享，便会陷入孤独。

（七）繁殖对停滞（成年中期35—65岁）

这一阶段主要指中年期和壮年期。这个阶段的繁殖其实是广义的，它不仅包含人类繁衍后代的过程，还包括人的生产能力和创造能力。埃里克森认为，这一阶段的个体把主要精力集中于关心下一代的成长，或者通过生产、创造提高下一代的生活水平。发展顺利的个体表现为家庭美满，富有创造力；反之，则陷入自我专注，只关注自己的需要与舒适，对他人及后代情感冷漠。

（八）完美无缺对悲观失望（成年晚期65岁以上）

此阶段相当于老年期，个体受前几个阶段的影响较大。如果个体在前几个阶段发展顺利，在此时期就能怀着满足感、幸福感回顾之前的生活，逐渐接受自己不可替代的作用，从而获得完美无缺感。相反，对前几个阶段发展不满意的个体会陷入失望、悲伤，并因此害怕死亡。

表 3-1　埃里克森心理社会性发展的八个阶段

年龄	任务与危机	重要事件	如何应对
0—1.5 岁	信任对怀疑	婴儿对养育者给予充分信任，相信他们能够满足自己的基本需要。如果养育者拒绝满足孩子的需要或者反应不一致，孩子就会认为世界充满危险。	家长应该积极地满足婴儿的需求。
1.5—3 岁	自主对羞怯	儿童必须独立自主地吃饭、穿衣、洗脸等。如果不能获得这种独立性，儿童就会怀疑自己的能力并感到羞愧。	教师和家长应该给儿童提供独立完成任务的机会，并多加表扬。
3—6 岁	主动对内疚	儿童有更主动的行动，想要去探索世界。如果教师和家长总是替儿童做决定，他就会陷入“自己不好”的内疚中。	教师和家长应多给儿童提供自己做决定的机会。
6—11、12 岁	勤奋对自卑	儿童必须掌握重要的交往和学习技能。在这个时期，孩子常常会将自己与同伴进行比较。小学教师需要重点关注这一时期。	教师应鼓励儿童将自己目前的成绩与从前的成绩相比，而不是与别人横向比较。
12—18 岁	角色同一性对角色混乱	青少年要清楚地认识“我是谁”，需要建立起基本的社会和职业自我形象，否则就会感到困惑。	教师应鼓励青少年进行自我认同，并给他们树立榜样。
18—35 岁	亲密对孤独	这个阶段的主要任务是在与他人的交往中感受爱情、亲情和友情。如果感受不到亲密关系，个体就会感到孤独。	教师应鼓励学生建立自己的人际关系网，关爱身边的家人、朋友、同学。
35—65 岁	繁殖对停滞	成年人既要在自己的工作中努力进取，又要负担起照顾家庭和养育子女的重任。不能或不愿意负担这些责任的成人，会变得颓废迟滞或自我中心。	教师可以引导学生通过努力学习和实践建立起繁殖感。
65 岁以上	完美无缺对悲观失望	老年人通过回顾以前的生活经历来决定自己的状态。	教师应该引导学生在发展的前几个阶段记日记，或者让他们对自己的每次选择都做出评价。

埃里克森的心理社会性发展理论（见表3-1）[①]特别强调了社会文化对人格的发展影响，他将儿童看作适应环境的积极探索者，认为儿童在每个阶段都要面对既定的社会任务，从而不断发展。

第三节　儿童人格发展的一般规律及教育启示

促进儿童人格的发展是教育的重要目标之一，儿童形成积极健康的人格对其之后的社会适应与发展有着重要的意义。面对同一件事，不同的人格会引导儿童做出不同甚至完全相反的决定。因此，教师更应该了解、知悉学生的人格特点，从而做到因材施教，促进学生全面发展。

一、儿童自我意识发展的规律及特点

在个体与周围环境相互作用的过程中，自我意识逐渐形成和发展起来，在人格的形成和发展中起着至关重要的作用，它的成熟往往标志着人格的基本形成。自我意识是指个体对自己的心理、思维以及行为活动的自我认识、自我体验和自我调节，是一个多维度、多层次的心理系统。自我意识的发展主要会经历生理自我、社会自我、心理自我三个阶段。

（一）生理自我（自我中心期）

生理自我是自我意识最原始的形态，它使个体可以较好地区分自我与非自我。1岁的儿童开始尝试将自己的动作和动作的对象区分开来，3岁左右的儿童可熟练地将两者区分开。该阶段是自我意识发展的第一个飞跃期。

（二）社会自我（客观化时期）

社会自我是个体对自己在社会生活中所担任的各种社会角色的知觉，包括对各种角色关系、角色地位、角色技能和角色体验的认知和评价。儿童的自我意识在3岁之后进入社会自我阶段，他们从轻信成人的评价逐渐过渡到自我独立评价，自我评价的独立性、原则性、批判性得到迅速发展，对道德行为的判断能力也逐渐达到前所未有的水平，但他们的自我评价不涉及个人的人格特征，常出现言行不一的现象。

---

①表格参考了伍新春，张军．儿童发展与教育心理学[M].3版．北京：高等教育出版社，2020. 和张大均．教育心理学[M].3版．北京：人民教育出版社，2015.

（三）心理自我（主观自我时期）

心理自我是个人对自己心理属性的认识，包括对自己的感知、记忆、思维等方面的意识。心理自我是从青春期开始形成和发展的，在此阶段，青少年会自觉地按照一定目标和社会准则来评价自己的心理品质和能力。通过对自我的发现，青少年产生了独立的愿望，自我评价也越来越客观、公正和全面，在此基础上进一步形成了自我理想。

资料超链接

照镜子有助于儿童自我意识的发展①

都是照镜子，为什么不同年龄段的儿童会有不同的反应呢？1岁之前的儿童照镜子时会以为镜子里是他的新伙伴，他们会对着自己的镜像拍打，或者微笑招手，甚至亲自己；1岁半之后的儿童开始有了主体、客体的概念，他们开始意识到镜子里面的人就是自己，自我意识得到进一步发展。

二、引导儿童养成良好人格的教育启示

（一）重视后天教育引导，健全儿童人格发展

研究发现，人格虽然具有相对稳定性，但仍会受到先天遗传和后天社会文化、家庭环境、学校教育、童年经验、自然环境等因素的影响。教师和家长应充分重视后天教育引导，尽可能引导儿童的人格健全发展。

1. 权威型教养方式

心理学家戴安娜·鲍姆林德提出了家庭教养方式的两个维度：要求性和反应性，从而将家庭教养方式分成了权威型、专制型、忽视型和放纵型。研究发现，权威型的父母会对儿童提出合理的要求及目标，并对儿童的行为加以适当限制。同时，他们会及时、适当地表达出对儿童的爱，并认真听取儿童的想法。例如，当给儿童报名兴趣班时，家长应征询儿童意愿，而不是跟随大众的选择强制儿童参加训练，这样反而会降低儿童的学习兴趣。在此教养模式下培养出来的儿童较为独立和自信，在日常生活中也表现出更多利他行为。

2. 言传身教影响学生

儿童善于通过模仿他人的言行来约束和养成自己的行为，其年龄越小，模仿行为就越多。研究发现②，刚入小学的儿童对教师充满了崇拜和敬畏，84%的小学儿童（低年级接近100%）认为教师的所言所行都是正确的。例如，在生活中与家长产生争执或者分歧时，儿童总是说："老师这样讲的！"因此，教师应注意自己的言行举止，以"学高为师，身

①黄希庭，郑涌．大学生心理健康教育[M].3版．上海：华东师范大学出版社，2020.

②伍新春，张军．儿童发展与教育心理学[M].3版．北京：高等教育出版社，2020.

正为范”为准则，以“四有好老师”为要求，不仅拥有扎实的专业知识，更应拥有良好的道德素质，以文化人、以文育人、以文培元，更好地服务、教育、影响儿童。

3. 重视第一课堂教育

学生通过课程知识的学习，可以培养自身主动性、独立性、探索性等人格特征，因此教师在课程教学中应打破传统“填鸭式”的教学方式，尝试通过翻转课堂、互动问答等形式发挥学生的主体性，引导学生通过小组合作或独立思考获取答案。教师在传授知识的同时更要关注育人，将国家政策、时事热点潜移默化地融入课堂，培养学生高尚的道德情操。

4. 营造和谐友爱集体

研究发现，后天社会环境对儿童的人格发展具有积极的促进作用。班集体是学生成长发展的家园，承载着熏陶和培养学生人格、品行、修养、理想信念的重任。班级的氛围直接影响到学生的个性发展水平及学校的教育质量。因此，努力创设健康、和谐、积极向上的班级氛围会对学生产生强烈的感染力和渗透力。

（二）鼓励儿童勇敢探索，培养独立自主品质

埃里克森的心理社会性发展理论提出，儿童在1.5—3岁时的发展任务是自主，3—6岁时的发展任务是主动。因此，儿童在1岁半之后会对周围世界表现出极大的好奇，任何事情都想自己独立尝试或弄清其中的原委，但他们往往还不具备独自探索的能力。家长和教师应适度“放宽心”，在确保儿童安全的情况下，给予其独立尝试的机会，如让儿童自己穿衣、打扫、做饭。当儿童在独立探索的过程中遇到困难时，教师和家长不应立即帮儿童解决困难，而应积极引导，充分肯定，激发儿童再次尝试的热情。例如，儿童在尝试自己独立穿衣服时，衣服被撕烂、穿反都是经常会出现的情况。此时家长和教师可鼓励儿童：“你真是一个独立能干的孩子，下次一定会做得更好！”

（三）认可儿童点滴进步，激发勤奋克服自卑

勤奋是小学阶段儿童需要发展的任务，而自卑则是需要克服的危机。初入学校的儿童，对一切都充满了未知与好奇，不管自己能力如何，他们都愿意尝试新鲜事物。在此过程中，他们常会将自己与同伴进行比较。如果儿童能顺利完成任务，获得交往和学习的技能并得到教师、同伴、家长的认可，他们会更热情、更积极地投入下一阶段的挑战。但如果儿童难以应对这样的挑战，他们将会陷入自我怀疑和自卑。因此，教师和家长的肯定、鼓励对儿童勤奋感的培养能起到至关重要的作用。

一方面，教师和家长应高效、及时地对儿童的进步给予表扬和反馈，通过强化的方式激发儿童进步的动力；另一方面，教师和家长应辩证地看待和关注每位儿童，对其不足多引导，对其长处多鼓励，对其表现多微笑，让每一位儿童都能发现自己的闪光点并引以为傲，为他们营造积极健康的生活环境。

（四）关注自我意识发展，促进角色同一性形成

教师通常是最适合和最有可能帮助学生获得同一性的人。例如，学生选择某一专业，往往是受该专业教师的人格魅力所影响。一个教学卓有成效、热情积极的教师可以激发学生强烈的学习兴趣，也能在专业领域对学生进行正向的反馈和强化，从而促进学生同一性的形成。在此过程中，教师应给予儿童明确的要求，鼓励儿童独自完成任务，而不是将其视作孩子，干预他们的行为。同时，教师应特别注意此阶段的儿童有较强的自尊心，切忌在其他同伴面前轻视、指责儿童。

本章小结

本章主要讲述了弗洛伊德人格发展的五个阶段理论及其特点、埃里克森人格发展八阶段理论和小学儿童人格发展的一般规律及教育启示。

【练习与实践】

哭闹是儿童表达诉求的一种方式。如今，不同的育儿观念使家长在孩子哭闹时犯了难。老人常心疼自己的孙辈，总是在儿童刚开始哭闹时就立即安抚，努力满足儿童的愿望；而“90后”的父母则认为不能将就儿童，否则会让他们养成不好的习惯，儿童哭的时候就让他哭，哭够了就不哭了。

儿童哭闹时，究竟是应该置之不理还是立即安抚呢？请结合所学知识进行解答。

【成长直播间】

<table>
<tr><td rowspan="3">成长维度</td><td colspan="5">内容</td></tr>
<tr><td rowspan="2">我收获了什么</td><td colspan="4">成长等级</td></tr>
<tr><td>A</td><td>B</td><td>C</td><td>D</td></tr>
<tr><td>知识</td><td></td><td colspan="4"></td></tr>
<tr><td>能力</td><td></td><td colspan="4"></td></tr>
<tr><td>素养</td><td></td><td colspan="4"></td></tr>
</table>

【学习加油站】

[1]（法）让-雅克·卢梭．爱弥儿[M]．叶红婷，译．北京：人民教育出版社，2016.

[2]钟启泉．深度学习[M]．上海：华东师范大学出版社，2021.

[3]（意）蒙台梭利．有吸引力的心灵[M]．爱立方，编译．北京：北京理工大学出版社，2015.

第四章

儿童怎样适应社会？——社会性发展

学习目标

1. 知道亲子依恋、友谊关系、观点采择、亲社会行为的含义和发展阶段特点。
2. 综合运用游戏、友谊发展、观点采择能力和亲社会行为的促进策略。
3. 涵养儿童中心的教育态度、家庭责任感和社会公德心。

知识导图

- 儿童怎样适应社会？——社会性发展
  - 如何建立良好的亲子关系？——鲍尔比的亲子依恋发展理论
    - 亲子依恋的定义
    - 亲子依恋的发展阶段
    - 亲子依恋的类型
    - 亲子依恋的影响因素
  - 儿童是如何交朋友的？——塞尔曼的友谊发展理论
    - 友谊的内涵和意义
    - 友谊的发展阶段
  - 如何培养善解人意的儿童？——塞尔曼的观点采择发展理论
    - 观点采择的定义
    - 观点采择发展的五个阶段
  - 儿童何时学会帮助他人？——艾森伯格的亲社会行为发展理论
    - 亲社会行为的定义
    - 亲社会行为发展的五种水平
  - 儿童社会性发展的一般规律及教育启示
    - 儿童人际关系发展的规律及特点
    - 儿童情绪情感发展的规律及特点
    - 促进儿童社会性发展的教育启示

社会性发展是指个体在与社会的相互作用中，为积极适应和参与社会生活而形成的心理特征，包括社会认知、社会情感和社会行为等。个体社会性的发展主要涵盖亲子依恋、友谊关系、观点采择、亲社会行为等四个方面。

第一节　如何建立良好的亲子关系？
——鲍尔比的亲子依恋发展理论

鲍尔比(John Bowlby)，英国精神病学家、心理学家，依恋理论的创始人。第二次世界大战期间，许多儿童成为无人照料的孤儿。鲍尔比发现这些孤儿虽然身体得到了照料和安抚，但心理仍受到较大伤害，大部分儿童会出现严重的心理障碍。基于此现象，他在生态学和精神分析的基础上，提出了依恋理论。

一、亲子依恋的定义

亲子依恋是儿童在童年早期寻求并力图保持与特定人物(主要是母亲)的身体联系和情感联系的一种倾向。这里面有几个要点：一是亲子依恋形成的特定时间点是在童年早期，经研究发现，亲子依恋的关键期在0—2岁；二是亲子依恋是在儿童与特定人物之间产生的，例如抚养自己长大的父母、爷爷奶奶、外公外婆等，和陌生人之间不易发生；三是依恋的具体表现形式可理解为“依”(指身体的依靠)和“恋”(指精神上的牵连)。

资料超链接

陪伴是最好的礼物①

现阶段，很多父母迫于生存压力，会请爷爷奶奶、外公外婆或保姆帮忙照顾孩子，自己则全心投入工作，由此导致孩子和自己的亲密度不高，为此深受困扰。19世纪的精神分析学家勒内·施皮茨也曾拍过一部简短的黑白影片，记录了无法和父母长期接触的孩子的生活情况。据影片反映，一些孩子在离开父母三四天后，就出现哭闹不止、面无表情或反应迟钝的现象，而当父母回来再想与孩子亲近时，孩子往往会选择“逃离”。这其实是因为1岁前孩子和谁的身体接触、情感表达更多，就会对谁产生更多依恋。

①彭小虎，王国锋，朱丹.儿童发展与教育心理学[M].上海：华东师范大学出版社，2014.

二、亲子依恋的发展阶段

鲍尔比通过实验发现，在不同时期，亲子依恋的表现形式存在差异，具体可分为以下四个阶段：

（一）无差别的社会反应阶段（0—3个月）

婴儿从出生到3个月时，处于无差别的社会反应阶段，对人是不加区分的。他们对所有人的反应几乎一样，喜欢所有人，喜欢听到所有人的声音，喜欢注视所有人的脸，只要看到人的面孔或者听到人的声音，都会手舞足蹈、咿呀学语。

（二）有差别的社会反应阶段（3—6个月）

3个月后，儿童进入有差别的社会反应阶段。这一阶段的儿童对母亲和他所熟悉的人及陌生人的反应是不同的。儿童会对母亲更为偏爱，在母亲面前表现出更多的微笑、依偎、接近，而在其他熟悉的人面前这些反应相对少一些，对陌生人的这些反应更少，但依然会有。

（三）特殊情感联结阶段（6个月—2岁）

随着年龄的发展，6个月到2岁的儿童进入第三个阶段：特殊情感联结阶段。此阶段的儿童对于母亲的存在特别关切，愿意和母亲在一起。当母亲离开时，他们会哭喊着不让其离开，任何人都不能替代母亲。只要母亲在身边，儿童就能安心玩耍，探索周围环境，好像母亲就是他们的安全基地。同时，他们对陌生人的态度变化较大，开始怯生和躲避。

资料超链接

妈妈离家前应给孩子一颗"定心丸"①

相信大部分职场妈妈都曾面临这样的难题：临出门了，孩子却哭闹着不要妈妈离开。妈妈开始时会耐心解释，最后实在哄不好只能匆忙转身离开。其实，临出门前孩子的黏人只是需要向妈妈确认安全感。如果妈妈只是告诉孩子："你别哭了，妈妈上班是为了赚钱给你买好吃的。"这样的话语只会增添孩子的悲伤和负罪感。面对离开，孩子其实需要妈妈给予一颗"定心丸"，即妈妈只需要明确地告诉孩子自己要去的地方、什么时候能回到孩子身边。例如，"妈妈要去上次你买玩具的那栋楼上班，大概下午五点钟到家。也就是你睡完午觉、玩完游戏的时间，妈妈就回来了。"

---

①张大均.教育心理学[M].3版.北京：人民教育出版社，2015.

（四）目标调整的伙伴关系阶段（2岁以后）

2岁之后的儿童能够认识并理解母亲的情感、需要、愿望，他们知道母亲是爱自己的。在此阶段，儿童将母亲视为可交往的伙伴，并在交往时充分考虑母亲的需要和兴趣，据此调整自己的情绪和行为反应。因此，母亲可在此阶段多与儿童分享自己的内心感受。同时，儿童与母亲空间上的邻近就变得不那么重要了，当母亲有别的事情需要暂时离开，儿童会对其表示理解，而不会大哭大叫。

三、亲子依恋的类型

美国心理学家安斯沃思和威特于1969年通过“陌生情境测验”，即将儿童与其母亲和一个陌生人以八种组合的方式安排在实验室中进行游戏，通过观察记录儿童在该情境下的情绪行为反应，来确定儿童的依恋类型。实验团队共收集了近30个婴儿在八个场景中的反应，结合婴儿对母亲离开房间和回到房间时不同的表现行为，将亲子依恋分为安全型依恋、回避型依恋和矛盾型依恋。

资料超链接

陌生情境测验[①]

陌生情境测验是模拟婴儿与母亲分离的场景进行的（如图5-1）[②]，大体包含以下八个场景，每个场景持续三分钟。妈妈、孩子和研究者都在房间里，在一小块中性颜色的区域中，有一些玩具供婴儿玩耍。场景一：实验者在一分钟左右离开，妈妈和婴儿在一起，单独相处大约三分钟。在这个阶段，研究者需要观察婴儿此时是否足够自信地去探索周围的环境，或者只是和妈妈待在一起。场景二：一个陌生人进入这个房间，研究者记录下婴儿对不熟悉的人的反应。场景三：陌生人在妈妈离开房间后和婴儿待在一起，在这个阶段，研究者观察婴儿的分离焦虑迹象。场景四：三分钟之后妈妈返回房间，研究者观察孩子和妈妈重聚后的反应。场景五：陌生人离开房间。场景六：几分钟后，母亲也离开房间，孩子在实验中第一次一个人待在房间里。场景七：下一个进入房间的，又是一个陌生人。场景八：三分钟后，妈妈返回，陌生人离开。

①林崇德，杨治良，黄希庭.心理学大辞典[M].上海：上海教育出版社，2003.

②陈琦，刘儒德.当代教育心理学[M].3版.北京：北京师范大学出版社，2019.

图4-1 陌生情境测验

（一）安全型依恋

安全型依恋的儿童与母亲在一起时，感到安心和稳定。他们不会一直依偎在母亲身旁，只是偶尔靠近或接近母亲，更多的是用眼睛看母亲、对母亲微笑或与母亲有距离地交谈。母亲的在场会使儿童感到足够安全，他们能在陌生的环境中进行积极的探索和操作，对陌生人的反应也比较积极。当母亲离开时，儿童的操作、探索行为将受到影响，会明显表现出苦恼、不安，想寻找母亲。当母亲回来时，儿童会立即寻求与母亲的接触，并且很容易抚慰、平静下来，继续玩游戏。综上所述，安全型依恋儿童表现为：母亲在场时安心踏实，母亲离开时紧张不安，母亲回来时开心激动。这类儿童占总数的65%—70%。

（二）回避型依恋

回避型依恋的儿童对母亲在场与否都无所谓。母亲离开时，他们并不表示反抗，很少有紧张、不安的表现；母亲回来时，他们也往往不予理会或转过身去不看妈妈。有时他们会欢迎母亲的回来，但时间短、频次低。这类儿童并未对母亲形成特别密切的情感联结，所以他们也被称为“无依恋儿童”。这类儿童约占总数的20%。

（三）矛盾型依恋

矛盾型依恋的儿童在得知母亲要离开房间时，会变得警惕不安，任何一次短暂的分离都会引发他们的吵闹哭泣。但当母亲回来时，他们对母亲的态度又非常矛盾，既想寻求母亲的关注又拒绝与母亲接触，在把母亲当作安全依靠的同时又在内心选择排斥。例如，当母亲想要拥抱、亲吻他们时，他们会生气地拒绝、逃离，但母亲对他们不予理睬时，他们又不时观察母亲的举动，并假装不经意地在母亲面前来回走动。可母亲再次关注他时，他又快速离开。这类儿童占到总数的10%—15%。

资料超链接

依恋类型影响了你的恋爱模式[①]

依恋类型不仅会影响儿童与父母之间的交往，也会直接影响其亲密关系和同伴关系。比如，安全型依恋儿童在亲密关系中十分容易与其他人接近，总是放心地依赖他人和让别人依赖自己。这类人既不会过于担心被抛弃，也不怕在感情上与他人过于亲近。他们能给予对方充分的理解和尊重，不会要求对方每时每刻都陪着自己，善于打造安全的情感距离。

回避型依恋的成人会尽量避免与他人发生联系，以此来保护自己不受伤害。他们可能会拒绝和他人相互依赖，也不在乎他人是否喜欢自己，但他们内心渴望获得爱情，渴望获得关注，但不知道该如何表达情感。

而矛盾型依恋的成人一方面希望能与自己的恋人极为亲近，另一方面又对恋人是否可靠和可信满腹猜疑，于是他们整天提心吊胆，害怕恋人离开，这表现在当他们没办法联系上恋人时会采用语音轰炸。

四、亲子依恋的影响因素

基于依恋对个体发展的重要意义，心理学家已进行了大量研究，发现了影响儿童依恋性质的诸多因素中，父母、儿童自身以及家庭三个方面最重要。

（一）父母的教育方式

父母对儿童情感需求的不同反馈及不同的教养方式，都会对亲子依恋产生影响。比如，安全型依恋儿童的母亲一般对儿童的信号及情绪表达很敏感，她们在儿童哭泣时反应更迅速，能够及时回应儿童的需求，对儿童的注视、微笑和对话更多，她们会及时了解儿童的想法，鼓励儿童进行探索，并给予其情感支持和抚慰。

回避型依恋儿童的母亲则有多种类型：有的母亲对儿童缺乏耐心，当儿童的行为对自己的计划和活动产生干扰时，她们会严厉批评或者惩罚儿童；有的母亲与儿童互动较少，在情感上缺乏对儿童的反馈和关注，将自己的想法强加于儿童身上。

而矛盾型依恋儿童的母亲常误解儿童的信号，对儿童的照顾行为是不一致的。此类母亲对儿童的情绪反馈更多依赖于自己当时的心境，上一秒很开心，下一秒可能就暴怒。她们有时候过多干预孩子，有时候却忽略了孩子明确表达出的需求。

---

①（美）谢弗．发展心理学：儿童与青少年[M].6版．邹泓，等译．北京：中国轻工业出版社，2005.

（二）儿童自身特点

除了父母的教养方式，儿童形成何种依恋风格，还与自身存在很大关系。有研究认为，儿童的依恋风格是由其气质决定的。例如，部分儿童从出生起就表现出不愿人抱、不太安分、不喜盖被等行为，这些儿童可能会因此受到冷落，与成人交往的频率降低；而部分喜欢微笑与互动的儿童，更容易得到成人的关注，从而建立起良好的亲子互动。心理学家凯根（Jerome Kagan）在此基础上曾提出气质假说，认为容易型儿童易被划入安全型依恋，困难型儿童普遍被划入矛盾型依恋，而沉默型儿童通常被划入回避型依恋，这是因为气质在很大程度上赋予了儿童依恋行为发展的速度和强度，从而影响儿童的行为方式。

（三）家庭及社会文化背景

家庭婚姻质量、社会文化背景对儿童依恋安全感的发展具有直接或间接的影响。一方面，父母的婚姻质量会通过影响母亲的心理状态和应激水平，间接影响母亲对儿童的抚育质量。研究者在此基础上发现，父母离异或分居与儿童安全型依恋呈负相关，与矛盾型依恋和回避型依恋呈正相关，即父母的分离给儿童带来的不仅是冷漠、拒绝，更让儿童感到再无法找到可信任、可依赖的人，对他人的言行充满了怀疑和戒备。另一方面，文化会通过影响社会与家庭结构、父母教育方式等因素，潜移默化地使儿童依恋质量及类型出现文化差异。据调查，研究者发现，欧洲儿童回避型依恋分布较普遍，而日本儿童普遍为矛盾型依恋。

第二节　儿童是如何交朋友的?

——塞尔曼的友谊发展理论

一、友谊的内涵和意义

友谊是建立在相互依恋基础上的个体间持久的亲密关系。友谊是同伴关系的高级形式。童年期儿童非常重视他们的友谊关系，其意义在于：朋友为儿童提供学习上的相互帮助、社会交往中的相互支持和情感上的共鸣；提供解决问题和困难的力量；增加快乐和兴趣等。童年期的友谊会为儿童之后的人际关系发展奠定良好的基础。

二、友谊的发展阶段

经过研究，塞尔曼将儿童同伴友谊的发展分为五个阶段：

（一）无友谊阶段（3—7岁）

在此阶段，儿童没有形成友谊的概念，他们之间只是短暂的游戏同伴关系。对于此时期的儿童而言，友谊就是在一起玩，他们和谁都可以成为朋友，也可以很快速地和朋友分开。

（二）单向帮助阶段（4—9岁）

在4—9岁时，儿童开始形成同伴关系，此时的友谊处于单向帮助阶段，儿童会要求朋友能够服从自己的愿望和要求，如果听从自己就是朋友，否则就不是朋友。在此阶段，儿童比较自我中心，不重视朋友的意见，基本按自己的意愿或者想法行事。在生活中，我们可以发现，带更多零食和玩具到学校的儿童，朋友也会更多。但这种友谊形成得快，结束得也很快。例如，你家孩子昨天告诉你，她和小红玩得很好，今天却告诉你，小红不再是他的朋友了，但是过两天你会发现孩子又和小红手拉手地一起玩耍了。

（三）双向帮助阶段（6—12岁）

在双向帮助阶段，儿童之间不再是单方面的索取，也会有付出。他们用特定的行动来证明自己是可以信赖的朋友，可为朋友提供帮助，但具有一定的功利性。

（四）亲密共享阶段（9—15岁）

9—15岁的儿童处于亲密共享阶段，具有强烈的排他性和独占性。儿童在此阶段发展了朋友的概念，认为朋友之间是会互相分享、互相关心、互相帮助的，朋友被看作最了解自己的人，是在自己忧伤、孤独或焦虑时能提供帮助的伙伴，经得起时间和距离的考验。在此阶段，儿童逐渐将倾诉的对象从父母转变为朋友，不再事事都与父母分享。

（五）最高阶段（12岁以后）

此阶段的儿童对友谊有了更深刻的认识，他们能够区分和建立各种不同的友谊。例如，儿童和不同的人都能成为朋友，但和A可能是很好的闺蜜或兄弟，无话不说；和B也是朋友，但仅限于分享日常琐事，无法完全交付真心；C也可称作朋友，但仅是点头之交。

资料超链接

游戏的六个类型[①]

心理学家帕顿发现，根据儿童在游戏中的社会性参与程度，可以将游戏分为六种类型。从第一种到第六种，儿童的社会性水平不断提高。

第一种，无所用心的行为。儿童似乎并不想游戏，只有碰上有吸引力的玩具或事情时才做一做。例如，儿童会绕着圆柱不停转圈，还会在沙发上爬上爬下。

①丁海东．学前游戏论[M].济南：山东人民出版社，2001.

第二种，旁观游戏。此阶段的儿童绝大部分时间都在看其他儿童的游戏，他们会向游戏者提出些问题或建议，但自己并不参与到游戏之中。

第三种，单独游戏。儿童独自一人摆弄玩具，毫不关心他人的行为，也很少与他人互动交流。例如，家里的两个小孩会各自玩自己的游戏，一个玩汽车，一个玩洋娃娃，互相不理睬。

第四种，平行游戏。在此阶段，儿童仍然选择独自游戏，但会倾向于和其他儿童选择同类型游戏。例如，儿童看到有人挖沙坑时，他不会立即加入其中，而是蹲在旁边模仿他人挖沙坑。

第五种，联合游戏。此阶段的儿童开始与同伴一起玩游戏，他们会讨论共同的话题，游戏中也开始出现互相模仿、互相交谈的行为，但他们并不能围绕同一目标分工或组织进行游戏，依旧根据自己的兴趣选择。例如，两个小孩一起玩跷跷板，并不会约定多少下为胜利，只是单纯为了快乐。

第六种，合作游戏。儿童与同伴有了共同的游戏目标，他们开始分工合作，有组织、有纪律地开展活动。比如，角色游戏中有人扮演医生，有人充当病人，有人担任病人的家属，有人在药房发药，每个角色相对稳定，且能互相协调。又比如，儿童在进行打篮球、踢足球等集体项目时，会在乎得了多少分、进了多少个球，此时是带有目的性的游戏。

第三节　如何培养善解人意的儿童？
——塞尔曼的观点采择发展理论

一、观点采择的定义

阅读与思考

低年级学生"自我中心"，高年级学生"善解人意"

在生活中，我们常会观察到这样一个现象：儿童在与他人发生矛盾时，家长和教师往往会用比较温和的态度、友善的语气对儿童进行安慰和调和，但年龄较小的儿童不太容易理解家长和教师说的话。当长辈让他们赔礼道歉或者宽容理解时，他们往往会噘起小嘴表达自己的不满，甚至当众拒绝长辈的要求。但随着儿童年龄的增长，他们能更好地理解和倾听老师和父母的意见。发生矛盾后，他们能够接受长辈的建议并真诚地向他人表达歉意。这是为什么呢？

观点采择能力是指理解他人的想法和感受的能力，其本质为“去中心化”，即去除自我中心，能设身处地地理解他人的思想、愿望、情感等。观点采择能力强的儿童能较好地应对困难的社会情境，移情水平也较高，更易受同伴欢迎、接纳。而观点采择能力较差的儿童则容易把别人的意图理解为敌意，因而常常出现攻击行为或反社会行为，伤害别人时他们也没有内疚感。

二、观点采择发展的五个阶段

塞尔曼用《霍莉爬树》这个两难故事研究了儿童的观点采择能力。他根据儿童的不同反应，将观点采择能力的发展划分为五个阶段（见表4–1）[①]：

资料超链接

霍莉爬树[②]

8岁的小女孩霍莉特别喜欢并擅长爬树。在一次爬树的过程中，她不小心从离地面不高的树枝上掉了下来，虽然没有摔伤，但这一幕刚好被路过的爸爸看到。他非常担心霍莉的安全，因此与霍莉约定从今往后再也不进行爬树这样危险的运动了。几周后，霍莉的好朋友肖恩的小猫爬到树上下不来，着急地寻求帮助，不然猫就会从树上摔下来，而现场只有霍莉一个人能爬树。此时霍莉非常犯难，爬树可以救小猫，但违背了与父亲的约定；不爬树会遵守约定，但小猫可能会失去生命，自己也会失去朋友。

面对这样的问题，你会怎么选择呢？

表4–1　儿童观点采择能力的发展阶段

年龄	阶段	发展特点	儿童的选择
3—6岁	自我中心的观点采择	儿童不能理解每个人都有自己的想法与内心感受，只知道自己的观点，认为别人的想法都和自己一样。	儿童认为霍莉会爬树救猫。当问及霍莉的父亲会有什么反应时，儿童认为父亲会很高兴，因为父亲也喜欢小猫。
6—8岁	社会信息的观点采择	儿童开始意识到别人与自己有不同的理解和观点，并且认为这些都是由于接收信息不同而导致的。如果大家接收的信息一样，观点就会一样。	儿童会认为，霍莉的父亲如果知道她爬树是为了救小猫，一定会表示理解的；但如果不知道她爬树的原因，则会生气。

①伍新春，张军．儿童发展与教育心理学[M].3版．北京：高等教育出版社，2020.

②王振宏，李彩娜．教育心理学[M].2版．北京：高等教育出版社，2020.

续表

年龄	阶段	发展特点	儿童的选择
8—10岁	自我反省的观点采择	儿童可以考虑他人的观点，并预期他人的行为反应，但不能同时考虑自己和他人的不同观点。	当问到霍莉是否会爬树时，儿童会回答："会，她知道父亲会理解她的行为。"当问到父亲是否想要霍莉爬树时，儿童一般会持否定的回答。
10—12岁	相互的观点采择阶段	儿童能同时考虑自己和他人的观点，并能以旁观者的身份进行解释和做出反应。	儿童会以中立的角度叙述霍莉的困境。例如，霍莉想要帮小猫，因为她喜欢猫，但她也知道自己不应该爬树。爸爸与霍莉约定了不爬树，但他并不知道小猫的处境。
12—15岁	社会和传统体系的角色采择	儿童能够理解个体在某一问题上的看法和观点是受多重因素影响的，他们开始用社会系统标准进行分析和比较，衡量和判断事件。	当问及霍莉会不会因为爬树而被惩罚的时候，大部分儿童认为不会，他们觉得霍莉对小猫的帮助是对的，大部分的父亲也会赞同这一观点。

塞尔曼虽然为儿童观点采择的五个阶段标定了年龄区间，但心理发展是一个循序渐进的过程，每个人的发展速度都存在一定差异，因此教师和家长要更多地尊重孩子，根据孩子的心理发展过程因材施教。同时，儿童观点采择能力的发展受到多种环境因素的影响，比如父母、教师、同伴、社会文化、价值观等。因此，教师和父母要以身作则，理解并尊重他人的感受，多换位思考、将心比心，从而更好地促进儿童相关能力的发展。

第四节　儿童何时学会帮助他人？

——艾森伯格的亲社会行为发展理论

一、亲社会行为的定义

社会性行为是人们在交往活动中对他人或某一事件所表现出的态度、言语和行为反应，可分为亲社会行为和反社会行为两大类。亲社会行为也被称作积极的社会行为或亲善行为，是指人们在社会交往中所表现出来的谦让、帮助、合作和共享等有利于他人和社会的行为，是人与人形成和维持良好关系的重要基础。而反社会行为被称为消极的社会行为，可能对他人或群体造成伤害，其中最具代表性的就是攻击、侵犯行为。

资料超链接

小学生亲社会行为的主要表现形式

通过对相关文献的分析整理，我们发现国内外对小学生亲社会行为的研究方向大都集中于礼貌待人行为、分享行为以及助人行为这三个方面。①

礼貌是处理人与人之间关系的一种规范，是文明的体现，也是社会所期望的行为之一，表现为谦虚恭敬的态度和言行。以小学生作为研究对象，我们发现礼貌待人的学生更能受到他人的尊重和平等对待。礼貌待人所体现出来的亲切感能使小学生拉近与他人之间的距离，从而建立良好的人际关系。

分享在小学生的成长过程中也起着至关重要的作用。学会分享可以让小学生充分获得同学或朋友的信任，同时还能锻炼小学生的语言表达与交流能力，较好地解决交往中所遇到的问题，为以后的社会交往打下良好的基础。

助人指个体自愿对他人实施帮助并主动关心的行为，是行为主体通过努力主动使他人摆脱困境的行为。研究发现，拥有助人为乐意识的小学生能更好地融入社会。

二、亲社会行为发展的五种水平

艾森伯格运用亲社会道德两难情境测验对儿童实施帮助的时间进程、行为动因进行分析，归纳出儿童的亲社会行为发展要经历五种水平（见表4-2）②。

资料超链接

亲社会道德两难情境测验③

亲社会道德两难情境的特点是：一个人必须在满足自己的愿望、需要和价值与满足他人的愿望、需要和价值之间做出选择，即助人者的利益和接受帮助者的利益之间存在着不可调和的矛盾。例如，一个城镇遭受洪水灾害，另一个城镇的居民必须在是否与灾民分享食物之间做出选择。又如，个体必须在帮助遭受抢劫的妇女和保护自己之间做出选择。在亲社会道德两难情境中，故事的主人公是唯一能提供帮助的人，但助人就意味着自我牺牲。

①赵海钧.小学生的亲社会行为及教育培养[J].教育评论，2001(5).

②张大均.教育心理学[M].3版.北京：人民教育出版社，2015.

③王振宏，李彩娜.教育心理学[M].2版.北京：高等教育出版社，2020.

表4-2 亲社会行为发展的五种水平

水平	年龄段	水平特点	案例
享乐主义自我关注水平	学前和小学低段学生	儿童更关注自己，在对自己有利的情况下可能帮助他人。	幼儿园的儿童为了结交更多的朋友而分享自己的玩具。
他人需要取向水平	小学中段学生	儿童以他人需求为基础决定是否伸出援手，但很少会移情，不能帮助他人时也不会内疚。	同桌因忘带文具盒不能完成老师布置的课堂作业而急得大哭，儿童会主动分享或提供自己的文具帮助同桌。
赞许取向水平	小学生及中学生	儿童关心别人是否认为自己的利他行为是值得称赞的，在意他人对自己的认可和表扬。	5，6年级的孩子为了得到老师的关注和表扬积极服务同学。
自我投射移情的取向水平	部分小学高段学生及中学生	儿童能出于同情而关心他人，也会设身处地为他人着想。	儿童看到孤寡老人缺少衣物、食物，便偷偷用自己的零花钱买来送给老人。
内化的法律、规范和价值观取向水平	少数中学生	儿童根据内化的价值观、规范、信念和责任来判断是否提供帮助。	同学很有孝心，想为做清洁工的父母准备礼物。尽管儿童与同学正在闹矛盾，但也愿意帮助同学为其父母准备礼物。

其中，第二阶段他人需要取向水平和第三阶段赞许取向水平均来自外部力量，但两者又有本质区别。他人需要取向水平更侧重于外界的力量，因为他人对儿童有所期待，儿童才去做这件事情。例如，儿童会因为家长和教师期待他们成为一个好孩子、好学生而勤奋严谨、刻苦努力。赞许取向水平更加强调儿童主动赢得外界对自我的褒奖，表现为小学高年级学生因为想要得到教师和家长的肯定而努力学习。

第五节 儿童社会性发展的一般规律及教育启示

一、儿童人际关系发展的规律及特点

人际关系是人与人之间在交往中形成的直接的心理关系。儿童人际关系的对象通常为父母、同学和教师，形成亲子关系、同伴关系和师生关系。本书着重阐述亲子关系和师生关系。

(一)亲子关系

家庭是儿童个性和社会性发展的重要场所。2021年10月颁布的《中华人民共和国家庭教育促进法》体现出父母的行为与教养方式对儿童道德品质、身体素质、生活技能、文化修养、行为习惯等方面培育、引导和影响的重要性。因此,良好亲子关系的建立有助于儿童社会性能力的发展。

随着年龄的增长,儿童对父母的依赖程度逐渐下降,倾诉的对象从父母转变为朋友。在儿童进入学校后,亲子关系在交往时间、交往内容及交往方式上均有所改变。在交往时间上,儿童与父母相处的时间变短,父母对其的关注时间也受到影响;在交往内容上,父母更关注儿童的学业和品德发展,常和儿童讨论学校里发生的事情;在交往方式上,父母对儿童的控制程度降低,儿童能独自做出更多重要的决定。

除上述因素外,家庭教养模式的建立也是亲子关系的重要影响因素。1978年,美国心理学家戴安娜·鲍姆林德提出了家庭教养方式的两个维度:要求性和反应性。要求性是指家长对儿童的行为建立适当标准,并要求儿童达到标准。反应性则是指对儿童和蔼接受的程度及对儿童需求的敏感程度。两者通过不同的组合,可以形成四种教养方式,即权威型、专制型、忽视型和放纵型。不同的教养方式对儿童个性和社会性的发展有着不同的影响(见表4-3)[①]。

行为上的控制(高)

情感上的接纳(低)	情感上的接纳(高)
专制型家长 **父母对儿童的态度:**家长对儿童较为严厉、粗暴,会要求儿童无条件地服从自己,很少向儿童说明或解释原因。 **儿童的表现:**儿童不太善于交往,对学校生活适应性较差,部分儿童对外界充满了敌意,攻击性较强;部分儿童则较为胆小、无条件服从外界的所有要求。	**权威型家长** **父母对儿童的态度:**家长在儿童心中具有一定的权威,但它建立在家长对儿童尊重和理解的基础上。父母会给儿童提出合理的要求与目标,并对儿童的行为加以适当的限制。与此同时,他们 **儿童的表现:**儿童较独立与自信,在与其他儿童相处时会表现出更多利他行为。
忽视型家长 **父母对儿童的态度:**家长缺乏对儿童的关心与爱,很少对儿童提出要求或对其行为进行控制。他们一般只为儿童提供物质帮扶,不会在情感或精神上予以支持。 **儿童的表现:**儿童的适应能力和自我控制能力较差,不懂得如何体贴和关心他人。	**放纵型家长** **父母对儿童的态度:**家长对儿童给予高度认可和肯定,但很少对儿童提要求或对其行为进行控制。 **儿童的表现:**儿童较易以自我为中心,且自我控制能力较差。一旦儿童的要求不能被满足,他们往往会表现出哭闹等行为。

行为上的控制(低)

①杨萍.不同权威对小学儿童亲社会行为影响的实验研究[D].重庆:西南大学,2001.

（二）师生关系

师生关系是老师和学生在教学活动中为实现教育目标，通过教与学直接交流活动而形成的多性质、多层次的关系体系。良好的师生关系不仅是顺利完成教学任务的必要条件，也是促进学生社会性发展的重要影响因素。

教师期望是良好师生关系建立的关键要素。皮格马利翁效应，又称罗森塔尔效应，指的就是教师对学生的期望会对学生的发展产生决定性影响。1968年，心理学家罗森塔尔对一所小学1—6年级的学生进行了一次“预测未来发展的智力测验”，随后他从中随机抽选了20%的学生，向教师们称这些学生具有较大的发展潜力，并再三嘱托教师不要将此情况泄露给学生。8个月后，当罗森塔尔再回到该小学对学生进行测验时，发现名单上的儿童不仅学习成绩、智力水平有了明显进步，而且在兴趣、品行、师生关系等方面也有了提升。罗森塔尔认为，正因为教师接受了“权威的暗示”，他们会不自觉地对名单上的儿童抱有更高期待，以更温和、愉快的态度与儿童进行交流，也较多表现出微笑、点头、表扬等倾向性行为，才会影响到学生的发展。长此以往，学生也会接受教师期望，从而达到自我实现。由此可见，教师期望可直接影响儿童学业、人际关系等各方面的发展。

二、儿童情绪情感发展的规律及特点

儿童进入学校后，随着规则意识的建立和知识内容的学习，他们的情绪情感在可控性、稳定性和内容方面都有了进一步发展。①

（一）儿童情绪的可控性不断提升

低年级儿童的情绪变化较快，他们不分场合地将自己的喜怒哀乐等情绪表现出来，以此来得到更多的关注和疼爱。例如，儿童会因为玩具被抢而大哭，甚至动手反抗，但在家长给予糖果安慰时又可立即破涕为笑。随着年龄的增长和集体生活的锻炼，儿童会逐渐控制自己的情绪，学会为了集体荣誉而放弃个人利益，其中3年级儿童表现得尤为明显，因为3年级是儿童情绪情感从易变发展至稳定的转折期。

（二）儿童情绪的稳定性不断增强

低年级儿童的情绪具有较大的波动性和情境性，容易受到外界环境的影响。例如，一个儿童哭闹可能会引起其他儿童哭闹，从而让家长和教师不知所措。低年级儿童常会因一些小事导致友谊破裂，但也能很快修复破裂的友谊。随着儿童自我意识水平的提高和知识经验的丰富，高年级儿童情绪的稳定性较强，崩溃大哭的频率逐渐降低。例如，同

①伍新春，张军．儿童发展与教育心理学[M].3版．北京：高等教育出版社，2020.

样面对考试失利，低年级儿童会大哭不已，而高年级儿童会选择偷偷哭泣或化悲伤为动力。

（三）儿童情感的内容不断丰富

随着社会性成分的不断增加，儿童由对个别事物产生的情绪、情感逐渐转化为对社会、集体、同伴的情绪情感，或由事物的外部特征引起情绪、情感转化为由事物的本质特征引起情感体验。例如，儿童在了解到抗疫救灾的故事后，会自发对救死扶伤、冲在一线的医生、军人、警察等群体产生敬佩。

三、促进儿童社会性发展的教育启示

（一）重视高质量陪伴，养育安全依恋型儿童

安全型依恋的儿童总是放心地依赖他人和让别人依赖自己，因此他们的亲子关系、同伴交往、师生关系相比其他类型的儿童更为融洽。家长和教师应把握儿童依恋型养成的关键期，即在儿童0—2岁时给予充分的关注和接纳，跟随儿童的节奏与儿童积极互动，而不是不断打断儿童说话并对其行为进行干预，或是自己玩手机、儿童玩玩具。在此阶段，家长还应及时回应儿童的需求，如在儿童哭闹时及时采取抚摸、拥抱、亲吻等安抚措施，并鼓励儿童大胆探索，逐步引导儿童建立对世界的信任感、安全感。

（二）加强移情训练，引导儿童换位思考

移情是对他人情绪情感的识别和接受。在移情训练中，儿童不仅能设身处地为他人着想，还能体验他人情感、感受他人需要，想象某一行为给他人带来的后果，从而更有效地促发友爱行为和抑制攻击行为。表情模仿、表达情绪、角色扮演、讲演故事等都是很好的移情训练方式，比如让一个攻击性强的儿童扮演一个经常遭受他人攻击的角色，他会更容易理解攻击性行为对他人造成的伤害和被攻击时的心理感受，进而在现实生活中自觉地抑制自己的攻击性行为，做出互助、分享、谦让等积极行为。

（三）巧妙借助强化奖励，激发儿童内在动力

奖励对行为有巩固作用，惩罚对行为有减缓作用。父母和教师应适当通过欣赏、肯定、鼓励、表扬等方式，强化和巩固儿童的亲社会行为，让儿童逐渐养成分享合作、换位思考的意识。如果父母和教师在激励儿童亲社会行为的同时，能对儿童的攻击行为表现出厌恶和不理睬，并持明确的否定态度，那儿童的攻击行为概率也会下降。例如，当儿童表现出分享、助人等利他行为时，父母和教师应及时鼓励并适度“夸大”儿童的行为，引导儿童主动做出亲社会行为。同样，当儿童出现攻击行为时，父母和教师应立即制止，并给予其严厉的批评和惩罚，降低其出现反社会行为的概率。

（四）树立榜样示范引领，鼓励儿童模仿学习

根据心理学家班杜拉的观点，榜样对亲社会行为的影响较为明显，因此，树立榜样让学生有意无意地进行模仿，可以有效促进学生亲社会行为的形成与发展。一方面，家长和教师要以身作则，在儿童面前展现尽可能多的亲社会行为，并鼓励儿童勇于尝试，例如，家长和教师看到他人需要帮助时立即施以援手，儿童在潜移默化中也会养成乐于助人的好习惯；另一方面，儿童如果常受到榜样的引领，更有可能内化利他性原则，有助于儿童社会性行为的发展。

（五）引入团体辅导活动，创新教育引导方式

团体辅导是通过群体成员之间的沟通和互动，调整和改善与他人的关系，提高儿童适应能力的过程。在学校中，可由专业的心理辅导老师围绕礼貌待人、分享行为、助人行为等主题组织儿童开展相关活动。儿童能在团体辅导活动中与团体成员构建更良好的人际关系，增强其归属感、集体荣誉感，促进儿童发展出更好的适应行为，从而获得更全面的成长。

本章小结

本章主要讲述了社会性发展中的亲子依恋、友谊关系、观点采择、亲社会行为等的含义、发展阶段及促进策略，并对小学儿童社会性发展的一般规律及教育启示进行了阐述。

【练习与实践】

小学教师中常常有这样的讨论：一部分教师觉得儿童年级越低越可爱、越好管，年级越高越不“听话”；而另外一部分老师却对此持否定态度，他们认为儿童年级越低矛盾越多，不易管理，年级越高自我管理能力越强，更能进行自我约束。即将成为小学教师的你，对此怎么理解呢？

【成长直播间】

成长维度	内容				
	我收获了什么	成长等级			
		A	B	C	D
知识					
能力					
素养					

【学习加油站】

[1]（美）詹姆士·M.考夫曼，（美）蒂莫西·J.兰德勒姆.儿童和青少年情绪与行为障碍：写给老师和家长的心理学指南[M].凌春秀，译.北京：人民邮电出版社，2021.

[2]（日）黑柳彻子.窗边的小豆豆[M].朱濂，译.长沙：湖南少年儿童出版社，1983.

[3]（英）安妮·伍兹，等.儿童发起的游戏与学习——为无限的可能性而规划[M].叶小红，译.北京：中国轻工业出版社，2020.

第五章

儿童如何判断是非？——品德发展

学习目标

1. 识别皮亚杰道德认知发展的基本特点。
2. 运用道德认知发展阶段理论分析儿童品德问题的改进策略。
3. 树立“育人为本、德育优先”的儿童教育观。

知识导图

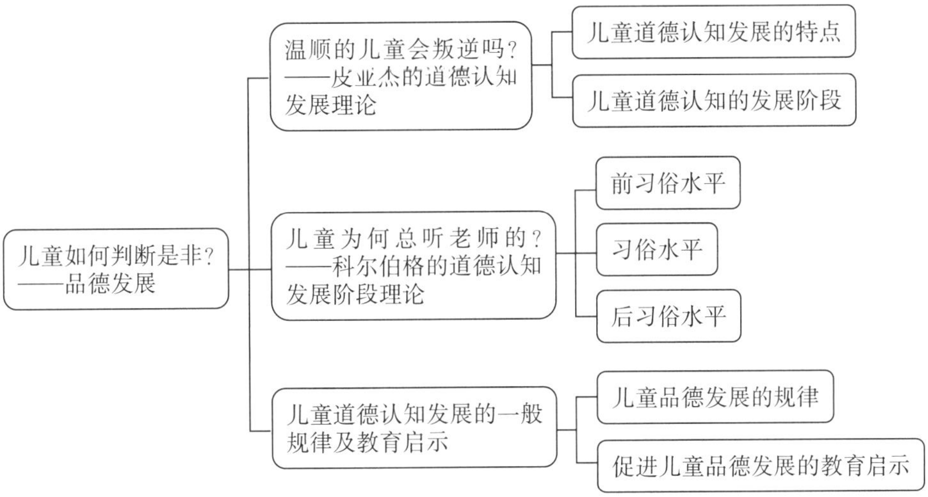

小学是个体人生发展的奠基阶段，促进儿童形成良好品德，是小学教育的核心目标之一。在职业生涯中，小学教师会发现每天都要面对学生品德发展上的问题，例如撒谎、校园霸凌、考试作弊等。学生关于对错的观点、对道德与价值的理解与判断，都会影响他们在班级中的行为表现。教师肩负立德树人的使命，要以科学理论装备自己，就需要掌握儿童品德发展的理论。

品德是个体道德品质的简称，也称为品行或德性，是社会道德在个人身上的体现，是个体依据一定的社会道德行为规范，在行动时表现出来的比较稳定的心理特征和倾向。

道德是社会意识形态之一，是人们共同生活及其行为的准则和规范。道德通过社会的或一定阶级的舆论对社会生活起约束作用。

资料超链接

道德和品德的联系与区别

联系：道德和品德是有密切联系的。没有社会道德就谈不上个体的品德；同时，个体品德又是社会道德的组成部分。个体品德的集中表现反映着时代的特征，并影响社会道德的内容和社会风气。

区别：

1. 道德是依赖于整个社会的存在而存在的一种社会现象；品德则是社会道德在具体的人身上的体现，是个体对社会道德内化的结果，是一种个体心理现象。

2. 道德的发展完全受社会发展规律的制约；品德的形成和发展不仅要受社会发展规律的制约，还要服从于个体生理、心理活动的规律。

3. 道德主要是伦理学与社会学研究的对象；品德则主要是教育学与心理学研究的对象。

第一节　温顺的儿童会变叛逆吗？
——皮亚杰的道德认知发展理论

儿童的品德发展基于对社会道德准则的认识并形成道德观念体系。皮亚杰关于儿童道德判断问题的研究，为儿童道德发展研究领域提供了一个理论框架和一套研究方法，初步奠定了品德心理研究的科学基础。

皮亚杰把儿童对于社会关系的认识、道德认知和判断看作道德品质的核心，认为儿童道德的发展不是来自生物成熟，也不是从环境中直接将知识内化，而是儿童通过与环境相互作用，将新知识与已有知识经验联系起来，不断建构其本人所理解的经验来实现的。

资料超链接

品德的心理结构

品德的心理结构包括道德认识、道德情感、道德意志和道德行为等心理成分。

（一）道德认识

道德认识是个人对道德规范及其执行意义的认识。道德认识是品德形成的基础，认识水平的高低直接影响到品德的水平。

（二）道德情感

道德情感是关于人的举止、行为、思想、意图是否符合社会道德规范而产生的情感体验，如爱国主义情感、集体荣誉感、羞耻感等。

（三）道德意志

它是调节道德行为的内部力量，表现为实现目标时的积极进取和坚韧自制。

（四）道德行为

道德行为是在一定的道德意识的支配下所采取的各种行为。道德行为是一个人道德意识的外部表现形式。

道德认识是道德情感产生的基础，而道德情感又影响着道德认识的形成及倾向性。在道德认识和道德情感的基础上产生道德动机，并引发一定的道德行为。道德意志对道德行为具有一定的调节作用，道德行为贯彻始终则形成道德行为习惯。

一、儿童道德认知发展的特点

皮亚杰是从儿童对规则的态度、对行为责任的判断、儿童的公正观念以及对惩罚公正性的判断几个方面来对儿童道德认知发展进行研究的。[①]儿童道德认知发展具有以下特点：

（一）从单纯的规则到真正意义的准则

皮亚杰对儿童道德判断的研究是从考察儿童对规则的态度开始的。他不是研究儿童对从成人那里接受的道德准则的态度，而是研究儿童在玩弹子游戏时对游戏规则的态度。他和他的合作者分别同日内瓦的5—13岁的孩子们玩弹子游戏。他们向儿童提出

①（瑞士）让·皮亚杰．儿童的道德判断[M]．傅统先，陆有铨，译．济南：山东教育出版社，1984.

"这些规则是从哪里来的""这些规则每个人都必须遵守吗"等问题，以此考察儿童的规则意识和对规则的执行情况。他们通过观察发现，年幼的儿童虽然都说自己是按规则进行游戏的，而实际上却是各自按照自己的想象去执行规则，玩着"自己"的游戏，而不理会规则的规定。年长一些的儿童由于产生了真正的社会交往和社会合作，逐渐意识到有义务去遵从这些规则。只有在此时，单纯的规则才变成了行动的准则，规则才成为对儿童的行动具有约束力的东西。

（二）从客观责任到主观责任

皮亚杰通过对偶故事法分析了儿童关于责任大小的认识。结果表明，年幼儿童往往根据行为造成的客观损失的大小来判断行为的严重程度，即注重行为的客观责任；年长儿童则能够根据行为者的意向来判断行为，即注重行为的主观责任。这两种道德判断形式有部分重叠的现象。随着儿童年龄的增长，主观责任感逐渐取代客观责任感而取得支配的地位。这一过程正是道德法则内化的过程。

心理实验室

对偶故事法

皮亚杰采用对偶故事法，研究儿童在面临一定的道德情境时，是如何对行为责任进行判断的，是根据行为意向来判断还是根据行为结果来判断。对偶故事涉及过失行为和说谎行为。下面是对偶故事的实例。

一个名叫约翰的小男孩正在他的房间里玩，妈妈叫他去吃饭。他走进餐厅时，门后有1把椅子，椅子上有1个盘子，盘子上有15个杯子。约翰推门时无意间碰到了盘子，打碎了15个杯子。

有个名叫亨利的小男孩。一天，妈妈出去的时候，他想偷吃饭橱里的果酱。他爬到椅子上去拿果酱，但是够不着。他使劲够，结果碰掉了1个杯子，被打碎了。

针对以上对偶故事，要求儿童回答：这两个孩子的过失是否相同？这两个孩子中哪一个更不好？为什么？

（三）从服从的公正到平等和公道的公正

皮亚杰利用教师和家长偏爱顺从他们的学生和孩子的日常事例，设计了一些故事，要求不同年龄的儿童对偏爱行为是否公平做出判断。结果表明，7岁、10岁、13岁是儿童公正观念发展的三个主要时期。这三个阶段的儿童在进行判断时，分别以服从、平等、公道为标准。7岁前的孩子认为听话的行为就是好的行为，按自己意愿行事就是坏的行为。这一年龄阶段的孩子分不清服从和公正的区别。10岁左右的孩子认为平等(公平)的行为就是公正的。13岁左右的孩子已能用公道不公道作为道德判断的标准。这意味着他们已不是根据单纯的、僵化的规则来判断,而能够考虑到他人的具体情况,出于同情和关心来做出道德判断。

公正观念的发展与儿童的社会交往和社会合作的发展有关。儿童的公正观念不能在成人的约束和强制下发展,而恰恰要以成人放弃约束和强制为条件。

(四)从抵罪性惩罚到报应性惩罚

皮亚杰以儿童日常生活中常犯的过错行为为内容,设计了一些关于惩罚的故事,每个故事后面都提出了两三种惩罚方式让儿童选择,从而了解在儿童心目中什么样的惩罚最公正,什么样的惩罚最有效。结果表明:年幼儿童认为犯了过错,遭到成人惩罚是理所当然的。所犯错误的内容与惩罚的性质可以无关,惩罚就是为了抵罪,最严厉的惩罚是最有效的。年长一些的儿童认识到,犯错无须从外部施加强制性惩罚,因为过错行为本身就为社会或群体不容,会被同伴嫌弃。过错的内容与惩罚的性质有着密切的关系,有效的惩罚应该是报应性惩罚。例如,损坏了别人的东西,应该用赔偿来惩罚。

二、儿童道德认知的发展阶段

皮亚杰根据研究事实,在他的《儿童的道德判断》一书中,将儿童道德认知发展划分为四个阶段。这四个阶段的渐进更替体现了道德认知从他律到自律的发展脉络。

第一,自我中心阶段。6岁以前的孩子基本上处于无规则阶段。他们虽然已能接受外界的规则,但往往按自己的想象去执行规则。规则对于他们的行动还不具有约束力。他们还没有义务意识,在游戏中没有真正的合作。

第二,权威阶段。6—8岁的孩子绝对地服从权威,认为独立于自身之外的规则是必须遵守的,遵从权威的行为就是正确的行为。他们把规则看作固定的、神圣的、不可改变的,因而处于他律道德水平。

资料超链接

《中小学生守则》(2015年修订)

1.爱党爱国爱人民。了解党史国情,珍视国家荣誉,热爱祖国,热爱人民,热爱中国共产党。

2.好学多问肯钻研。上课专心听讲,积极发表见解,乐于科学探索,养成阅读习惯。

3. 勤劳笃行乐奉献。自己事自己做，主动分担家务，参与劳动实践，热心志愿服务。

4. 明礼守法讲美德。遵守国法校纪，自觉礼让排队，保持公共卫生，爱护公共财物。

5. 孝亲尊师善待人。孝父母敬师长，爱集体助同学，虚心接受批评，学会合作共处。

6. 诚实守信有担当。保持言行一致，不说谎不作弊，借东西及时还，做到知错就改。

7. 自强自律健身心。坚持锻炼身体，乐观开朗向上，不吸烟不喝酒，文明绿色上网。

8. 珍爱生命保安全。红灯停绿灯行，防溺水不玩火，会自护懂求救，坚决远离毒品。

9. 勤俭节约护家园。不比吃喝穿戴，爱惜花草树木，节粮节水节电，低碳环保生活。

第三，可逆性阶段。9—10岁的儿童开始认识到规则是大家共同约定的，只要大家同意，规则也可以修改。儿童开始意识到自己与他人之间可以发展互相尊重的平等关系，规则不再是权威人物的单方面要求，而是具有保证人们相互行动的、互惠的可逆性特征，这意味着儿童开始进入自律道德水平。

第四，公正阶段。11岁以后的儿童进入形式运算阶段，开始倾向于以公道、公正作为判断是非的标准。这也意味着他们能够根据他人的具体情况，基于同情、关心来对道德情境中的事件做判断了。

从儿童的道德判断发展线索中，可以做出这样的总结：儿童的道德判断发展趋向是从前道德向他律道德再向自律道德发展。年幼儿童处于前道德水平，5岁至10岁左右的儿童的道德判断属于他律道德，他们的道德判断具有强烈的尊重准则的倾向。在他们眼中，这些准则都是权威人物制定的，是不可改变的，如同自然法则，这是一种道德实在论。10岁左右儿童的道德判断进入自律道德阶段。此时，儿童认识到社会准则是共同约定的，并不是绝对的，这是一种道德相对论。

皮亚杰认为儿童的道德认知由他律水平逐渐发展到自律水平，取决于两个条件：一是认知的成熟，逻辑思维能力的发展，自我中心倾向的削弱；二是获得社会经验，在同伴间建立起真正的社会交往和社会合作关系，意识到彼此间的平等地位。

第二节　儿童为何总听老师的？
——科尔伯格的道德认知发展阶段理论

继皮亚杰的研究之后，科尔伯格通过改进研究方法对儿童的品德发展问题进行了大量的、卓有成效的研究，在20世纪60年代提出了他的道德认知发展阶段理论。

心理实验室

道德两难故事法

科尔伯格采用道德两难故事法，考察儿童和青少年对一系列结构化的道德情境中的事实进行判断和推理的情况。道德两难故事指道德价值上具有矛盾冲突的故事，要求调查对象依据故事中的情节，在下述两者中进行选择：一是遵守规则、法律和尊重权威人物；二是为了满足人的需要，采取某些与这些规则和命令相冲突的行动。以下为道德两难故事案例：

在欧洲，有一个妇女患癌症，生命危在旦夕。住在同一个镇上的一位药剂师最近发明的一种药品有可能挽救她的生命。药剂师要价2000美元，10倍于药的成本。病人的丈夫海因茨四处求告亲友，筹借钱款，但最后也只借到1000美元。他恳求药剂师把药卖得便宜一些，或者允许以后归还余款。药剂师回答说："不，我发明这种药就是用它来赚钱的。"海因茨在绝望中，于夜里破窗潜入药房，偷走了药。

你认为海因茨该不该偷药？为什么？

科尔伯格用道德两难故事测试了十几个国家六七岁到21岁的被试，通过研究将儿童和青少年的道德认知发展分为三种水平：前习俗水平（4—10岁）、习俗水平（10—13岁）和后习俗水平（13岁以上），每种水平包含两个特定的道德阶段（见表5-1）。

资料超链接

表5-1　科尔伯格道德发展的三水平六阶段论

道德发展水平	发展阶段		心理特征
前习俗水平	1	惩罚与服从取向	只从表面看行为后果的好坏，对好坏的判断并没有固定的准则概念；盲目服从权威，旨在逃避惩罚。
	2	相对功利取向	只按行为后果是否满足需求来判断行为的好坏，强调个人利益和需求。
习俗水平	3	寻求认可取向（又称"好孩子"取向）	寻求别人认可，凡是成人赞赏的，自己就认为是对的。
	4	遵守法规取向	遵守社会规范，认为契约和法律的规定是绝对的、不可更改的。
后习俗水平	5	社会契约取向	了解行为规范是为维持社会秩序而经大众同意所建立的，看重法律的效力，认为法律可以帮助人们维持公正，但契约和法律的规定并不是绝对的，是可以改变的。
	6	普遍伦理取向	是非判断以普遍的道德原则和良心为准，认为人类普遍的道义高于一切。

一、前习俗水平

这个阶段的儿童道德推理关注行为引起的结果，着眼于行为的具体后果和自身利害关系来判断是非。儿童无内在的道德标准，判断一种行为是否适当，主要是看其能否使自己免于受罚，或让自己感到满意。这个水平包含两个阶段：惩罚与服从取向阶段和相对功利取向阶段。

阶段1：惩罚与服从取向阶段

此阶段的儿童在做出道德判断时，以免去惩罚与服从权力为依据，认为凡是造成较大损害、受到较严厉惩罚的行为都是坏的行为。反之，一种行为即使是出于恶意，但如果未被觉察或未受惩罚就不是错误的。对于上述故事，此阶段个体通常的反应是：海因茨不该去偷药，因为偷药会被抓住，抓住后是要坐牢的。

阶段2：相对功利取向阶段

相对功利取向阶段的儿童在进行道德判断时，仍会受行为结果的驱使，但也关注互惠性的想法。也就是说，如果遵守规则的结果能让他们获得积极的东西，他们就推论出这个行为是道德的。对于上述故事，此阶段儿童的一般反应是，海因茨应该去偷药，谁让那个药剂师那么坏，便宜一点不就好了吗。海因茨的妻子吃了药后病会好，海因茨会为此感觉好受些。

二、习俗水平

在这个阶段，个体的道德判断开始受到更多社会因素的影响。这些社会因素包括他人的认可、家庭的忠诚、遵守法律和社会秩序等。此阶段的儿童、青少年更多地以是否满足社会舆论与期望、遵循现行的社会准则和习俗、受到赞扬等作为道德判断的依据。利用内化了的社会规则或习俗进行道德判断的个体处于习俗水平。具体来说，该水平的道德推理包括两个阶段：寻求认可取向阶段和遵守法规取向阶段。

阶段3：寻求认可取向阶段

处于此阶段的儿童、青少年认为，一种行为是否正确，要看其是否被别人喜爱，能否取悦他人。儿童、青少年愿意按照大家对自己的期望去行动，希望通过“做好人”来寻求认可。因此，对于上述故事，有的儿童认为海因茨不应该去偷药，因为药剂师会对他生气；有的儿童认为海因茨应该去偷药，因为做一个好丈夫就应该照顾好自己的妻子，如果不这样做，妻子死了，别人会骂他见死不救，没有良心。

阶段4：遵守法规取向阶段

在此阶段，社会规范和法律代替了同伴群体的规范。对社会赞许的需求不再是道德判断的根据，更重要的是遵守法规、尊重权威，尽个体的责任和本分，维护社会秩序。对于上述故事，此阶段的儿童、青少年认为海因茨的行为是错误的，因为偷窃触犯了法律。海因茨不应该去偷药，如果人人都偷东西，社会就会变乱。

三、后习俗水平

处于这一水平的个体能够依据自己选定并遵循的伦理原则和价值观进行道德判断，认为不违背多数人的意愿、不损害多数人的幸福、不违背普遍的道德原则的行为就是最好的行为。处于后习俗水平的青少年，已经超越现实道德规范的约束，达到完全自律的境界。该水平由两个阶段组成：社会契约取向阶段和普遍伦理取向阶段。

阶段5：社会契约取向阶段

在此阶段的个体眼中，法律与道德规范是大家共同约定的，也是可以改变的。人人都有遵守法律的义务，但如果法律以牺牲人类权利和尊严为代价，则应该予以修改完善。处于此阶段的个体更多关注个人的生命、自由和尊严。对于上述故事，有的个体认为，海因茨应该去偷药，因为他妻子生存的权利比制裁偷窃的法律更重要；有的则认为海因茨不应该去偷药，因为他剥夺了药剂师谋生的权利和尊严。

阶段6：普遍伦理取向阶段

处于此阶段的个体能够依据自己选定的基本伦理原则、个人良心办事。这些原则（如公正、平等、人的价值等）都是抽象的，而不是具体的道德律令。法律条文如果与这些基本原则相冲突，就不应遵守，因为“公正高于法律”。对于上述故事，他们认为海因茨应该去偷药，因为和种种可考虑的事情相比较，没有什么比人的生命更有价值。

科尔伯格的研究是根据美国的社会情况而进行的。它可以揭示道德发展是一个连续变化的过程。科尔伯格认为，这些发展顺序是固定的、不可颠倒的，各个阶段的时间可能不相等。一项调查的结果表明：大多数10岁以下儿童的道德推理处于第1、2阶段；10岁以后开始进入习俗水平，但仍有少数青少年停留在前习俗水平；青少年和成人大都使用第3、4阶段的道德推理；只有大约35%的人在16—25岁之后达到后习俗道德水平。

给教师的建议

根据学生的道德认知发展阶段建立课堂规则

对于处于前习俗水平的学生，教师在向他们解释为什么需要遵守课堂规则时，说明他们能“得到什么”是很有用的。

对于处于习俗水平的学生，使用角色扮演等方法有利于传达坚持课堂规则的重要性。

开展道德两难故事讨论，用矛盾的观点看待道德情境，有利于儿童道德推理能力的发展。利用假想的或真实的道德两难情境进行道德推理训练，可以使儿童学会综合考虑当事人的行为动机和行为结果、个人利益与社会责任以及道德情境条件，经过权衡，他们会做出适当的道德选择。

第三节　儿童道德认知发展的一般规律及教育启示

阅读与思考

我们班的“淘气包”

毛毛10岁了，他总是折腾小动物，捉弄同学，让老师和同学们头疼不已。邻居家养了一只猫，他总爱抓住猫的尾巴使劲扯，弄得猫凄惨地叫个不停。猫都被他吓怕了，看见他就逃。他经常“整蛊”班里比较老实的同学，比如趁别人不注意时把别人的椅子撤走，让别人坐空，看着别人摔倒的狼狈样子哈哈大笑。班主任批评了他，同班同学也指责他，可没过两天他又捣蛋了。

对待这样的“淘气包”，老师应该怎么办呢？

小学教师常会遇到类似的孩子，会和孩子一起经历其品德成长过程中的各种“错误”。因此，帮助儿童培养良好的道德品质，被视为教育工作者的基本职责；而对儿童的品德发展做出卓有成效的指导，更被视为优秀教师教育艺术的精华所在。支撑这些教育能力与艺术的，是对儿童道德发展规律的科学把握。

一、儿童品德发展的规律

（一）品德发展是社会道德内化为个人品德的过程

道德是人们共同生活及行动的准则和规范，是一种社会现象；而品德是个体依据社会道德规范采取行动时表现出来的稳定的心理特征和倾向，是社会道德在个体身上的体现，是一种个体现象。品德的发展过程就是把外在于个体的社会道德规范内化为个人内在的道德行为观念，进而依据个人的道德价值取向，表现出稳定的道德规范行为的过程。

（二）品德发展是在内部矛盾推动下，内外因共同作用的结果

任何事物的发展都是内部矛盾斗争的结果，那么，品德发展的内部矛盾是什么呢？一般认为，品德发展过程的基本矛盾是教育者依据社会道德向儿童提出的道德要求，与儿童的品德发展现状的矛盾，这一矛盾推动了儿童品德的发展。但是我们必须注意，教育者的道德要求并不总能导致儿童的变化。对于教育者的要求，儿童有自己的选择。只有儿童认可并接受了教育者的要求，将其变成自我要求，它与儿童的品德发展现状发生了真正的内部矛盾斗争，才能促使儿童的品德发生积极的变化。因此，品德发展的真正动力在于儿童发展的自我要求与其品德发展现状的矛盾。

在品德发展的过程中，学校、家庭、社会的教育影响只是外因，儿童的内在矛盾斗争即自我教育是内因，品德发展是教育和自我教育共同作用的结果。外部教育影响是品德发展不可缺少的条件，自我教育才是品德发展的根本动力。随着儿童年龄的增长和认识能力的提高，自我教育在品德发展中会起越来越大的作用。

（三）品德发展是知、情、意、行协调发展的过程

品德包含道德认识、道德情感、道德意志、道德行为四个基本成分，它们各有特点和作用，又相互联系、相互制约，品德发展即是这四个成分协调统一的发展。在四个成分中，道德认识是基础，道德情感是动力，道德意志起调控作用，道德行为是前三者的综合表现，也是个体品德发展水平的主要标志。在品德教育中，一般是从提高道德认识入

手，沿着道德情感、道德意志、道德行为的顺序进行的，这就是品德教育的顺序性。但在实际教育活动中，根据不同的教育环境与儿童的年龄特点，品德教育有时从提高认识入手，先晓之以理；有时从其他方面开始，或动之以情，或约之以规，或导之以行，这就是品德教育的多端性。无论从哪个因素开始，都以知、情、意、行统一发展为最终目标。

给教师的建议

1. 儿童品德的发展是从他律走向自律，因此，在低龄儿童的道德教育中，可以先让他们遵守既定的行为规范，表现适当的行为。随着他们认知的发展，逐步引导其加深对道德含义的认识。

2. 鼓励学生积极参与道德问题的讨论，倾听他人的意见，这有利于儿童摆脱自我中心的思考方式。

3. 成人权威的强制性教育不利于儿童由他律道德向自律道德转化。相反，自我管理、同伴合作、同伴间冲突问题的解决及成人与儿童沟通中平等、温和的态度，会有利于儿童自主性的发挥，促进儿童互相理解、相互尊重。

二、促进儿童品德发展的教育启示

学生的优良品德不是自发形成的，而是在人与人、人与群体、人与社会错综复杂的相互作用中形成和发展的。这一过程经历了由简单到复杂、由低级到高级的矛盾运动。许多因素在此过程中发挥了作用，而品德培育就是对各种因素进行选择与调控，力求创设良好的环境和条件，使学生向社会所期望的方向发展。常用的品德培育方法有以下几种。

（一）条件反应法

条件反应法是利用经典性条件反应和操作性条件反应的原理来进行品德培育的方法。借助经典性条件反应，在教学中，教师可以把助人为乐、热爱集体等道德要求与教师的赞许、同伴的羡慕、父母的疼爱联系起来，使学生形成对这些道德要求的积极态度。在操作性条件反应方面，教师通常可用的技术是适当地对学生的行为进行强化。当学生对某一对象做出了具体的积极行为时，教师给予学生适当的奖励以增加该行为再次出现的可能性。学生对某一对象做出了消极行为时，教师给予学生一定的惩罚以减少该不良行为再次出现的可能性。许多教育心理学家都认为，对学生的强化应该多用奖励手段而不用或少用惩罚手段。此外，在运用奖励手段强化时，要注意奖励方式的正确选择，以精神奖励为主，注重内部激励；还要注意把握奖励的时间间隔，对于期望的良好行为，最好立即给予奖励。

（二）自我强化法

自我强化法是个体以自我评价提供的信息为依据所做出的反应。这种反应可以是自我奖赏、自我鼓励，也可以是自我谴责、自我否定。在教育活动中，个体的这种自我强化常常是内隐的心理活动，如在心里对自己说“我要向某人学习”，“我怎么做出这种事，太难为情了”。与上面的条件反应法相比，品德培育的自我强化法更加注重个体的能动性，能够有效激发学生品德发展的积极主动性。需要指出的是，品德培育作为一种教学活动，它终究离不开教师的引导和帮助。在品德培育过程中，如果能将自我强化法与教师的指导帮助结合使用，将会取得更好的效果。在自我强化法中，教师的指导帮助主要体现在帮助学生确认需要习得或者避免的行为规范（即自我强化的内容），同时在适当的情境中给予提醒与反馈。

（三）价值辨析法

价值辨析法也称价值澄清法。价值观念往往是一种人们不能清醒意识到的内在价值，它难以用来指导人的行动。要让这些潜在的价值观念发挥作用，就要对它们进行辨析或澄清。辨析的过程可分为三部分：选择、赞赏、行动。因此，运用这一方法进行品德培育，教师要先诱发学生的价值陈述，但是教师对学生的思想、情感、信念等并不做判断，而是向学生提出问题，让他们思考自己的价值观念。此时，学生会对各种价值观念间的关系进行详细梳理，在与别人交流价值观念的同时，揭示并解决自己的价值冲突，然后根据自己的价值选择来采取行动。作为一种诱导性的方法，价值辨析法使个体将特定的团体经验渐渐转化为有关自我认识与自我觉知的一般观念。这一方法充分调动了学生自己的理性思维与情绪体验，使学生在慎重思考后的行为更加符合社会道德要求。

（四）群体讨论法

科尔伯格认为，通过对道德两难问题的讨论，可以发展学生的道德判断能力，从而有助于改变学生的行为。因此，要有效地培养学生的品德，教师可以尝试使用群体讨论的方法。在使用这一方法时，要注意几个方面：（1）讨论的应该是能引起矛盾的道德问题；（2）分组讨论时，各小组内学生的发展水平要不同，以便发现问题症结所在，同时可相互启发与触动自己原有的道德经验结构；（3）教师要明确而清楚地说明要求，引导学生讨论。教师要注意启发学生思考，鼓励学生在讨论时考虑他人的观点或意见，协调与他人的分歧，使学生的道德认识水平、道德判断能力得到提高与发展。

（五）移情训练法

移情是个体在对事物进行判断和决策之前，将自己放在他人位置上，考虑他人的心理反应、理解他人的态度和情感的能力。在品德培育过程中，移情是最具动力特征的因素。一方面，它是亲社会行为（如助人、分享等）的动机基础，能激发和促进亲社会行为的发展；另一方面，它作为一种替代分享他人情绪情感状态的心理过程，对侵犯行为甚至违法犯罪也具有显著的抑制作用。移情是自我与亲社会行为之间的一个重要的中介变量，儿童在道德情境中的移情能力是履行道德行为的一个必不可少的条件。因此，道德教育日益重视移情的培养。研究表明，产生移情必须具备以下条件：一是对他人情绪表达的知觉；二是对他人所处的情境的理解；三是自己具有相应的情绪体验。因此，我们可以通过创设这些条件来进行移情训练，进而培养学生的品德。

（六）习惯养成法

道德行为习惯是指稳定的、经常的、在一定情境下自然而然出现的道德行为方式。养成良好的道德行为习惯能加强道德行为的自觉性、概括性和稳定性，这是由不经常的道德行为转化为稳定道德品质的重要一步。学生的道德行为习惯，是在生活和教育过程中经过反复练习和实践逐步形成的。道德行为习惯在新的情境中会发生迁移作用，能自动地按照已经习惯化的行为方式行动，从而使品德达到更高境界。培养良好的道德行为习惯需要注意以下几点：使学生了解有关行为的社会意义，产生自愿练习的愿望；创设重复良好行为的情境，避免重复不良行为的机会；提供道德行为练习与实践的良好榜样，让学生进行模仿；组织各种有益活动，使学生明确练习的目的和要求，并及时给予强化与反馈；要注意矫正不良的行为习惯。

本章小结

本章主要介绍了皮亚杰儿童道德认知发展的特点和儿童道德认知发展的阶段理论，科尔伯格的“三水平六阶段论”，以及小学儿童道德认知发展的一般规律与教育启示。品德培育的方法有条件反应法、自我强化法、价值辨析法、群体讨论法、移情训练法 和习惯养成法等。

【练习与实践】

要凶一点，才能管好课堂纪律？

完成了小学实习任务的大四师范生回来了。在总结会的交流讨论中，大家都为课堂纪律问题烦恼，纷纷表示一开始对学生太温柔了。有的学生在课堂上乱说话，有的东张西望。意识到这样“镇不住”后，开始“凶”起来，但是已经太迟了，因为一开始没有给学生“凶”的印象，后面就算发火，学生也不怕了。最后大家纷纷表示：在一开始我们就要“凶”一点，对他们严格要求，先树立起威严的形象，为自己的教学减少麻烦，学生也会减少懒惰、不交作业的现象。

思考：你打算如何管理课堂纪律？理论依据是什么？

【成长直播间】

成长维度	内容				
	我收获了什么	成长等级			
		A	B	C	D
知识					
能力					
素养					

【学习加油站】

[1]（美）劳伦·斯莱特.20世纪最伟大的心理学实验[M].郑雅方，译.北京：中国人民大学出版社，2010.

[2]（美）理查德·格里格，（美）菲利普·津巴多.心理学与生活[M].王垒，王甦，等译.北京：人民邮电出版社，2003.

[3]武志红.为何家会伤人——揭示家庭中的心理真相[M].北京：世界图书出版公司，2007.

第六章
为何要对儿童因材施教？——个体差异

学习目标

1. 了解儿童的智力、认知风格、人格、性别差异的具体表现。
2. 认识并应用适合特殊需要儿童的教育教学策略。
3. 养成因材施教的教育理念。

知识导图

- 为何要对儿童因材施教？——个体差异
  - 真的有天才儿童吗？——智力差异
    - 智力的含义与测量
    - 智力理论
    - 对小学教育的启示
  - 儿童学习像百灵鸟？——学习风格差异
    - 学习风格概述
    - 认知风格的差异
    - 对小学教育的启示
  - 千面儿童处处有？——人格差异
    - 气质差异与教育
    - 性格差异与教育
  - 男孩女孩来自不同星球？——性别差异
    - 性别差异的表现
    - 对小学教育的启示

小学儿童的心理发展有着共同的年龄特征，同时，每个儿童又各具特点。中国自古以来就提倡教育应当“因材施教”，充分了解每个学生的发展情况，是摆在每位教师面前的重要课题。从教育心理学角度来看，学生之间可能存在哪些方面的差异？这些差异的具体表现如何？它们又会对学生造成哪些影响？教师如何根据其差异进行相应的教育与培养？在教学过程中教师需要注意哪些方面？如何才能在尊重学生共性的同时，兼顾学生的个性化发展？弄清楚上述问题，不仅有助于教师敏锐洞察、深入理解学生的差异所在，还将对教育教学实践产生积极影响。

资料超链接

每一朵花都应该平等地开放

苏霍姆林斯基为中小学教师写了一本教育经典书籍《给教师的建议》。在以小学生为主要叙述对象的每一条建议中，我们看到了这位教育巨匠在教育过程中的用心与热忱。

“没有也不可能有抽象的学生。”这是在第一页就映入眼帘的一句话。

老师有些时候似乎过于急于求成，当孩子们达不到我们在心中为他们确立的目标时，就开始催促甚至责骂。更为严重的是，有的孩子可能就会因此厌倦学习，厌倦学校，最终沦为教育之外的旁观者。

他指出：学习上的成就，在每个学生身上都有不同的标准和界定。我们需要做的是“因材施教”，而不是“向儿童要求他不可能做到的事”。

任何一个儿童的天赋、可能性、能力和爱好等表现都是独一无二的。因此，我们在教育教学过程中，要善于通过各种方式找出学生擅长的地方，让其树立自信，进而拥有学习的尊严。在学习中取得的成就，是点燃孩子们梦想火种的最初的火苗，而我们必须努力地爱护这火苗。

自然界没有一个这样的学生，我们有权利说他是“无论干什么都不行的人”。——没有也不可能有抽象的学生。

努力地改变自己，改变自己对学生不合理的认知，改变自己总是“先入为主”的想法，让孩子们觉得学习是一件快乐的事。让每一朵花都平等地绽放！

第一节 真的有天才儿童吗?
——智力差异

智力也叫智能,是人们认识客观事物并运用知识解决实际问题的能力。小学儿童的智力发展存在多方面的差异,教师要认识并接纳这些差异,并针对这些差异进行教育,使每个学生的智力都能得到良好发展。

一、智力的含义与测量

(一)智力的含义

关于智力的具体含义,心理学界并没有达成共识。1921年,美国《教育心理学家》杂志邀请了智力研究领域的十多位专家讨论智力的性质,结果得到了各不相同的定义。1986年,24位心理学家受邀做了同样的事情,结果他们对智力的本质依然存在不同的看法。大部分心理学家认为,智力不同于一个人所学的知识(通常认为是由学习成绩反映出来的)。同时,智力思维与智力行为又确实依赖于先前所学的知识。学生对他们所处的环境和需要完成的任务了解得越多,他们就表现得越聪明。因此,我们可以发现,智力不是永恒不变的,可以通过经验和学识得到改变。许多关于智力本质的早期理论都涉及以下三个方面:(1)学习能力;(2)获得知识的能力;(3)适应环境的能力。近年来,对智力的界定除了涵盖上述三个方面以外,还强调了高级思维过程,概括起来大致有演绎与归纳推理的能力、抽象思维的能力、使用类比思维整合信息的能力等。斯奈德曼(M.Snyderman)和罗斯曼(S.Rothman)总结了1020名专家对智力的看法,发现专家对"智力是什么"的认识主要集中在抽象逻辑思维/推理(99.3%)、解决问题能力(97.7%)、获得知识能力(96%)、记忆力(80.5%)和适应环境能力(77.2%)等方面。①

如何给智力下定义,会影响到对智力测量因素的选择,即测量能力的哪些方面。

(二)智力的测量

人们无法对智力进行直接观察,必须通过行为进行间接推断,这就意味着智力是通过个人对智力测验的回答来进行测量的。但是,智力测验到底应该评估哪些能力一直是争论的焦点,甚至对于智力到底是一种单一的能力还是由多种独立的能力组合而成的这一问题,都一直存在争议。

1904年,法国出台法律规定所有的适龄儿童都要上学,但实际上,有些学生确实跟不

①Snyderman M, Rothman S. Survey of expert opinion on intelligence and aptitude testing [J]. American psychologist, 1987, 42(2).

上正常的教学进度，他们需要进行额外的补课。于是，比奈（A.Binet）和他的学生西蒙（T. Simon）受法国教育部之命编制了一套测验，用来筛查那些需要特殊教育帮助的儿童。这就是世界上第一个智力量表《比奈-西蒙智力量表》。该量表首次提出用智力年龄（*MA*）的概念来表示个体智力的水平。例如，如果一个儿童在测验中的得分与5岁儿童的平均得分相同，那么无论他的实际年龄（*CA*）是多少，他的智力年龄就是5岁。比奈和西蒙认为，需要接受特殊教育的儿童是那些智力年龄比实际年龄滞后2岁的儿童。《比奈-西蒙智力量表》一经问世，就受到西方社会的广泛推崇。

1916年，斯坦福大学的推孟对该量表进行修订，使其适应美国的学生，这就是《斯坦福-比奈智力量表》。推孟在这次修订中第一次使用了智力商数的概念，简称智商。智商是智力年龄和实际年龄的比值乘以100后得到的数值，这个分数被称为比率智商：

$$\mathrm{IQ}=MA/CA\times 100$$

该公式假定人的智力年龄是随着实际年龄一起增长的，但实际并非如此。因为个体达到一定年龄（如成年）之后，其智力将基本稳定在某一水平上，也就是说，分母（实际年龄）在不断增长，但分子（智力年龄）却不再增长。这时若仍用该公式来反映智力水平，就不能反映实际情况，甚至会出现智力随着年龄增长而下降的错误趋势。

为弥补比率智商的不足，美国心理学家韦克斯勒于1949年编制了新的智力测验公式。他提出了离差智商的概念，即某个体与其所属的同龄群体的智力平均数相差多少，其公式为：

$$\mathrm{IQ}=100+15\times(X-M)/SD$$

在公式中，X为测验所得的原始分数，M为同龄群体的平均数，SD为标准差。离差智商表明了一个人的智力在同年龄组中的相对位置，不受年龄的影响。目前，国际上已普遍采用离差智商的概念。

《斯坦福-比奈智力量表》的成功，促进了其他智力测验的开发。其中比较著名的有韦克斯勒开发的系列智力量表——《韦氏成人智力量表》《韦氏儿童智力量表》和《韦氏幼儿智力量表》。韦氏智力量表包括言语理解、知觉推理、工作记忆和加工速度四部分，通过评估被试在完成相应任务时的表现来测量其智力。另外，心理学家考夫曼夫妇在1983年编制了一套以非言语测验为主的智力测验——《考夫曼儿童成套评估测验》。它包括16个分测验，分成3个分量表——同时性加工量表、继时性加工量表和成就量表，是比较新颖的儿童智力量表，在临床、教育评估和基础研究方面具有较大的实用价值。

资料超链接

如何看待IQ分数？①

◆IQ分数只是对学习一般能力的估计，不能代表学生整体的全面水平。学生分数之间的细小差异应予以忽视。

◆个别学生的分数可能因多种原因而改变，包括来自施测者、被测者和施测过程方面的随机测量误差，如学生参加测验时的情绪状态等。

◆总分是多个问题得分的平均分。处于中间或平均水平的分数可能意味着学生在每类问题上的表现都差不多。当然，也可能意味着学生在某些领域（如言语任务）上表现优异，但在其他领域（如数量任务）上表现一般或不好。

◆IQ分数是对学生过去经验和学习的反映，智力经过后续的努力在一定程度上是可以改善的。

◆教师要把IQ分数看作对学生学习能力的预测，而不是对先天智能的测量。

◆如果班级里有个学生一向表现不错，不要因为这个学生的IQ分数比较低就改变对他的看法或降低对他的期望。

◆许多智力测验都存在文化偏见和地域偏见，因此，教师在对待和解释农村学生和少数民族学生的智力测验分数时要更加谨慎。

二、智力理论

随着对智力的研究不断深入，不同的智力理论应运而生。一些心理学家认为，智力是由一个一般性能力组成的；但也有一些心理学家认为，智力是不同能力的集合。在一个领域（如语言）中显示出较高能力的人往往也能在其他领域（如数学和空间关系）的测验中获得好成绩。这一事实支持了智力是由单一的一般性能力所构成的假设。不过，学者综合征患者是其中最极端的例子。这些人虽然在许多方面能力不高，但在某些方面却能力非凡，比如，能够迅速心算出乘法算术题的答案，还能告诉你任何一个日期是星期几。这就对智力是由单一的一般性能力构成的理论提出了挑战。显然，对于智力到底是由一种还是多种能力构成的问题，还没有确定的答案。

（一）智力的心理测量学理论

心理测量学是研究如何对人的心理进行测量的一门心理学分支学科。这一领域提供了许多测量工具，包括大多数智力测验、成就测验、人格测验、学校能力测验以及其他

①（美）安妮塔·伍尔福克．伍尔福克教育心理学［M］．12版．伍新春，张军，季娇，译，北京：中国人民大学出版社，2015．有删改。

测验工具。除了比奈和推孟，比较知名的心理测量学专家和智力理论家还有斯皮尔曼和卡特尔。

1. 斯皮尔曼的二因素理论

英国心理学家斯皮尔曼于1927年发现，个人在涉及不同问题的各种能力测验中的成绩往往高度相关。因此他认为，个人在所有智力领域的表现都受到一个共同因素的影响，那就是一般智力。斯皮尔曼并不否认有些人在某些领域中才华出众或能力低下，但它们背后都有一个共同的一般因素在起作用，他把这个一般因素叫作G因素。后续的一些研究也发现了G因素的强大作用，并且证明了这是智力的先天构成部分。①斯皮尔曼提出的另一种智力因素是特殊因素，即S因素是个人完成各种特殊活动所必须具备的。

2. 卡特尔的流体智力和晶体智力理论

20世纪中期，卡特尔使用复杂的数学方法对智力进行了分析，发现一般智力可以分解为两个独立的成分，即流体智力和晶体智力，并且认为这两种智力对于人们适应生活中的各种挑战都非常重要。流体智力是一种学习和解决问题的能力，它依赖人们先天的禀赋，随神经系统的成熟而提高，如知觉速度、机械记忆、图形关系识别等以生理为基础的认知能力。晶体智力由个人所获得的知识和提取这些知识的能力组成，与个人在语义记忆中存取信息的能力有关，包括语言文字能力、判断力、联想力等。流体智力随机体的衰老而衰退，在20~30岁达到顶峰，随后逐渐下降；晶体智力的衰退则缓慢得多，在60岁左右才开始逐渐衰退。

（二）智力的认知理论

20世纪末，当认知主义成为心理学的一股主要力量时，一些认知心理学家提出智力不仅限于之前所测量的那些可以预测学业成绩的词汇、逻辑、问题解决等技能，而应该包括所有认知过程；不仅能预测学业成绩，还应该与生活中各个领域的成功有关。也就是说，认知心理学家认为智力要比传统智力测验所涉及的领域更为广泛。下面介绍两种具有代表性的认知理论。

1. 斯滕伯格的三元智力理论

我们周围时常有一些学业成就不错但在生活中却不怎么“成功”的人，他们不知道该如何读懂别人的心思，也不知道如何应对没有预料到的事件。心理学家斯滕伯格认为，他们缺乏实践性智力，即应对环境中人和事的能力。实践性智力有时被叫作“街头小聪明”，但这种智力不但在街头很有用，在家庭、工作中和学校里也很有用。其核心是适应环境，将环境塑造成满足个体需求的地方。在斯滕伯格看来，大多数智力测验所测的是分析性智力，这一智力依赖问题解决、理性判断以及比较能力，是一种逻辑推理能力。还有一种智力是创造性智力，是一种可以帮助人们发展新的想法、觉察概念之间的新关系

①Haworth C M A, Wright M J. Luciano M.et al. The heritability of general cognitive ability increases linearly from childhood to young adulthood [J]. Molecular psychiatry, 2010, 15 (11).

的能力。毕加索用来展现立体派绘画新形式的能力就属于创造性智力。

斯滕伯格提出的这三种智力构成了他的三元智力理论。斯滕伯格主张，每种智力都是描述和评价人们能力的维度之一，这三种智力相互独立，即使其中一种表现突出，也不能预测另外两种。该理论认为，用单一的智商分数来评价一个人的能力是不完整的，也是不准确的。

2. 加德纳的多元智力理论

心理学家加德纳认为智力的内涵是多元的。他在《智能的结构》一书中提出，人类的智力至少由八种相对独立的智力成分构成，包括语言智力、音乐智力、逻辑-数学智力、视觉-空间智力、身体-运动智力（肢体-运动智能）、人际智力、内省智力（自我认识智能）和自然智力。后来加德纳还假设了第九种可能的智力即“存在智力”，这是一种沉思关于生命、死亡和存在等重大问题的智力。

（1）语言智力

语言智力是指对语言的听、说、读、写的能力，表现为个人能够顺利而高效地利用语言描述事件、表达思想并与人交流的能力。这种智力在记者、编辑、作家、演说家和政治领袖等人身上有比较突出的表现，例如由记者转变为演说家、作家和政治领袖的丘吉尔。

（2）音乐智力

音乐智力是指感受、辨别、记忆、改变和表达音乐的能力，具体表现为个人对音乐反应出的包含节奏、音准、音色和旋律在内的感知度，以及通过作曲、演奏和歌唱等表达音乐的能力。这种智力在作曲家、指挥家、歌唱家、演奏家、乐器制造者和乐器调音师身上有比较突出的表现，例如音乐天才莫扎特。

（3）逻辑-数学智力

逻辑-数学智力是指运算和推理的能力，表现为对事物间各种关系如类比、对比、因果和逻辑等关系的敏感，以及通过数理运算和逻辑推理等进行思维的能力。它是一种对于理性逻辑思维较显著的智力体现，对数学、物理、几何、化学等理科知识有超过常人的表现。数学家、物理学家往往这个方面的智力较高，例如相对论的提出者爱因斯坦。

（4）视觉-空间智力

视觉-空间智力是指感受、辨别、记忆、改变物体的空间关系并借此表达思想和情感的能力，表现为对线条、形状、结构、色彩和空间关系的敏感，通过平面图形和立体造型将它们表现出来，以及对宇宙、时空、维度空间及方向等领域的掌握理解，是更高一层智力的体现，是以相当的理性思维基础习惯为前提的。这种智力在画家、雕刻家、建筑师、航海家、博物学家和军事家身上有比较突出的表现，例如画家达·芬奇。

（5）身体-运动智力

身体-动觉智力是运用四肢和躯干的能力，表现为能够较好地控制自己的身体，对事件能够做出恰当的身体反应，以及善于利用身体语言表达自己的思想和情感。这种智力在运动员、舞蹈家、外科医生、赛车手和发明家身上有比较突出的表现，例如美国篮球运动员迈克尔·乔丹。

（6）人际智力

人际智力是指与人相处和交往的能力，表现为觉察、体验他人情绪、情感和意图并据此做出适宜反应的能力。这种智力在教师、律师、推销员、公关人员、谈话节目主持人、管理者和政治家等人身上有比较突出的表现，例如美国黑人领袖、社会活动家马丁·路德·金。

（7）内省智力

内省智力是指认识、洞察和反省自身的能力，表现为能够正确地意识和评价自身的情感、动机、欲望、个性、意志，并在正确的自我意识和自我评价的基础上形成自尊、自律和自制的能力。这种智力在哲学家、思想家、小说家等人身上有比较突出的表现，例如哲学家柏拉图。

人际智力和内省智力与许多心理学家所说的情绪智力或情商相类似。高情绪智力的人擅长"读懂"他人的情绪状态，同样，也能很好地理解自己的情绪反应。

（8）自然智力

自然智力是指认识世界、适应世界的能力，是一种在自然世界里辨别差异的能力。它体现为对自然环境的规律的认知，如季节变化、方向的确立、磁极的存在等，是能适应不同环境的生存能力。

综上，加德纳的多元智能理论强调要认识到儿童的能力结构是多维的，要尊重个体的发展差异。

资料超链接

多元智力理论对教师的启示：树立积极乐观的学生观

加德纳的多元智力理论为我们提供了一个新视角。我们的学校里不应该有所谓"差生"，只有各具智力特点、智力表现形式、学习类型、学习方法和发展方向的可造就人才。这种积极乐观的学生观要求我们教育工作者做到以下几点：

第一，对所有学生都抱有热切的成才期望，充分尊重每一个学生的智力特点，使教育真正成为愉快教育和成功教育。

第二，针对不同学生和不同智力特点进行因材施教的教育教学，即教师的教育教学方法不仅应该根据不同的教育教学对象而有所不同，还应该根据不同的教育教学领域而有所不同。

第三，对学生的评价应该从智力的各个方面、通过多种渠道、采取多种形式、在多种不同的实际生活和学习情境下进行，并以此为依据选择和设计适宜的教学内容和教学方法，使我们对学生的评价确实成为促进每一个学生充分发展的有效手段。

三、对小学教育的启示

智力是影响学习和教学效果的一个重要因素。智力方面的个体差异直接影响着学生的学习速度与学习质量。在小学教育过程中，教师应该了解学生的智力特点，并以此为依据对学生进行恰当的教育。

（一）智力水平差异

心理学家发现，大多数人接受智力测验时，处于同一实际年龄水平的人的智力测验分数服从正态分布（如图 6-1 所示）。以 100 分为平均分，靠近曲线中间的得分属于正常范围（90—110），大约占 50%。低于 70 分的人是心智迟缓的；高于 130 分的人通常被认为是智力超常的。

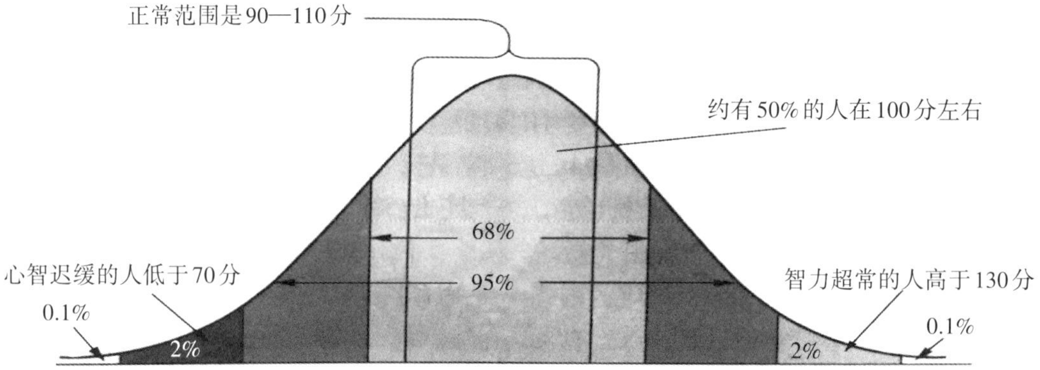

图6-1　智力分数的正态分布①

（二）适应智力差异的教学

小学生存在智力因素上存在差异是不可否认的事实，因此，教师必须采用不同的教学组织形式和教学方式来进行教学。教学组织形式包括同质分组和弹性分组；教学方式包括设置不同的教育目标、同伴辅导和教师辅导。

1. 教学组织形式

（1）同质分组

同质分组就是按照学生的智力水平或知识掌握程度来分班、分组。同质分组有利于缩小班内学生之间的差距，便于统一教学进度和实施统一的教学方法，在一定程度上有助于提高教学质量。但是，同质分组也有一些局限。首先，很难找到一种理想的分组标

①图片改编自：（美）菲利普·津巴多，罗伯特·约翰逊，薇薇安·麦卡恩．普通心理学[M].7 版．邹智敏，肖莉婷，等译．北京：机械工业出版社，2017.

准；其次，同质分组客观上给学生贴上了等级标签，尤其是对于程度低的学生，容易使其感到受挫和自信心不足，甚至自暴自弃，产生“标签效应”，即当个人被一种名称贴上标签时，就会做出自我印象管理，使自己的行为与所贴的标签趋向一致。

（2）弹性分组

弹性分组是指依据学生的学习需求调整组别，保证学生的学习任务始终落在其最近发展区内。教师要对各小组及其成员进行配对，对整个班级学生的学习情况进行适时调整，便于各个小组支持组内学生对不同内容的学习。此外，弹性分组还可以运用到不按年级分组（比如，让6、7岁和8、9岁的学生一起学习）的小学中，即根据不同年龄、不同的学习成就、不同的学习动机和不同的学科兴趣进行弹性分组。如果分组后教师可以对所有小组都给予足够的直接指导，那么这种方式便是有效的。

在进行弹性分组时，教师应注意以下问题：①通过正确评估学生现阶段不同学科的学习表现，不断进行重新分组；②保证每个小组都能得到适宜的指导，确保教师、教学方法和教学步骤都符合小组的需求；③不同小组间不进行比较，让学生形成班级凝聚力；④根据学生在一至两个不同学科中的能力进行分组。

2. 教学方式

（1）设置不同的教育目标

对智力超常学生的教育目标是进行多元智能的充分开发，对其进行高学历教育和个性优化教育。对智力落后学生的教育目标是根据不同类型来确定的。对于轻度智力落后学生，教育目标是通过训练使其能够掌握较高的生活能力，较好地适应社会生活。对于中等智力落后学生，教育目标是通过训练使其能够掌握一些简单的生活技能和社交能力。对于重度智力落后学生，教育目标是通过训练使其掌握一些简单的生活技能。

（2）同伴辅导

同学之间可以相互帮助，共同学习。同伴辅导就是让某方面能力比较强的学生教该方面比较弱的其他学生。同伴辅导主要有两种形式：一种是跨年龄辅导，即由高年级学生辅导低年级学生，可以是一对一，也可以是一对多，还可以是多对多等形式；另一种是同龄辅导，就是在相同年龄和相同成绩水平的同学之间开展同伴辅导，水平相当的两个学生轮流做辅导者和被辅导者，这是一种非常实用且有效的方法。

（3）教师辅导

教师辅导是指由教师对学生实施一对一的辅导，是一种有效的教学策略，可以从根本上解决教学的适宜水平问题，但缺点是所需精力较多。在常规教学中，教师为学习困难学生提供小范围的辅导还是可行的。父母、大学生、退休市民等成年志愿者通常也乐意辅导学生，如果对这些志愿者进行有效的监督，并使用结构良好的学习材料，那么他们对学生的学习成绩会产生积极的影响。

阅读与思考

小学生要不要学奥数？

小学生到底要不要学奥数？对此人们众说纷纭。

“双减”背景下，小学生的学习量、作业量都有所减少，然而家长们依然私下里到处打听小学奥数课程。

小升初才发现小学学奥数太重要了，升学择校或分班要考奥数——这是“过来人”的肺腑之言。

清华大学教授王文湛说：“孙子才10岁，他的奥数题我都不会！”

中国科学院院士袁亚湘表示，奥数只有5%左右的学生才能学好，不适合所有的学生。

思考：看完这段材料，说一说，你有什么感想？

（三）特殊需要儿童的教育

1.超常儿童

超常儿童也称天才儿童，指同一年龄组人群中智商最高的1%—2%的那部分人，智力分数在130以上。最早对超常儿童进行研究的是高尔顿（F.Galton）。推孟首次用智力测验来鉴别和研究超常儿童。推孟从学生中挑选智力分数在最高分区域的1528个学生进行追踪研究，发现这些学生的智力分数和学习成绩之间存在着很强的正相关关系，他们更可能成为优等生。这些学生健康状况良好，有着明显的快乐情绪，但由于天才儿童喜欢独处，愿意独立从事自己感兴趣的事，所以往往比其他学生更容易受到与社交有关的情绪的困扰。

对智力超常学生的教育方式主要有以下几种：（1）采用提早入学或跳级的方式，让智力超常学生在较短的时间内完成学业；（2）提供常规课程以外的课程，满足学生“吃不饱”的需要；（3）提供难度更高的学习材料和学习任务，更多的充满挑战的课外活动。

2.心智迟缓儿童

在传统意义上，智商处于70分以下的情况视为心智迟缓，大约有2%的人智力水平处于这一范围。心智迟缓儿童的语言发展迟缓，注意力容易分散，记忆力存在一定缺陷，思维缺乏目的性和灵活性。从前面对智力测验的介绍来看，智力测验只是对人的一部分能力进行的抽样测验。在那些没有被测评的领域中，儿童也可能拥有非凡的能力和卓越的才华。实际上，许多天才尤其是在美术、音乐等方面有着过人才华的儿童，在上学的时候并没有被发现，因为现行的能力测验很少涉及这些领域。

对心智迟缓学生的教育方式主要有以下几种：(1)给予心智迟缓学生更多的机会，让他们从简单的小事做起；(2)传授生活和劳动必需的基本知识，加强心智迟缓学生生活自理、自助技能的培养；(3)以活动课程为主，帮助心智迟缓学生积累丰富的感性经验，加快思维活动，激发学习兴趣，促进他们智能的发展；(4)激发学生的学习动机，鼓励他们学习感兴趣的内容，增加学习的信心。

对于此类儿童，教师在教学中应根据个别差异，为每位儿童设计他们所能达到的基本学习量，在学习中遵循充分练习的原则，在活动中灵活采用直观的教学手段，并将教师的情感渗透在整个教学过程中，使儿童在愉悦的环境中身心协调发展。

3.学习困难儿童

学习困难也称学习障碍或学习失能，主要是指与理解、使用语言（口头或书面）有关的一种或多种基本心理过程的失常，在阅读（阅读困难或阅读障碍）、数学（数学障碍）或书写（书写表达障碍）方面存在的特殊问题。1962年，美国特殊教育专家柯克提出了“学习困难”这一概念。学习困难儿童是指那些无显著的智力缺陷，却在行为与心理上表现出相当的偏差，以致无法良好地适应学校生活，依靠常规教育方法不能有效学习的儿童。

学习困难儿童是一个异质性很强的群体，成因包括遗传、环境不良、局部脑损伤、分娩、代谢异常、癫痫、孤独症谱系障碍、注意力缺陷、多动障碍等。目前，通常将应用最广泛的能力-成绩差异模型作为“学习困难”的鉴别工具，主要体现是儿童的学习能力与其实际成绩之间的不匹配。其中，阅读困难和数学学习困难是两种典型的学习困难。阅读困难的发生率在4.5%—8%，包括两种类型：发展性阅读障碍和获得性阅读障碍。发展性阅读障碍是指在视力、听力和神经系统发育方面以及在智力、动机、教育和生活条件方面与正常儿童没有差异，但在阅读成绩上却显著低于同龄儿童的水平的阅读困难；获得性阅读障碍则指后天由于脑损伤或者因其他疾病而导致的阅读困难。数学学习困难是指不因教育机会不充分、智力障碍、神经性或感觉障碍、神经认知障碍造成的特定数学学业技能发育受损，存在数感、算术事实和计算、数学推理等方面的困难。数学学习困难的发生率为6%—10%[①]。数学学习困难的儿童和同龄人相比，在解决数学问题时要付出更多的努力，但成绩却远赶不上同龄人。部分教师也有意无意地给数学学习困难儿童贴上“落后”的标签，使得这些孩子产生挫败感，进而可能进一步演变成问题行为。[②]

①张丽锦.儿童发展[M].西安：陕西师范大学出版总社，2016.

②毕远，张丽锦，以能力-成绩差异模型鉴别数学困难的问题与对策[J].中国特殊教育，2014(5).

资料超链接

全纳教育[1]

1994年在西班牙召开的世界特殊需要教育大会通过了《萨拉曼卡宣言》，正式提出全纳教育。作为一种新的教育思潮，它容纳所有学生，反对歧视排斥，促进积极参与，注重集体合作，满足不同需求，是一种没有排斥、没有歧视、没有分类的教育，重申了人所具有的受教育的基本权利。全纳教育思想提倡普通学校要给有特殊教育需求的学生提供学习机会，容纳所有学生。这在国际教育发展过程中具有重大意义。

根据全纳教育的思想，我们的学校、我们的社会应该创造出一种全纳的氛围，在这种氛围中，每个人受教育的权利都有充分的保障，学校和社会欢迎每一个人，每一个人都属于集体的一员。尤其是在普通学校中，要牢固树立接纳所有学生的思想，逐步创造条件，满足学生的各种需求。

全纳教育强调平等观，强调我们的教育要关注每一个学生的发展，不要只关注一部分学生，而歧视或排斥另一部分学生。《萨拉曼卡宣言》申明每一个儿童都是不同的，都有各自独特的个性、兴趣、能力和学习需求。这些不同，不应该成为歧视和排斥学习或行为有问题的学生的理由。相反，我们更应该关注他们，提供适合他们的学习条件。

第二节　儿童学习像百灵鸟？
——学习风格差异

除了前述的智力差异以外，不难发现，还有一些因素会影响学生的学习表现。例如，两位能力相当的学生，一位喜欢按照自己的方式学习，另一位则偏向于按照教师的建议或要求学习。又如，有些学生对任务细节感兴趣，而另外一些学生则对细节不胜其烦。有些学生喜欢热闹的课堂气氛，喜欢小组讨论和课堂互动，而有些学生则喜欢在安静、独处的环境中学习和思考。这些差异都属于学习风格的差异。

①黄志成，等．全纳教育——关注所有学生的学习和参与[M].上海：上海教育出版社，2004.

一、学习风格概述

（一）学习风格的含义

1954年，塞伦首次提出“学习风格”的概念，此后，相关理论和模式不断出现。后来，斯滕伯格对有关个体风格的研究进行了整理①，将个体风格划分为三个取向：(1)以认知为中心的风格，重视评估个体加工信息的方式，如个体做出反应时是沉思型的还是冲动型的；(2)以人格为中心的风格，强调评估个体更为稳定的人格特质，如外向思维型、内向思维型或直觉型；(3)以行为为中心的风格，评估当认知和人格作为一个整体时会影响个体做出何种行为。

学习风格通常是指学习者持续的带有个性特征的学习和研究方式，是学习策略和学习倾向的总和。学习策略是指学习者在完成学习任务或实现学习目标过程中所采取的一系列步骤和学习方法；学习倾向是指学习者的学习情绪、态度、动机、坚持性以及对学习环境、学习内容等方面的偏好。有些学习策略和学习倾向会随学习任务、学习环境的不同而变化，有些则表现出一贯的、相对稳定的特征。

（二）学习风格的影响因素

学生的学习风格是学生自身与环境之间相互作用的结果。个人特质的影响产生了学生学习方式的一致性，环境的影响则对其变异性产生了作用。

1. 个人因素

在学习上，年轻人和年长者之间存在着巨大的差异，这些差异与人们在社会中的地位、生活经验、学习动机和学习能力有关。性别因素也会导致男性和女性采用不同的学习方式。

2. 环境和教育因素

除了个人因素外，环境和教育因素也与学生的学习活动有关。其中，最重要的和最直接的是教学指导和传授方式，包括训练方式、教育经验、在校教育和函授教育等。如果说在儿童早期，家长和教师所鼓励的学习风格是在开放的环境中塑造行为，那么进入学校后，学生所面临的环境就具有更加明显的价值导向特征。如果学生不能按照一定的模式发展，就可能会被认为是社会化不良或适应不良。学校环境对学生的行为塑造起着极为重要的强化作用，将直接影响到学生认知风格的形成与发展。

3. 学科性质

学科性质会影响学生学习时所使用的思考策略类型。不同的学科对学生有不同的要求。自然学科里的研究性学习主题一般是分等级、分层次的，是有逻辑的，并且有一定

---

①Grigorenko E L, Sternberg R J. Thinking styles [M]//Saklofske D H, Zeidner M. International handbook of personality and intelligence. New York: Plenum Press, 1995.

的规则和程序，要求运用更多的分析性加工策略，以达到对主题和内容的理解。在语言学习中，学生则经常采用存储单词意义的记忆学习策略。

4. 文化背景

不同文化具有不同的价值取向。这种文化上的差异，导致在不同文化背景下成长的学生具有不同的学习风格。比如中华文明更注重集体主义，英美文化则倡导个人主义。

二、认知风格的差异

（一）认知风格的含义

认知风格又称认知方式，是指个体在感知、记忆、思维、问题解决、决策等过程中所偏爱的信息加工方式。例如，有的人喜欢与别人讨论问题，从别人那里得到启发；有的人则喜欢自己独立思考。这些方式并无高低、好坏之分。个体的认知风格具有一定的稳定性，儿童时期所表现出来的认知风格，一般情况下会持续到成年。

（二）认知风格的类型

心理学研究者从各种角度对认知风格的类型进行了划分，其中有代表性的是场独立型与场依存型、沉思型与冲动型、同时性与继时性。

1. 场独立型与场依存型

心理实验室

场独立型与场依存型实验

美国心理学家威特金于20世纪40年代专门设计了一种可以摆动的座舱（可倾斜的房间、可调节角度的椅子）。当房间倾斜时，要求被试转动把手使椅子转到事实上垂直的位置。他研究飞行员利用什么线索（是外部物体方位线索还是本体感觉）来判断自己身体是否坐直的问题，发现了认知方式的场独立型和场依存型的个体差异。这一差异主要体现在人对外部环境（“场”）的不同依赖程度上。场独立型的个体在信息加工中对内在参照有较大的依赖倾向，他们的心理分析水平较高，主要依据内在标准或主体感受的加工信息。场依存型的个体在加工信息中对外在参照有较大的依赖倾向，他们的心理分析水平较低，处理问题时往往依赖外部环境。

威特金与合作者又通过棒框测验、拼图测验等一系列实验，进一步验证了个体在认知方式上的差异。研究发现，场依存型和场独立型学生在学习上有以下差异：

①专业上的差异。场依存型学生比较喜欢人文科学和社会科学，而场独立型学生比较喜欢自然科学。

②学习能力上的差异。在记忆活动中，场独立型学生善于记忆缺乏组织的材料且效果较好，而场依存型学生更擅长记忆和学习包含社会性内容的材料。在问题解决方面，场独立型学生更能打破思维定式，从习惯的解题模式中摆脱出来，采用新的解题方法。

③学习动机上的差异。场依存型学生易于接受别人的暗示，他们学习的努力程度往往受外来因素的影响。场独立型学生在内在动机作用下学习，时常会产生更好的学习效果。

2. 沉思型与冲动型

沉思型与冲动型认知风格的划分，最初由卡根及其同事在有关认知速度的研究中提出的。沉思型的特点是认知速度较慢，但准确性高。这种认知风格的个体总是把问题考虑周全以后再做出反应，看重解决问题的质量。当回答简单且熟悉的问题时，反应也较快。他们在加工信息时多采用细节性策略，在细节性任务中表现较好。冲动型认知风格的特点是认知速度较快，但准确性低。这种认知风格的个体面对问题时总是不能全面细致地分析问题的各种可能性，不管正确与否都急于表达出来，多采用整体性策略解决问题，在整体性任务中表现较好。

沉思型与冲动型认知风格对学习的影响主要反映在个体信息加工、假设形成和问题解决的速度与准确性上。冲动型学生在阅读、记忆、推理等任务中容易犯较多的错误。通过适当引导，教师可以让这类学生学会沉思，同时又不丧失激情。例如，在问答时间方面，为了避免冲动型学生打断沉思型学生的思维，可以采用轮流回答问题的方法。

给教师的建议

对冲动型学生的教育

◆和学生谈话，告诉他们不要对问题仓促作答。

◆教师应该为他们示范沉思型的学习方式。

◆引导学生自行制订计划以减少其冲动行为。

◆鼓励冲动型学生在做作业时自言自语，如在完成多项选择题时，让学生提醒自己需要浏览每一个选项。

◆教他们进行自我检查的具体方法，使其养成自我检查的习惯。

◆当他们开始谨慎思索时，及时表扬和鼓励。

3. 同时性与继时性

达斯（J.P.Das）等人于1975年根据脑功能的研究，区分了同时性和继时性两种认知风格。[①]他们认为,右脑优势的个体表现出同时性的加工风格;左脑优势的个体表现出继时性的加工风格。同时性认知风格的特点是,个体对同时输入的信息会进行全面的综合分析,获得对问题的解答。这类个体解决问题的方式是发散式的。这一类型的学生往往具有视觉优势,对从眼睛进入大脑的信息的加工能力更强。许多数学操作、空间问题的操作都要依赖同时性加工方式。继时性认知风格的特点是,对输入的信息进行时间上的安排,前一个阶段的信息加工完成后,才会对下一个阶段的信息进行加工。这类个体解决问题的过程像链条一样,一环扣一环,直到找到问题的答案。这一类型的学生往往具有听觉优势,对从耳朵获取的信息的加工能力更强。背诵和记忆性知识属于继时性加工。

三、对小学教育的启示

(一)教学与儿童的认知方式相匹配

帕斯克(G.Pk)研究了教师的教学方式与儿童的认知方式的关系。结果显示,当学习材料与儿童的认知方式匹配时,学习效果好;反之,当学习材料与儿童的认知方式不匹配时,学习成绩一般都较差。研究者还通过同时性与继时性加工策略的训练,来帮助学习有困难的学生,结果表明,训练对学习有困难的学生是有帮助的,特别有利于阅读水平的提高。[②]

教师在教授知识时,如果发现学生总是无法很好地适应当前的教学方法,那么很可能是这一方法不适合该学生。了解学生的学习风格及认知风格差异,发现适合学生的学习方式并给予适当的指导,有助于学生更有效地学习。

教师要依据不同学生的学习风格,选择适当的教学策略。在教育过程中,如果教师采取的教育策略、指导方法与学生的认知风格相适应,就能更大程度地促进其发展,反之则可能事倍功半。例如,听觉型学生擅长通过听觉信息进行学习,但可能对视觉信息不够敏感,那么教师就应该留意如何发挥此类学生在听觉上的优势,弥补其在视觉加工上的不足。另外,基于对学生不同时间节律的了解,教师可以指导学生恰当地调整作息时间,充分利用一天中的黄金时段进行学习,达到高效学习的目的。

(二)帮助学生识别自己的认知类型

不同的认知类型具有不同的学习特点。教师应充分认识到这种由认知类型带来的差异,对不同认知类型的学生采用不同的教学方法。教师识别学生认知类型的目的,不能仅限于调整自己的教学方法,还应该帮助学生分析和认识自己的认知类型。只有充分了解和认识自己的认知类型后,学生才会针对不同的学习任务,以主动、积极的方式采用

①Das JP, Kirby J R, Jarman R F, et al. Simultaneous and successive cognitive processes [M]. New York:AcademicPress, 1979.
②彭聃龄.普通心理学[M].北京:北京师范大学出版社,2012.

不同的学习方法、学习策略来调整自己的学习。这样，学生才真正学会了学习。

教师如何引导学生识别自己的认知类型呢？首先，在课堂教学中，教师要经常给出与认知风格相关的知识，运用调查表、日记、周记、自我评价表等，使学生逐渐对认知类型产生兴趣；其次，教师要帮助学生明确每种认知类型的优势和不足，并指出针对不同认知类型应该采用的学习方式和学习策略；最后，针对学生的反馈，帮助他们解决遇到的困难。

1. 帮助小学生认识自己的知觉偏好

根据记忆过程中的知觉偏好，记忆可以分为视觉型、听觉型、动觉型和混合型。知觉偏好是指记忆过程中哪种感觉系统的记忆效果最好，学生就偏向于使用哪种感官来进行学习。视觉型学生主要通过视觉来学习，阅读、观察、记笔记等方式容易帮助他们吸收知识。对视觉型学生来说，加大阅读量，多读课外书，扩大自己的视野，在阅读的同时动手记下重难点加深记忆，就可以发挥自己的优势。听觉型学生偏好以听的方式学习，对他们来说，声音含有丰富的意义，他们对语言、声响、音乐的接受能力和理解能力特别强，因此，听觉型学生能从教师的讲授中吸收到更多的信息。动觉型学生好动，善于通过触摸物体，如写、画、运动、操作来学习。

实际上，绝对的视觉型、听觉型、动觉型的学习者是很少的，大多数学生都是综合型的，使用多种感觉通道来学习。所以，只有多种感觉通道相互协调配合，学习效果才会好。

2. 帮助小学生认识自身思维类型

巴甫洛夫根据高级神经活动的特点，把人分为艺术型、思维型和中间型三种。艺术型的人具有知觉印象的鲜明性、记忆的形象性、高度的情绪易感性、想象的丰富性等特点。他们善于识记图形、颜色、声音等直观材料。作家、诗人、画家、演员等多属于这种类型。思维型的人具有较强的分析能力、概括能力和抽象思维能力。他们在数、理、哲等学科方面有优势，善于抽象、分析、逻辑推理。中间型的人处于艺术型和思维型之间，兼有两者的特点。在现实生活中，艺术型和思维型的人数较少，大多数人属于中间型。

给教师的建议

如何做到因材施教？

第一，正确认识学生的认知方式差异与智力差异。每一个学生由于其性格特点、家庭环境、思维方式以及智力水平的不同，在学习过程中对知识的获取能力和掌握能力也是千差万别的。教师必须正确看待这些差异，并在教育教学中不断创设有针对性的教学组织形式与教学方法，尽可能做到个性化教学。

第二，平等相处，充分了解学生。教师应改变以往居高临下的姿态，与学生建立良好的师生关系，这将有利于学生更好地接受教育和指导。学生是发展中的人，教师要学会关心和尊重学生，并真诚地与学生进行交流。在交流的过程中，教师要了解学生的心理特点，调整自己的授课内容，充分调动学生的学习兴趣，以取得最佳的教育效果。

第三，博采众长、分层施教。每一个学生都具有成为天才的潜力，教师要以学生为主，帮其发现并发挥自身的潜力，引导学生将潜力变成实际的能力。因此，教师必须做到尊重学生、博采众长，为每一个学生的良性发展做好引领，不能戴“有色眼镜”对待学生。而在实际的教学中，教师要根据学生的学习能力采取分层教学的方式。对于基础薄弱的学生可以布置基础性作业，而对于基础较好的学生可以附加少量拔高性题目，对于基础扎实的学生可以考虑布置综合性题目，以此做到教学的针对性。

第三节　千面儿童处处有？
——人格差异

人格是气质和性格的总称。所谓气质，是指人的心理活动的比较稳定的动力特征，它表现在一个人心理活动的强度、速度、稳定性、灵活性以及显露程度等方面。性格是表现在人对现实的态度和行为方式中比较稳定的心理特征。性格特征是社会化的结果，在个性中占核心地位。

一、气质差异与教育

（一）气质差异的表现

典型的气质类型有胆汁质、多血质、黏液质、抑郁质，它们的主要表现如表6-1所示。

表6-1　气质类型及其表现

气质类型	主要表现
胆汁质	容易兴奋、难以抑制、不易约束
多血质	反应敏捷、活泼好动、情绪外露
黏液质	安静沉稳、反应迟缓、情感含蓄
抑郁质	对事敏感、体验深刻、孤僻畏缩

阅读与思考

儿童的气质差异

1年级的童童是个性子很急的男孩。他每次看书都是拿一大摞书，翻得很快，即使新书也很快看完；喜欢运动量大的活动，喜欢玩打仗游戏；上课时喜欢在椅子上乱动，常常大喊大叫；对老师的提问常常没有听清楚就急着回答，因此常常答非所问。

楠楠是2年级的学生。她观察力很强，却不喜欢说话，有时其他孩子凑过来玩，她也不说话，更不轻易与陌生人接触；她情绪不易外露，受到表扬时，也没什么表示；她上课时很安静，总是一个姿势坐着。

思考：请根据材料描述，指出这两个孩子的气质类型，并谈谈如何根据他们的气质类型进行教育。

（二）气质差异的教育意义

气质与教育工作的关系非常密切，因而研究气质问题对做好教育工作具有重要意义。教师掌握气质方面的知识，就可以更深入地了解学生的气质类型，有效提升教育效果。

1. 了解学生的气质类型，帮助学生发展积极品质

气质类型没有好坏之分，我们不能笼统地认为某种气质类型好，某种气质类型不好。每种气质类型既有积极品质，也有消极品质，如表6–2所示，

表6–2　四种气质类型的积极品质与消极品质

气质类型	积极品质	消极品质
胆汁质	勇敢、坦率、有进取心	粗心、粗暴、冒失
多血质	活泼、机敏、有同情心、善交际	轻浮、不踏实、不诚挚、无恒心
黏液质	稳重、冷静、坚毅、实干	固执、迟缓
抑郁质	敏感、细心、想象丰富、情感深刻	多疑、孤僻、怯懦、自卑

从表6–2可知，每一种气质类型都存在着向积极品质或消极品质发展的可能性。教师掌握了学生的气质类型及其特点，就可以有预见性、有针对性地去帮助各种气质类型的学生，发展积极品质，防止消极品质的产生。

2. 根据学生的气质特点进行个别教育

对于胆汁质的学生，教师要鼓励他们发展勇于进取、爽朗、敢作敢为等品质。同时，要对他们严格要求，帮助他们养成遵守纪律的习惯，约束任性和粗暴行为。在生活上，给

他们布置一些需要耐心的任务，锻炼他们的自制力。在学习上，经常给他们一些有难度的学习任务，克服他们急躁和不求甚解的倾向。

对于多血质的学生，教师要根据他们活泼开朗、好表现等特点，引导他们积极参与各项活动，在活动中给予他们一些需要耐力和持久性的任务，对他们的积极表现及时给予反馈和奖励，对他们的轻浮、不踏实等特点进行批评，引导他们培养专一、坚持、踏实和耐劳的品质。此外，教师还要注意多血质学生好动、注意力易转移等特点，采用多种教学方法和多样的教学内容来激发和培养学生的学习兴趣。

对于黏液质的学生，教师要利用他们冷静沉着、稳重实干、情绪不易激动、解决问题妥当等优良品质，放手让他们参与班级的管理工作，同时帮助他们克服冷漠、固执的不良品质，培养他们的集体荣誉感和助人为乐的品质。在学习上，黏液质的学生思维刻板，反应慢，注意稳定且不易转移，因此，教师要给他们充分考虑的时间。同时，教师还应鼓励他们一题多解，从多个角度考虑问题等，拓宽他们的思路，培养他们思维的灵活性和创造性。

对于抑郁质的学生，教师要鼓励他们积极参与学校和班级的活动，在活动中增强他们情绪的稳定性和自信心。同时，多给予他们一些与他人交往的任务，鼓励其他同学多关心、帮助抑郁质学生，使他们克服交往中的多疑、敏感和自卑心理。在生活中，教师要注意保护抑郁质学生的自尊心，不要在公开场合批评、指责他们。对抑郁质学生的错误或问题要有足够的耐心，采用单独谈话、举例说服等形式进行启发。在学习上，抑郁质学生反应慢，缺乏学习的主动性，教师要帮助他们制订合理的学习计划，激发他们的学习动机。

当然，具有以上典型气质类型特征的学生是少数，大部分学生的气质是混合型的。一个优秀的教师必须在仔细观察、量表测试、调查了解的基础上充分掌握学生的气质特点，并制订适应学生气质特点的教育措施。

二、性格差异与教育

（一）性格差异的表现

1.性格特征的差异

每个人的性格都是由不同的性格特征所构成的独特模式，一般认为，性格特征体现在四个方面。

（1）性格的态度特征，对己表现有谦逊与骄傲、自信与自卑、律己与任性、大方与羞怯的差异；对人表现有诚实与虚伪、合群与孤僻、富有同情心与冷酷无情、礼貌与无礼的差异；对事表现有勤奋与懒惰、细心负责与粗枝大叶、革新创造与墨守成规的差异。

（2）性格的理智特征，表现在认知态度和活动方式上的差异。在感知方面有分析与综合、描写与解释、主观与客观、主动与被动的差异；在思维方面有独立思考与人云亦云的差异；在记忆方面有敏捷与迟钝、持久与短暂、准确与错误的差异。

（3）性格的情绪特征，指在情绪的强度、稳定性、持久性以及主导心境等方面表现出来的稳定特点。儿童之间表现出温和与暴躁、乐观与悲观、热情与冷漠、舒畅与抑郁、安静与激动等方面的差异。

（4）性格的意志特征，在意志的目的性、果断性、自制力与坚持性等方面，儿童之间存在着明显差异。

2. 性格类型的差异

性格特征的独特结合，构成了性格类型。由于性格的复杂性以及人们对性格的不同理解，至今还没有得到普遍认可的性格分类。下面介绍几种常见的性格类型。

（1）理智型与情绪型。理智型的人用理智的尺度衡量一切，用理智支配自己的行动。属于理智型的儿童做任何事都要冷静地思考，很少感情用事；总要权衡利害得失，绝不贸然行动。“三思而后行”可以说是这一类型儿童的最大特色。情绪型的人情绪体验深刻，行为举止受情绪左右。属于情绪型的儿童总喜欢凭情感行动，很少冷静考虑。正因为如此，这种类型的儿童容易出现莽撞行为，事后又常常追悔莫及。

当然，大多数儿童属于中间型。他们遇到问题，有时冷静思考，凭理智行事；有时情感奔放，凭一时冲动。简言之，对此事可能是“三思而后行”，对彼事则可能是“不思而行”。

（2）外倾型与内倾型。外倾型的人心理活动倾向于外部世界，他们开朗、活泼、善于交际。这种类型的儿童情感外露，对人、对物均感兴趣，愉快好动，勇往直前，还带有一点鲁莽，易受环境影响。内倾型的人心理活动倾向于内部世界，他们深沉、文静、反应缓慢、顺应困难，甚至性情孤僻。这种类型的儿童情感内隐、体验深刻、不爱交际并易害羞，以自我作为行事的出发点。

（3）顺从型与独立型。顺从型的人易受暗示，缺乏独立性。这种类型的儿童容易接受别人的意见，往往屈服于教师的权威，倾向于不加批判地执行教师的一切指示，不能适应紧急情况。独立型的人具有个人信念的坚定性、决定的独立性。这种类型的儿童有自己的独立见解，在困难面前也不惊慌失措，喜欢把自己的意见强加于人，也愿意在紧迫情况下贡献自己的力量。

美国职业指导专家霍兰德（Jone Holland）认为，儿童的性格、学习兴趣和将来的职业准备密切相关。经过几十年的研究和上百次的实验，他提出了性格-职业匹配理论，对儿童职业指导具有重大意义。他把人的性格分为六种类型，即社会型、理智型、现实型、文艺型、贸易型与传统型，见表6-3。

表 6-3　霍兰德性格类型

类型	特点	职业倾向
社会型	对人友好、善于交往、乐于助人、易于合作	适合从事社会工作，如教师、护士等
理智型	生性好奇、勤奋刻苦、善于分析、富于理解	适合从事自然科学研究工作
现实型	任劳任怨、脚踏实地、注重现实、不爱交往	适合从事农业、制图、采矿、机械、操作等工作
文艺型	情感丰富、想象力强、富于创造性、自由放任	适合从事文学、艺术等工作
贸易型	雄心勃勃、喜欢冒风险、精明强干、乐于领导	适合从事管理、采购、推销等工作
传统型	稳重顺从、认真细致、尽职尽责、拘谨保守	适合从事秘书、会计等工作

（二）性格差异的教育意义

1. 根据学生的性格类型因材施教

教师要通过观察、调查、测量等方法，综合判断学生的性格类型，根据学生的性格类型寻找相应的教育对策。例如，对于外倾型学生，教师要支持他们广泛地参与社会活动，使他们的性格优势在活动中得到充分体现。同时，外倾型学生容易出现的问题是急躁、粗心、大大咧咧、冲动等，教师要在活动中提醒学生细致、沉稳、三思而后行，或者交给学生需要细心完成的任务，使学生的性格得到锻炼。对于内倾型学生，教师在平时的生活、学习中要积极鼓励他们参与集体活动，交给他们需要慎思的任务，使他们看到自己在集体活动中起的作用，正确认识自己的价值。同时，鼓励他们与同学交往，增强他们的人际交往能力。

2. 结合儿童的性格特点采取灵活多样的教育方法

一般来说，对于自卑或自暴自弃的儿童，教师不宜苛责，应通过启发、暗示、表扬等办法，让他们看到自己的优点和能力，以增强其信心。对自尊心强或自高自大的儿童，教师就不能一再夸奖，但批评时要顾及情面，留有余地，既要保持他的上进心，又要设法使他在失败中看到自己的缺点和不足。对“吃软不吃硬”的倔强学生，教师要力求心平气和，避免“顶牛”；对“吃硬不吃软”的淘气儿童，教师不能过于迁就或温和。儿童的性格多种多样，千差万别，所以教育的方式方法也不能千篇一律。教育是塑造灵魂的艺术，必须因材施教，因势利导，既坚持原则，又讲求机智。

第四节 男孩女孩来自不同星球?
——性别差异

人类分为男女两性。男女之间在生理方面的差异是明显的,但在心理和行为上存在哪些差异？这些差异又是如何形成的？教师应如何对待呢？这些都是本节将要讨论的问题。了解这些问题,有助于教师有针对性地采取教育措施,更充分地发掘男女两性的潜力,也能为男女两性的职业选择提供科学依据。

一、性别差异的表现

基于生理因素的影响,男生和女生在智力、兴趣、行为、自信心等方面存在显著差异。

(一)智力的性别差异

1.男女两性智力发展的年龄倾向性

心理学研究者认为,男女两性智力方面的差异受到年龄阶段的影响。研究发现,男女两性在学龄前智力差异不明显,特别是婴儿期的男女儿童,智力上几乎没有什么差异。幼儿时期虽然已经显示出差异,其表现是女童的智力略优于男童的智力,但不显著。男女两性智力差异的明显表现是从小学阶段开始的,表现为女童的智力优于男童的智力。到了青春发育期,女性智力发展的优势开始下降。到男性发育高峰期,男性的智力逐渐优于女性,并且随着年龄的增长,这种优势越发明显,一直持续到青春发育期结束。

男女两性智力差异的年龄倾向,反映了男女两性在智力总体上的平衡性。这种平衡性还反映在另一方面,即男性在智力发展的分布上智愚两端都比女性多,而女性的智力发展较为均匀。英国和日本的不少研究者也发现,男女两性的平均智商没有什么差别,但男性的标准差很大。从学习成绩来看也有类似的情况,男生学习成绩优异和特别差的多,女生成绩中等的多,男女生的平均成绩无明显差异。

2.男女两性智力发展上的不同优势

在感知能力方面,男性的视觉能力特别是视觉空间能力明显优于女性。与空间能力有密切关系的领域(如工程师),男性占明显优势;女性的听觉能力较强,特别是对声音的辨别和定位,明显优于男性。

在记忆能力方面,男性的理解记忆和抽象记忆较强,女性的机械记忆和形象记忆较强。例如,在复述课文时,男生一般不满足于逐字逐句地背诵或模仿教师的讲述,而是喜欢加入一些自己的语言或根据课文大意进行自由的复述,他们所关心并记忆的是课文的思想内容而不局限于原文的字句。女生在复述课文时,常喜欢从头到尾、逐字逐句地进行,不太注意对识记材料进行思维加工。女生对具体事物的记忆较为精确,模仿性强,能凭形象记忆精确地模仿别人的动作和语言。

男女两性在思维能力方面的差异更为明显，男性多偏向于逻辑思维，女性多偏向于形象思维。

女性的言语能力胜于男性。男性中的口吃现象较为普遍，女性一般都口齿伶俐。女生说话较早，开始说话的时间平均比男生早2—4个月，而且言语表达能力较强。这种差异在童年时期并不明显，直到青春期，言语能力上的性别差异开始突增，女生在言语上的优势一直可以保持到高中阶段。她们不仅擅长拼写等相对简单的言语任务，而且对于遣词造句、文学创作等较为复杂的语言运用也能驾轻就熟。中小学的朗读、背诵、作文比赛，女生占明显优势。

综上所述，我们可以得出这样的结论：男女两性的智力在不同年龄阶段各占优势，在智力的构成因素上也各有优劣；从智力差异的分布状况来看，男性智力优异的和较差的比女性多。从总体上看，男女两性智力相当，各有千秋。

（二）兴趣的性别差异

从兴趣上看，男孩的注意力多指向于物，喜欢摆弄物体，拆散玩具，并探索其中的奥妙，主动进行科学实验，积极参加小发明、小创造活动，即所谓“物体定向”。女孩则表现出“人物定向”，她们的注意多指向人，喜欢探索人生，一般对人与人之间的关系很注意、很敏感，对同学之间谁跟谁好、哪位教师最喜欢谁等，了如指掌。女孩爱玩“过家家”游戏，爱抱洋娃娃，喜欢听悲欢离合等感情色彩浓重的人生故事。

（三）行为的性别差异

男女两性行为上的差异表现在侵犯性、支配性、合作性上。侵犯性的强弱是男女两性在行为方面最为显著的差异之一。男性的侵犯性强于女性，这一性别差异在很多研究中都得到了证实。在学龄儿童中，男孩子之间的打斗是十分常见的现象；而在成年人中，大多数暴力犯罪都是男性所为。再看支配行为，一个人的支配行为表现在两个方面：其一是支配他人，获得别人的顺从并以此为满足；其二是个人对他人所施加的影响予以抗拒，这种对他人的抗拒实际上从相反的方向体现了个人的自我支配感。很多研究证实，女性更易受他人影响，容易被说服，易受暗示，也易产生从众行为。从合作性上看，女性在一起从事合作性的活动多于男性。女孩倾向于找比自己年龄小的同伴玩，对比她年幼的儿童会表示关心和帮助；男孩倾向于跟年龄比他大的伙伴合作，如试着参加大孩子们的比赛。另外，男孩对同伴的苦恼或不舒服往往有点漠然，而女孩则比较敏感。

（四）自信心的性别差异

一般认为，女性的自信心低于男性。在自我评价上，男性对自己的成绩倾向于高估，而女性对自己的成绩倾向于低估。有一项研究要求儿童对自己的期末考试成绩在班级中的名次进行估计，男生比女生更容易高估自己；对下学期提高学习成绩的信心，男生也显著比女生大。这表明,男生的学习自信心比女生更强。在成败的归因上,女生更多地把自己的成功归因于运气,把失败归因于自己的能力;男生更多地把成功归因于自己的能力,把失败归因于任务难。这种差异也反映出男性的自信心强于女性。

需要注意的是,以上所介绍的两性心理和行为的差异是就平均发展水平而言的,并非指向具体的个体。在现实生活中,我们一定要具体问题具体分析,防止产生社会刻板印象。

资料超链接

性别角色的变化

性别差异的产生有其生物学前提,但传统两性角色的内涵是由特定的历史时代和社会生活所赋予的。在传统社会中,正是由于男女两性有着不同的社会生活分工,才形成了各自的心理和行为特征。随着社会的发展和变革、社会生活条件的变化,传统两性角色的内涵也必然会有所变化和发展。这种变化和发展,有人称为"男女互化"。

男女性别角色产生互化是因为时代的发展和科学的进步,和男女两性在社会职业上的趋近。产业革命以后,女性走出了家庭,结束了由于生育后代的天职而被长期束缚在家庭之内从而与社会生活发生隔离的历史,开始能够从事和男性一样的工作。时代的进步使女性走出家庭成为可能,而科学的进步则使这种可能成为现实。因为科学帮助女性克服了体力等生理因素的局限,这是男女两性在职业上趋近的前提。相同的社会经历必然会造成男女两性在心理和行为上的趋同现象。

二、对小学教育的启示

儿童的性别差异是客观存在的,我们要正视这种差异,既要看到男女两性心理发展上的优势,也要看到各自的短板,通过各种有效措施,使男女两性都得到健康发展。

(一)发扬优势,克服劣势

男女两性的心理特点各有所长,各有所短,要引导学生以人之长,补己之短;发扬长处,克服短处。例如,小学女生遵守纪律,学习成绩优良,但也有偏重机械记忆、喜欢模仿、缺乏独立思考等缺点。因此,在教育中要有意识地培养她们独立思考的习惯,发展逻辑思维能力。对于女生智力因素中的优势成分,教师应予以充分利用,加以积极引导和培养，使其得到充分发展。如文科具有描述性和形象性，一般更适合女生的智力特点，教师就要让她们结合自己形象思维较强的优势，充分发挥自己在文科领域内的才能。对于男生而言，他们的言语能力在小学阶段相对较差，如果教师采取有效措施加强语言的培养和训练，就能使他们的言语能力得到更好的发展。教师也不能忽视男生智力因素中的优势成分，要让他们结合自己逻辑思维较强的特点，通过各种活动，充分发展他们的逻辑思维能力。

（二）创造条件，加强男女交往

为了弥补男女两性心理品质中的薄弱成分，教师为学生创造条件，加强男女两性的交往也是十分重要的。如鼓励儿童与异性小朋友一起做游戏，在排座位时注意男女生混合，课外活动尽可能避免将男女生分开。通过交往，男女生互相学习，互相影响，女生可以学习男生的勇敢，男生可以学习女生的细心，从而达到优势互补。

（三）消除偏见，一视同仁

家长对儿女不能偏爱，不能让儿子“衣来伸手，饭来张口”，不能把做家务看作女儿的“本分”，不要议论其他女孩子的长相等。教师对学生要一视同仁。小学教师要向男生多提问题，锻炼其口头表达能力；要为女生提供机会，让其展露才华，对其优点要加以表扬，保护她们的自尊心。

在教材和各种学生读本中，我们应增加女政治家、女科学家、女企业家、女文学家的传记及作品等，改变传统的“男耕女织”的插图，使教材、儿童读物彻底消除成见，真正做到男女平等，为培养未来社会需要的人才服务。

（四）教育学生正视和接纳性别差异

教师要教育男女儿童正确认识性别差异，正确对待自己的优势和劣势。教师特别要帮助女生了解和正确对待历史和现实中女性的弱点及其成因，可以用女英雄、女科学家的先进事迹来教育学生，激发女生的自信心和进取心。要消除对女性的偏见，首先要使女性本身从传统观念中解脱出来，而不妄自菲薄。

除了以上探讨的几个问题外，在现实生活中我们还发现，儿童的学业成绩与其家庭环境、父母的职业和受教育程度等有一定的关系。有研究发现，家庭社会经济地位对儿童智力测验成绩、成就动机水平、旷课率、辍学率和留级率等有一定的影响。

本章小结

心理差异是指在心理活动中表现出来的相对稳定的个体心理特征方面的差异。小学教师应了解儿童的智力、认知风格、人格、性别等方面的具体差异，针对学生的心理差异采取有差别的教育教学策略，使学生获得最佳的发展，这是因材施教的基本要求。

【练习与实践】

全国优秀班主任魏书生老师说："没有不进步的学生。"在魏老师的班里，有个学生在语文期中考试中只考了8分。魏老师找他谈话，开门见山地说："我听语文老师说，你上课根本就不听讲，是吗？"学生答："是。""听你父母说，你在家也不写作业，是吗？"学生回答："是，我什么也不会，什么也不想做。"魏老师说："你根本不学习，还能考8分，说明你挺聪明的，要是你稍微努力一下，肯定会比这次考得好。"魏老师继续问："成绩下来了，你有不服气的地方吗？""有啊，第一道题我会做，但没答对，我不服气。"而后，魏老师让这个学生说说自己的优点，学生说："我没有优点。"在魏老师的提醒和启发下，学生慢慢地找到了自己的优点，从一个找到了十个、二十个……在之后的日子里，魏老师允许这个学生上课不听讲，可以选择自己喜欢的内容进行学习；魏老师帮他检查学习的效果，帮他确定学习内容，不断地督促、检查他的学习落实情况。这个学生最终取得了较大的进步。

思考：从魏老师对这位"后进生"实施的因材施教中，我们能学到些什么？

【成长直播间】

<table>
<tr><th rowspan="3">成长维度</th><th colspan="5">内容</th></tr>
<tr><th rowspan="2">我收获了什么</th><th colspan="4">成长等级</th></tr>
<tr><th>A</th><th>B</th><th>C</th><th>D</th></tr>
<tr><td>知识</td><td></td><td colspan="4"></td></tr>
<tr><td>能力</td><td></td><td colspan="4"></td></tr>
<tr><td>素养</td><td></td><td colspan="4"></td></tr>
</table>

【学习加油站】

[1]（美）马歇尔·卢森堡．非暴力沟通[M]．阮胤华，译．北京：华夏出版社，2018.

[2] 魏书生．班主任工作漫谈[M].6版．桂林：漓江出版社，2008.

[3]吴蓓．请让我慢慢长大：亲历华德福教育[M]．天津：天津教育出版社，2009.

第七章

儿童学习如何发生？——学习理论

学习目标

1. 厘清学习的实质与特点，掌握建构主义和人本主义学习理论的主要观点。
2. 应用行为主义、认知主义学习理论解决儿童的学习困扰。
3. 树立儿童发展与教育心理学的实证科学思维和科研伦理。

知识导图

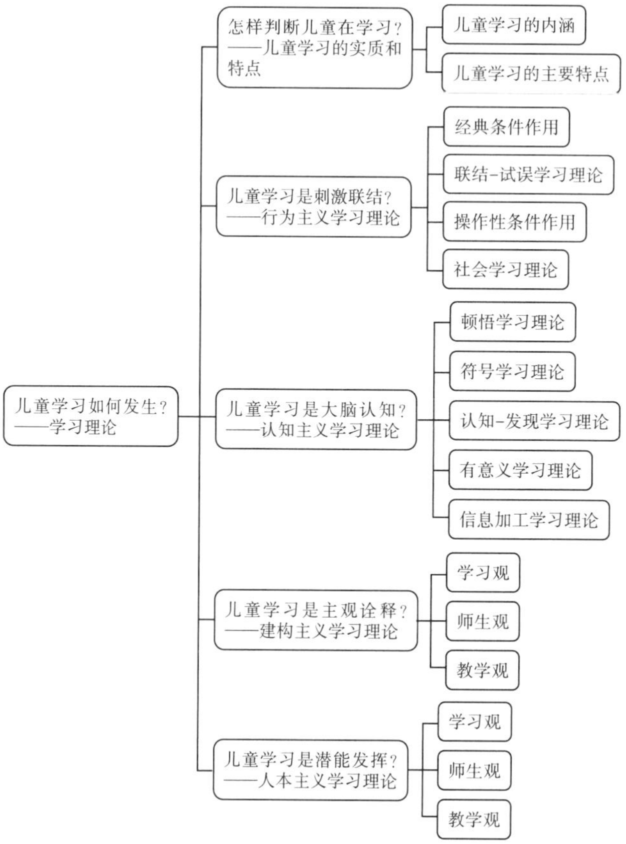

第一节　怎样判断儿童在学习？
——儿童学习的实质和特点

儿童从牙牙学语到掌握各学科的基础知识，从蹒跚学步到掌握各种基本运动技能，从自我中心到善解人意，其学习行为贯穿成长过程的始终。本节重点探讨儿童学习的内涵，以及儿童学习的主要特点。

一、儿童学习的内涵

学习领域一直是儿童发展与教育心理学研究的核心课题。长期以来，该领域的研究者对学习有种种界定。目前广为接受的定义是：学习是有机体由经验而产生的行为或行为潜能的比较持久的变化。要弄清楚儿童学习的内涵，应掌握以下四个要点。

（一）儿童学习是由经验引起的

儿童学习是由经验引起的，这种经验不仅包括外部环境刺激、有机体的练习，更重要的是个体与环境之间复杂的交互作用。比如，儿童着凉了打喷嚏就不是经验引起的变化，只是呼吸系统的防御反应，不属于学习行为。相反，小学教师在课堂上精彩地讲授知识，对小学生而言就是来自外部环境的刺激；小学生自主学习课外知识，便是有机体内部的练习表现；而师生之间开展有效的课堂互动是小学生获得经验的重要途径。

（二）儿童学习表现是行为或行为潜能的变化

儿童学习以外显的行为或内隐的行为潜能的变化为标志。行为变化是指直接可见的改变，譬如外显的操作技能习得。儿童学会游泳，家长便可直观感受其肢体动作的提升。行为潜能变化是指不能立刻显现的改变，这种改变往往不能直接观察，如有机体内隐的思想意识的变化。小学生在教师潜移默化的价值观引导过程中，逐渐内化了爱国、敬业、诚信、友善的价值准则，就属于行为潜能的改变。

（三）儿童学习引起的变化是相对持久的

儿童学习引起的变化是相对持久的，即学习是持续一段时间的变化，而不是因某种特殊目的产生的瞬时性改变。药物刺激引发行为水平暂时提升，这类短暂的变化不属于学习。此外，疲劳创伤导致行为水平短期下降，例如儿童在非常疲劳的状态下参加体育测试，结果不够理想，这种变化也不是学习所致。

（四）儿童与动物都存在学习

学习是一个广义的概念，不仅儿童有学习，动物也有学习。也就是说，学习是儿童和动物共有的普遍现象,但两者的学习存在本质区别。相比动物的学习,儿童的学习内容更加丰富多样,学习形式多以语言为中介,学习性质上具有自觉自发性、积极主动性。

给教师的建议

家长的困惑

生活中不少家长发现孩子总是端着书看,看上去非常认真,花费的时间也不少,学习却没啥长进。从学习实质的角度对这一现象可以有两种解释。其一,孩子虽然拿着书一直在看,但注意力并不在书的内容上,导致外部环境刺激并未被孩子接受,没有通过主动的意义建构内化成自己的经验,以致没有引起真正的学习行为。其二,孩子认真看书,并将书本知识融入自己的认知结构,确实出现了学习行为,但阅读带来的行为潜能的改变不能即时显现,需要长时间积累方可见诸行为,而家长却急于追求外显分数的增长,产生了不必要的焦虑。

二、儿童学习的主要特点

(一)接受学习是儿童学习的主要形式

大量教育心理学研究和实践结果显示,接受学习是儿童学习的主要形式。儿童在学习活动中接受各种各样的信息,这些信息大多来源于家长的指导、教师的教学、同伴的分享和媒体的传播。其中,教师引导下的接受学习,是儿童获取知识经验最有效的途径。

(二)儿童学习的内容具有间接性

儿童在家庭、幼儿园、小学所学习的许多内容都不是亲身经历所获,可见其学习内容具有间接性。儿童日常学习的内容大致分为书本知识、操作技能和行为规范,这些都是历代先贤在认识世界、改造世界过程中所积累的重要经验和智慧,儿童直接继承这些优秀的成果,免去了不必要的时间和精力去重复探索。

(三)儿童学习是主动建构的过程

儿童的学习是一个主动建构的过程,而非完全被动地接受外界刺激。换言之,儿童的学习必须通过一系列的主动建构活动来接受信息,形成符合其发展阶段的经验结构或心理结构。儿童学习建构的过程既包括对新知识的意义建构,也包括对旧知识的特征重组。

资料超链接

儿童学习的类型[①]

研究者们从不同的角度出发，划分了各种类型的学习，比较有代表性的学习分类来自加涅、奥苏贝尔和冯忠良。加涅根据学习结果的不同，将学习分为言语信息、智慧技能、认知策略、动作技能和态度五类。奥苏贝尔从学习性质的角度，将学习分为接受学习和发现学习（经验来源不同）、意义学习和机械学习（与原有知识的关系不同）。冯忠良从学习内容的角度，将学习分为知识学习、技能学习和社会规范学习三类。

第二节 儿童学习是刺激联结？
——行为主义学习理论

教育心理学家对学习活动的研究，由于基本假设、研究对象和研究方法的不同，对学习实质和过程的解释也有所不同，因此形成了不同的学习理论派别。本节聚焦行为主义学派关于学习的理论看法，将从经典实验、核心观点和教育启示三个方面详细阐释经典条件作用、联结-试误学习理论、操作性条件作用和社会学习理论。

一、经典条件作用

（一）经典实验

1. 巴甫洛夫的狗分泌唾液实验

巴甫洛夫的经典条件作用理论来源于狗分泌唾液实验。实验中，他把肉放在一只饥饿的狗的嘴里，狗吃到肉就会分泌唾液，此时肉是无条件刺激，分泌唾液称为无条件反射，这一过程是天生的，不用学习就会。后来他每次给狗吃肉之前都会发出信号——摇铃，在铃声和肉之间反复配对之后，发现这只狗一旦听到铃声，尽管随后没有肉出现，也会分泌唾液，这种现象被巴甫洛夫命名为条件反射。事实上，单独的铃声原本不会引发狗分泌唾液的反应，其属于中性刺激；而铃声多次与无条件刺激配对之后，便从中性刺激变成了条件刺激。在条件反射形成的过程中，条件刺激要先于无条件刺激呈现，且间隔不能太久。

①姚梅林.学习心理学：学习与行为的基本规律[M].北京：北京师范大学出版社，2006.

2. 华生的阿尔波特恐惧形成实验

华生受巴甫洛夫研究结果的启发，将这个实验在小孩阿尔波特身上进行创造性的重复，揭示儿童如何习得恐惧情绪。他让一个叫阿尔波特的婴儿接触一个中性刺激——小白兔，起初婴儿对小白兔毫无害怕的表现，还想用手去触摸它。当阿尔伯特刚想靠近小白兔时，实验者在他身后用铁锤敲击发出一声巨响，阿尔波特猛地吓了一跳，害怕地将身体向后缩；之后他每次靠近小白兔，恐怖的巨响就会出现。久而久之，单独出现小白兔时，阿尔波特也会出现害怕与防御的行为反应，而且对任何有毛的东西都感到害怕，如老鼠、狗、棉绒，甚至有胡子的人。

（二）核心观点

1. 学习的实质

根据上述两个经典实验的结果，研究者提炼出了学习的实质。巴甫洛夫认为学习行为就是“一长串的条件反射”，华生进一步概括成“学习即通过条件反射建立刺激与反应之间的联结”。

2. 学习的过程

经典条件作用中，学习是中性刺激替代无条件刺激引发条件反射的过程，故常被简称为替代说。比如，聊天时提到柠檬，马上就有一股酸味涌现；因为柠檬这个词语作为中性刺激替代了实物柠檬这一无条件刺激，引发了流口水条件反射的过程。

3. 学习的规律

巴甫洛夫发现了消退与恢复、泛化与分化现象。消退是指条件反射形成后，如果条件刺激多次出现而不伴随无条件刺激，那么条件反射将逐渐削弱直至消失。例如，巴甫洛夫实验中一直摇铃不给肉，铃声与肉之间建立的条件反射就会逐渐消失。恢复是指已经消退的条件反射，一段时间后还能被条件刺激再次引发。就像有些儿童害怕严厉的老师，虽然毕业后这种恐惧情绪逐渐消失，但若干年后再次遇到严厉的老师依然会害怕。泛化是指条件反射建立后，与条件刺激相类似的刺激，也能引起有机体不同程度的反应。“一朝被蛇咬，十年怕井绳”“草木皆兵”“风声鹤唳”“杯弓蛇影”等都是泛化的例子。分化与泛化相反，指有机体能够区别条件刺激和其他刺激，选择性地对条件刺激做出反应。比如，儿童被狼狗咬了之后害怕狼狗，但很喜欢吉娃娃。

华生进一步提出了频因律与近因律。频因律描述的是某种学习行为练习得越多，行为习惯形成得就越迅速，这条规律能解释为什么语文老师总是要求学生每天写日记，以养成良好的写作习惯。近因律是指新近的学习反应比较早的反应更容易得到加强，比如课堂的最后几分钟，老师常会总结本节课所学核心内容，以帮助学生加深记忆。

（三）教育启示

第一，将儿童的学习行为与积极情绪建立联系，并避免学习行为与消极情绪产生联结。教师和家长须不断给儿童关心和鼓励，将快乐事件作为学习任务的无条件刺激，儿童就会把学习和愉快的体验联结起来，从而更加喜欢学习。如果儿童有一次考试不及格，教师和父母都应引导其期望下一次考试能进步，而不是陷入考试一直都失败的泥潭。

第二，教会儿童恰当地使用泛化和分化等学习规律。教师和家长需要帮助儿童学会分辨哪些刺激应该与哪些反应建立联系，假如儿童学习数学存在困难，应引导其认识到只是数学成绩不理想，并不会导致其所有科目的学习成绩都不好，以此减少不必要的考试焦虑和自我否定。

资料超链接

巴甫洛夫很忙，巴甫洛夫正在死亡①

自1901年起，直到1936年逝世为止，35年中巴甫洛夫一直专心从事条件反射相关的实验研究。即便在生命弥留之际，他仍然在为自己的研究而忙碌。他密切地关注着越来越糟的身体变化，并不断地向身边的助手口授生命衰变的感觉，希望能为自己挚爱的科学留下更多资料。面对亲朋好友的关怀，他只能不近人情地拒绝："巴甫洛夫很忙，巴甫洛夫正在死亡。"

二、联结-试误学习理论

（一）经典实验

桑代克的联结-试误学习理论来源于饿猫出笼取食实验。他将一只饿猫关入笼中，由于饥饿，猫在笼内乱抓乱撞，一次碰巧抓到了开门的机关，门开启后猫逃出来，能吃到放在笼子附近的鱼。桑代克多次把这只猫放回笼子里，猫经过多次尝试错误，逃出笼子的速度越来越快，犯错次数越来越少，最终学会了打开笼门的操作行为，自动形成了笼子刺激情境与开门机关反应之间的联结。桑代克用学习曲线记录了猫的学习过程，随着尝试次数的增加，猫开门动作所用的时间逐渐减少。

（二）核心观点

1. 学习的实质

桑代克认为学习的实质是有机体在刺激情境与行为反应之间形成联结，简言之，学习即联结，心即是一个人的联结系统。他指出人类所有的行为、思想和活动，都能分解为基本的单位刺激和反应之间的联结。

①（苏）沃罗宁．巴甫洛夫传[M]．郑宁，吴仁富，译．郑州：海燕出版社，2001．

2.学习的过程

桑代克认为学习是一个渐进的、盲目的、尝试错误的过程。在试误学习过程中,有机体不断地盲目尝试,渐进地淘汰错误反应,保留正确反应,因此人们把这个学习理论称为“试误说”。比如孩子学习加法,开始认为1+2=4,家长说“错了”;孩子再尝试1+2=2,家长又说“错了”;孩子再尝试1+2=3,家长说“正确”。

3.学习的规律

准备律。当刺激情境与反应行为之间的联结事前有一种准备状态时,实现联结后学习者会感到满意,否则将感到烦恼;反之,无准备状态而强制联结时也会感到烦恼。这条规律说明,联结的增强和削弱取决于学习者的生理和心理准备。例如,现实中多数老师在课堂结束时会提前告知下节课的学习内容和目标,嘱咐学生做好预习,这就是遵循学习准备律的教学行为。

练习律。试误学习过程中,刺激-反应联结受到的练习越多,就变得越来越强;反之,会越来越弱。比如,俗语“三天不做手生,三天不念口生”就是练习律的反映。一般说来,只有当学习者发现重复练习能获得满意的效果时,练习才会有助于学习,没有奖励的练习是无效的。如“题海战术”实际效果并不好,因为超负荷的练习会让儿童麻木和厌恶。

效果律。学习者对刺激情境做出特定的反应,若能获得满意的结果时,其联结就会增强;而得到烦恼的结果时,其联结就会削弱。效果律强调行为的后果是影响学习的关键因素。例如,儿童在解一道计算题的过程中,摸索出一种计算技巧能快速准确地得出答案,下次继续用这种技巧解题的可能性就会增加。

(三)教育启示

第一,联结-试误学习理论提示父母要接纳儿童成长中的试误过程。事实上,每个孩子的成长都会经历无数次的尝试错误,但很多家长都希望孩子少走甚至不走弯路,于是告诉他们这样不可以,那样禁止做,结果往往事与愿违。只有孩子亲自去尝试,这样的体验才最真实,记忆也最深刻,“失败乃成功之母”说的就是这个道理。

第二,联结-试误学习理论倡导教师应鼓励学生主动尝试探究问题。当然,鼓励孩子尝试并不是说教师什么都不做,尝试的目的在于暴露学生学习过程中的错误。教师发现了学生的错误,要及时给予帮助与疏导,使他们学会从中审视、体验和反思。

阅读与思考

教师的争论

一次市级小学骨干教师教学方法创新沙龙上,李老师结合自己的教学经验,大胆提出:“老师课堂上应该少讲甚至不讲,让学生自主尝试,容忍学生犯错。”其话音刚落,其他老师就纷纷质疑:“课堂上要是让他们试错,一节课就混过去了,太浪费时间，我们直接传授经验，效率高得多。”现场争论不休，谁都没法说服对方。

思考：假如你也参与了这次沙龙，你认为到底谁的做法更利于学生发展？

三、操作性条件作用

（一）经典实验

斯金纳设计了一个小白鼠在迷箱中压杆取食的实验，发现了操作性条件作用。他将饥饿的小白鼠关在自制的迷箱内。起初小白鼠在箱内不安地乱跑，活动中偶然压到了杠杆，有一粒食丸滚到食物盘内，小白鼠便吃到了食丸。之后小白鼠再次按压杠杆，又可得到食物。由于食物强化了小白鼠按压杠杆的行为，它后来的反应速率迅速上升，逐渐学会了按压杠杆以取得食物的操作。

（二）核心观点

1.学习的实质

斯金纳认为，操作性行为学习的实质是有机体的自发行为因为得到强化而提高该行为发生的概率，也就是说，有机体做出的反应与其随后出现的刺激条件之间的关系对行为起着控制作用，强化是增强反应概率的手段。

2.学习的过程

斯金纳把学习看作一个操作强化的过程，故操作性条件作用常被简称为强化说。白鼠迷箱压杆实验中，食丸所起到的作用就是强化，是增加小白鼠触动杠杆行为的刺激物。幼儿园小朋友表现好，老师奖励小红花就是强化说的常见应用。

3.学习的规律

强化：其结果是增加行为出现的概率，分为正强化、负强化两种。正强化是给予愉快刺激，负强化是撤销厌恶刺激。例如，同样都是为了让小学生认真上课，正强化的做法可以是奖励同学操行积分，负强化的做法可以是减少课后作业。

惩罚：其结果是降低行为出现的概率。具体有两种方式，分别是给予不喜欢刺激的施予式惩罚、消除喜欢刺激的剥夺式惩罚。比如，学生上课开小差这种课堂问题行为，惩罚可以是老师直接言语批评，也可以是缩短学生玩游戏的时间，但都是希望这位学生以后上课不要开小差。

消退：是指有机体做出以前曾被强化过的反应，如果在这一反应之后不再有强化物相伴，那么此类反应在将来发生的概率便降低。例如，课堂上某儿童喜欢做鬼脸、出风头，老师对他不理睬、不关注，后来儿童的这种行为就慢慢减少了。

资料超链接

普雷马克原理[①]

斯金纳提出的普雷马克原理，是指用高频活动作为低频活动的强化物，从而促进低频活动的发生。由于祖母对付孙子常用这种方法，所以又被称为祖母原理。1959年，普雷马克做了一个实验。他让孩子们从两种活动中选一种：玩弹球游戏机或吃糖。有的孩子选择了前者，有的孩子选择了后者。有趣的是，对于喜欢吃糖的孩子，如果把糖作为强化物，便可增加他们玩弹球游戏机的频率；相对更喜欢玩弹球游戏机的孩子，如果把玩弹球游戏机作为强化物，则可提高他们吃糖的数量。

（三）教育启示

操作性条件作用在教育教学工作中有着非常广泛的应用，影响最大的是行为塑造及程序教学。在行为塑造过程中，教师须首先观察学生的全部行为反应，然后对期待发生的行为反应进行奖励，忽视那些不希望保留的行为反应，通过不断强化而塑造出新的行为模式。

程序教学是一种个别化的教学模式。这种教学模式先将学习内容分为多个小步骤，这些小步骤按照由易到难、由简单到复杂的顺序排列，在每一步完成之后，教师都要进行评价、反馈和强化。程序教学让学生以自己的速度和水平进行自学，更适合那些综合能力和独立性比较强的学生。

给教师的建议

如何实施奖励和惩罚

第一，教师实施奖励的有效前提是学生的需要。当我们去强化学生的学习行为时，不要忘记了，学生有没有对强化物产生需要？比如，一个平时物质需要已经获得极大满足的学生，对他用物质奖励的效果自然大打折扣。第二，注意奖励方式的合理选择。当学生在学习新任务时，教师要进行即时强化，这就是为什么通常教师在课堂上讲授新知识后，会紧随一定的练习巩固。随着学习阶段的深入，教师应逐渐转为间歇式强化。间歇式强化分为定时和变时强化、定比和变比强化，其中变比强化效果最好。第三，多用奖赏，少用惩罚。有时惩罚暂时避免了错误行为，但未必会产生积极的反应，它仅仅是防止错误的发生，有时还会导致“怀恨在心”的现象产生。

①刘儒德.教育中的心理效应[M].2版.上海：华东师范大学出版社，2013.

四、社会学习理论

（一）经典实验

班杜拉通过实验研究儿童的攻击行为，提出了社会学习理论。早期实验中，班杜拉先让3—6岁的儿童观察成人对一个充气娃娃拳打脚踢，然后把儿童带到一个放有充气娃娃的实验室，让其自由活动，并观察他们的行为表现。结果显示，儿童在实验室里对充气娃娃也会拳打脚踢。这说明儿童可以通过观察成人的行为而习得新行为。后期实验中，他将儿童分成榜样受奖组、榜样受罚组和控制组，结果发现，榜样受奖组儿童的攻击行为最多，进一步证实了榜样的攻击行为所导致的后果是儿童是否自发模仿这种行为的决定因素。

（二）核心观点

1. 学习的实质

班杜拉认为，学习的实质是通过观察他人的行为及其结果而获得新的反应或矫正原有行为，简言之，就是观察学习或模仿学习，所以常被简称为模仿说。班杜拉认为观察学习分为直接性、抽象性、创造性三种。直接性观察学习主要是简单模仿，抽象性观察学习侧重规则和原理的获得，创造性观察学习则是组合不同榜样的特点，形成一种全新的行为方式。

2. 学习的过程

班杜拉将儿童观察学习的过程分为注意、保持、复制和动机四个步骤。注意学习的对象是观察学习的第一步，观察学习的方式和数量都由注意过程筛选和确定。保持阶段，观察者须记住榜样情境中的行为。复制阶段，观察者会将头脑中有关榜样情境的记忆转化为外显行为。动机阶段，观察者因表现所观察到的行为而受到奖励，即对模仿的行为予以反馈，以达到强化的作用。

3. 学习的规律

榜样的示范。榜样的示范直接影响儿童观察学习的效果。其一，榜样与观察者经常在一起，或者二者相似，那么观察者就容易学会榜样行为。子女喜欢模仿父母、学生常常模仿教师就是例证。同时，儿童更倾向于模仿那些地位较高、能力较强、魅力较大的榜样。其二，示范行为的流行性和价值性等也会影响儿童观察学习的速度和水平。例如，娱乐明星的穿着打扮常被广大“粉丝”争相模仿。

直接强化、替代强化和自我强化。强化对人的观察学习行为具有调节作用。班杜拉区分了三种不同的强化，即直接强化、替代强化和自我强化。直接强化可以理解为“自己做，自己被别人强化”；替代强化是“别人做，别人被强化，自己也被强化”；自我强化则是“自己做，自己强化自己”。

（三）教育启示

班杜拉的模仿说在行为主义和认知主义之间架起了一座桥梁，也给教师和家长提供了有益的教育启示。一方面，要给儿童提供可以模仿的榜样，这个榜样最好是他身边的人、他崇拜的人，榜样的行为应有较大的价值，也比较流行。另一方面，给予儿童及时的教学反馈。既要正确引导学生总结榜样的成功经验，发挥替代强化的作用；也要鼓励学生对自己的达标行为进行适当、及时的奖赏，提升自我强化的作用。

阅读与思考

母亲的担忧

一天放学时，妈妈去接8岁的小智，看见他站在校门口对另一个同学口吐狂言："小子！你给我等着，明天老子就收拾你，小兔崽子，敢惹你大爷我！"妈妈很吃惊，自己的孩子小小年纪竟能说出这样的话。为此，她忧心忡忡。

思考：8岁的小智为什么会有如此言行？

第三节　儿童学习是大脑认知？

——认知主义学习理论

认知主义学习理论与行为主义学习理论不同，它的研究重点是个体内部心理过程，主要是认知过程。认知主义学习理论主要包含顿悟学习理论、符号学习理论、认知-发现学习理论、有意义学习理论和信息加工学习理论。

一、顿悟学习理论

（一）经典实验

苛勒的顿悟学习理论源自一系列黑猩猩实验，其中最为著名的是接竿实验和叠箱实验。接竿实验中，苛勒在黑猩猩的笼子外放了香蕉，笼子里面放了两根短竹棒，用其中的任何一根都够不着笼子外面的香蕉。然而，黑猩猩思考了一会儿，将两根竹棒像钓鱼竿一样接起来，就够着了香蕉。叠箱实验中，房顶上悬挂着香蕉，房内还有几个箱子。黑猩猩观察了房间内的东西之后，突然走到箱子旁边，将箱子挪到香蕉下面，叠加到一起，再站上去取香蕉。这两个实验结果说明，黑猩猩通过对问题情境的分析，领悟了整个情境各要素的关系，并随即采取行动，顺利解决了问题。

（二）核心观点

1. 学习的实质

学习实质上就是主体内部构造完形，实现知觉重组。知觉重组，不是把以往的知识进行无意义的任意联结，而是在认清事物内在结构与性质的基础上，从一种混沌的模糊状态转变为有意义、有结构的状态。

2. 学习的过程

苛勒指出，学习是对情境进行顿悟的过程，因此这个理论也被称为顿悟说。豁然开朗、恍然大悟、醍醐灌顶和茅塞顿开等成语描述的就是顿悟现象。他还发现，顿悟学习具有以下几个特点：第一，顿悟学习的过程是突然飞跃式；第二，顿悟学习内容保持的时间长；第三，顿悟学习结果易产生迁移；第四，顿悟学习本身具有奖励性。

3. 学习的规律

苛勒还提出，人们在顿悟学习的知觉重组过程中遵循“完形倾向律”。这条规律反映的是人们具有一种尽可能把被知觉到的东西整合为完形的倾向，可以概括为整体视角。典型的知觉规律有：时间和空间上接近的部分易被知觉为整体；相似的部分也易被看成整体；不完整的图形易被知觉为完整的图形等。课堂上，老师总强调多位数相加的竖式计算数位一定要对齐，关键词会用不同颜色的字突出，这些做法都是遵循完形倾向律的设计。

（三）教育启示

第一，教师可以利用心理完形激发学生的学习动力。学生在学习中遇到问题时，就会在心理上产生一个“缺口”，学生的认知发展实质上是不断地产生缺口和弥合缺口的过程。同时，他们又有最大限度地追求内心平衡的倾向，即心理完形。因此，教师需要适时给学生制造心理上的缺口，从而使学生产生弥合缺口的内部动力，尽量淡化外部奖励，以免阻碍学生对问题情境的顿悟。第二，教师应善于引导学生从整体上把握对象的本质。比如，教师引导学生掌握不同单元知识间的内在联系，促进学生形成完整的知识体系，并在全系统中获取事物的整体属性等。

资料超链接

格式塔学派[1]

“格式塔”是德文“Gestalt”一词的音译，意为“形式”或“形状”。在心理学中，格式塔表示任何一种被分离的整体。格式塔也被译为完形心理学。格式塔学派是心理学重要流派之一，由韦特海默、苛勒和考夫卡三位心理学家在研究似动现

①叶浩生．心理学史[M].北京：高等教育出版社，2005.

象的基础上创立。格式塔学派强调经验和行为的整体性，提出了接近原则、连续原则、相似性原则等知觉结构原则，主张采取自然的观察法研究直接经验，非常重视顿悟在学习中的重要性。

二、符号学习理论

（一）经典实验

1. 位置学习实验

托尔曼根据小白鼠走迷宫系列实验提出了符号学习理论。位置学习实验中，从起点到达食物槽有三条通道，第一条最短，第二条稍长，第三条最长。预实验中，托尔曼等研究者先让小白鼠熟悉每一条通道。正式实验中，研究者观察小白鼠在堵塞不同通道的情况下如何获得通道尽头的食物。结果发现，若三条通道都畅通，小白鼠选择最短的第一条通道；若第一条阻塞，小白鼠会选择第二条通道；若另两处都阻塞，小白鼠会选择第三条通道。实验说明小白鼠已经学会了有关通道环境、目标位置及到达目标途径等知识，并在头脑中形成了迷宫的格局。

2. 潜伏学习实验

实验中，小白鼠被分为三组走迷宫：甲组不给食物，乙组每天给食物，丙组开头10天不给食物，第11天才开始给食物。结果发现，前10天乙组犯错的次数和时间要明显低于甲组，而丙组与甲组犯错次数以及时间相似。第11天开始，丙组接受食物奖励，其学习效果明显加强，甚至超过了乙组。丙组虽然在前10天错误率比较高，但每次练习都促使其渐渐形成对路径的认知。托尔曼将丙组这种没有奖励时已经发生、但没有表现出来的学习现象称为潜伏学习。

3. 奖励预期实验

这个实验中，小白鼠的任务还是走迷宫，但分成两个组。甲组到达目的地后得到的是葵花子，乙组得到的是麦芽糖。结果发现，吃麦芽糖的乙组的速度要比甲组快。十天后，两组的奖励相互调换。结果反转了，原来吃得好的乙组比原来吃得差的甲组跑得更慢了。实验表明，当奖励没有达到预期时，不仅不能够加强原有的操作水平，反而会降低。

（二）核心观点

1. 学习的实质

托尔曼认为，学习实质上是刺激—中介变量—反应的联结。有机体内部状态的中介变量主要分为需要系统、信念价值动机和行为空间三种，这些中介变量虽不能直接被观察到，但它们是行为的决定者，反映了行为的目的性和认知性。

2. 学习的过程

学习是根据预期对周围环境进行认知，在头脑中形成目的、对象、手段三者联系的认知地图的过程，所以该理论也被称为认知-目的说。简言之，学习的过程就是学习者在头脑中形成认知地图。认知地图类似于在脑海里形成一张关于现场的地图模型，指导学习者基于最小努力原则做出行为反应。

3. 学习的规律

第一，学习具有目的性和整体性。学习不是盲目的，不能用割裂的视角描述学习行为。例如，小学生在语文课文的学习过程中，既有掌握生字词的明确要求，又有整体感知课文的学习目标。

第二，外部强化并非所有学习的必要条件，没有外在的强化物也会出现学习。比如，6岁的小程因为很喜欢音乐艺术，便主动向父母提出要学习声乐兴趣课，并根据声乐老师的要求超额完成练习任务。

第三，学习是期待的获得，只有学习结果符合认知期待，学习者才会表现出学习到的行为。比如，老师给小学生发奖品，如果一开始奖品很有吸引力，小学生就会产生对奖品的期待；而后奖品吸引力降低，小学生的学习效率不升反降，甚至会引发“佛系”学风。

（三）教育启示

第一，教师布置学习任务时，应告知明确的学习目标和具体要求，调动学生对学习结果的积极期待，也就是让学生对目标是什么、达到目标要做些什么等形成相对清晰的认知地图。第二，教师应意识到学生学习过程中存在潜伏学习的现象，奖励和惩罚并不是诱发学习行为的万能药，但可以通过给予适当的奖励，促进学生学习效果的展现。

阅读与思考

关键时刻“学神附体”

小学老师李某最近反思了自己十几年来的教育教学经历，发现一种很有意思的反常现象。班有些学生平时上课吊儿郎当，但每逢重要的考试，总能超常发挥、成绩优异。李老师将自己的疑惑分享给教学经验更为丰富的资深教师，那些老师也表示，自己所教的部分学生也存在这种现象。

思考：什么原因可能使这些学生在关键时刻“学神附体”？

三、认知-发现学习理论

(一)理论来源

布鲁纳的认知-发现学习理论源自伍兹霍尔课程改革成果。1957年,苏联先于美国发射了人造地球卫星,使美国政界十分震惊。他们分析了落后于苏联的原因,最终归咎于未能培养出大批高水平科技人才。美国决心改革教育,特别是中小学数学与自然科学教育。两年后,美国科学院召集一批数理学科专家和教育心理学家在伍兹霍尔开会,讨论中小学数理学科教育改革问题。这次会议由布鲁纳担任主席,讨论结果记载在《教育过程》这本书中。此后,认知-发现学习理论被正式提出。

(二)核心观点

1. 学习的实质是形成认知结构

认知结构是存在于人的大脑中的一套类别以及类别编码系统,类似于格式塔学派所说的完形。如果将知识的学习比作建造房屋的话,认知结构就是房屋的基本框架。例如,初次见到某儿童,可以通过其言谈举止形成对他的基本判断,做出推断的内在机制就是认知结构。

2. 学习的过程即形成认知表征系统

第一,认知表征是指个体将环境中的事物转换为内在心理事件的过程。儿童的认知表征能力随着年龄而增加,依次是动作表征、形象表征和符号表征。3岁以前,儿童主要通过摸、抓等动作,学会认识周围的事物及其特性,即"从动作中认知"。6—7岁后,儿童对事物的认识开始由动作表征发展为形象表征,儿童主要通过翻看图画、在头脑中想象事物的状态等方式获取知识。青少年时期,语言符号日益成为学生思维的重要工具,他们通过抽象的语言和符号表征事物来获取知识。

第二,新知识的学习过程包括获得、转化和评价三个环节。新知识的获得环节,儿童结合已有认知经验,理解新知识所描述的事物及其意义;转化环节,儿童对新知识进行分析和概括,并从不同角度进行归类;评价环节,儿童检查新知识的分类是否合理。

3. 发现学习是最佳方式

发现学习要求学生利用教材或教师提供的条件,自己独立思考,自行发现知识,掌握原理和规律。布鲁纳认为,发现学习重视儿童的学习过程,有利于提升问题解决能力;发现学习鼓励儿童大胆提出自己的猜想,有利于培养直觉思维;儿童进行了深层次的思考、探索,增加了知识保持与提取的效率;儿童通过发现学习获得成就感,有助于激发其内在学习动机。

(三)教学应用

结构教学观。布鲁纳曾说:"我们不论教什么学科,务必让学生理解该学科的基本结构。”他把学科的基本结构放在设计课程和编写教材的中心地位。实践中，多数教师都会在课堂教学中利用绘制知识图谱或者思维导图等方式，强化学生建立对整个学科知识基本结构的认识。

发现教学法。这种教学模式强调学生是教学活动的中心，教师只是起引导作用，挑战了教师中心的传统教学观；教学过程围绕一个问题情境展开，没有固定的组织形式；最终学生学会主动思考，建立自己的认知结构。

阅读与思考

《平行四边形的面积》教学设计

对《平行四边形的面积》的教学，江老师设计了如下教学过程：

第一步，复习导入。提问：什么叫平行四边形？它有什么特征？

第二步，设置疑问。提问：下面哪块菜地的面积大一些(展示两张图片)？

第三步，问题拓展。提问：平行四边形的面积怎样计算？能不能将平行四边形转化为长方形来算？如何转化？

第四步，动手操作。指导学生通过画、剪、移、拼，自己动手操作把平行四边形转化成一个长方形，让学生认识到长方形的面积与原来的平行四边形的面积相等。

第五步，合作探究。提问：求平行四边形的面积时需要知道哪两个条件？学生通过小组讨论，最终探索出平行四边形的面积等于底乘以高。

思考：江老师用了哪些方法启发学生学习？

四、有意义学习理论

(一)理论来源

奥苏贝尔反对行为主义学习理论将实验室研究结果直接应用于教育实践，也反对将人类学习与动物学习等同。于是，他在真实的学校教学情境中，通过长期的课堂观察，发现学生的学习有很多不同的类型。根据学习进行的方式，他把学习分为接受学习与发现学习；又根据学习材料与学习者原有知识结构的关系，把学习分为机械学习与有意义学习。

(二)核心观点

1.有意义学习的实质

有意义学习就是学习者将新旧知识之间建立起非人为的和实质的联系。非人为的联系，是指新旧知识之间存在合理的、有逻辑意义的联系；实质的联系，说的是新旧知识之间的联系是内在的、本质的、非字面的。

2. 有意义学习的条件

有意义学习的发生需要一定的先决条件。客观上，学习材料本身要具有一定的逻辑意义。例如，《九九乘法表》《拼音字母表》《元素周期表》等没有逻辑意义的材料，学习者很难做到有意义学习。主观上，学习者要具备有意义学习的心向，并且原有认知结构须有适当知识基础。比如，学习《望庐山瀑布》时，学生得对古典诗歌感兴趣，而且要具备诗歌、庐山、瀑布等基础知识，才能促使有意义学习发生。

3. 有意义学习的类型

根据学习材料的不同复杂程度，奥苏贝尔将有意义学习分为表征学习、概念学习和命题学习三类。其中，表征学习是最低层次的学习，是指学习一个符号或者一组符号所代表的事物的意义。例如，词汇的学习、非语言符号的学习以及事实性知识的学习等都属于表征学习。概念学习是同类事物关键特征的学习，比如学习"三角形"这一概念，就是掌握三角形有三个角和三条相连接的边这样两个共同的关键特征。而命题学习则是在若干概念之间建立关系的学习，像学习"智力是抽象思维的能力"这个命题，需要在掌握"智力""抽象思维""能力"三个概念的基础上进行。

4. 有意义学习的机制

有意义学习的机制就是同化。同化就是新知识通过与已有认知结构中的旧知识建立起实质性的、非人为的联系，进而被纳入已有的认知结构。根据新旧知识的抽象程度不同，有意义学习可以分为上位学习、下位学习和并列组合学习三种同化方式。区别三种同化方式的关键在于弄清新知识的抽象概括程度，如果新知识比旧知识更抽象就是上位学习，比旧知识更具体就是下位学习，新旧知识在同一层次则是并列组合学习。

（三）教学应用

讲授教学法。奥苏贝尔认为，有意义的接受学习是学生课堂学习的最佳方式，所以教师宜采用讲授教学法。讲授需要遵循逐渐分化原则，这个原则要求教师先传授最一般的、包容性最广的观念，然后根据具体细节对它们逐渐加以分化，这样可以为每个知识单元的教学都提供理想的固定点。之后要遵循整合协调原则，通过分析比较，将之前分化开的要素再一次有机组合起来。

"先行组织者"策略。"先行组织者"是指先于学习任务本身呈现的一种引导性材料。这种引导性材料可以是处于新知识上位层次的说明性组织者，也可以是与新知识同层次的比较性组织者。在进行教学活动之前，教师应该分析学生是否已具备学习该内容所需要的先前知识，当学生缺少这种知识时，可为学生提供"先行组织者"。

阅读与思考

“先行组织者”策略的应用

李老师最近感觉很困惑。他在每节课之前，都会给小学生讲一个和课程有关的故事，吸引学生们的注意力。他认为，这样能够将学生的注意力集中在他身上，学生的学习效果能得到提高。但结果却不尽如人意，学生的兴趣虽然被调动了起来，但对教学内容的掌握程度并不好。李老师很烦恼：为什么我的“先行组织者”不管用？难道课前小故事不是“先行组织者”吗？“先行组织者”和课程导入一样吗？

思考：李老师的哪些观点有偏差？

五、信息加工学习理论

（一）理论来源

认知心理学家把人看作信息加工者，把认知看作对信息的加工，因此常用计算机处理信息的过程作比拟，来说明人类的学习和人脑加工信息的过程。其中，记忆信息的三级加工模型认为，外界信息进入记忆系统后，经历了感觉记忆、短时记忆和长时记忆三个阶段。[①]加涅受认知心理学观点的影响，创造性地用信息加工模式说明学习过程，提出了信息加工学习理论。

（二）核心观点

1. 学习的信息加工模式

加涅提出的学习的信息加工模式如图 7-1[②]（图见下页）。起点是来自环境的外部刺激，这些刺激通过感受器转变为神经信息到达感觉记录器，其中一部分被感觉记录了的信息进入短时记忆。短时记忆里的信息经过编码贮存在长时记忆里。当信息需要使用时，通过检索从长时记忆中提取出来。信息被提取后，有的直接通向反应发生器；有的又回到短时记忆中进行确认，合适的则通向反应发生器，不合适的回到长时记忆中进行再次提取。成功提取出来的信息最终通过效应器作用于环境。

此外，该模式还包括执行控制和期望两个部分，它们影响着信息加工的整个过程。执行控制即已有经验对现在学习过程的影响，主要起调节和控制作用。期望即动机系统对学习过程的影响，主要起学习定向作用。从这个信息加工模式可以看出，人类学习的四个要素包括学习者、刺激情境、记忆和反应。

①彭聃龄．普通心理学[M]．北京：北京师范大学出版社，2012.

②伍新春，张军．儿童发展与教育心理学[M]．3版．北京：高等教育出版社，2020.

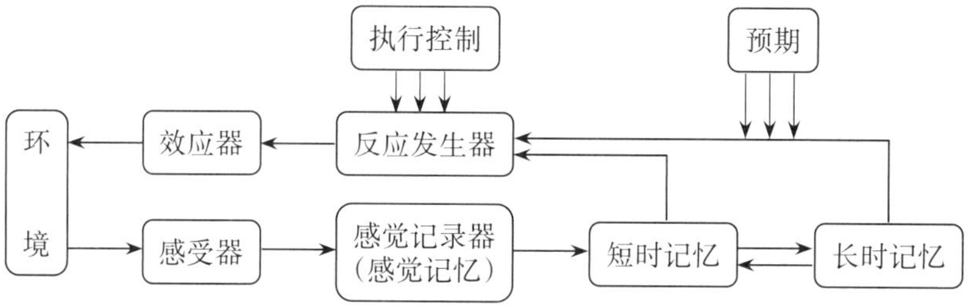

图7-1　学习的信息加工模式

2. 学习的八个阶段

根据上述信息加工模式，加涅提出人类的学习过程分成八个不同阶段。第一个阶段是动机阶段，此时学生将形成对学习目标的心理预期，从而产生学习兴趣。第二个阶段是领会阶段，学生将注意到学习相关的刺激，并对这些信息进行知觉，存储到短时记忆中。第三个阶段是获得阶段，学生将短时记忆中的信息进一步编码加工后，转入长时记忆。第四个阶段是保持阶段，学生会对获得的信息进行复述、强化，之后以一定的形式在长时记忆中永久地保存下去。第五个阶段是回忆阶段，也就是学生在头脑中检索所学过的内容，使其能够作为一种活动表现出来。第六个阶段是概括阶段，即学生把已经获得的知识和技能应用于新的情境之中，常常表现为学习的迁移。第七个阶段是操作阶段，学生通过完成必要的练习展示自己的学习效果。第八个阶段是反馈阶段，学生及时知道自己的作业是否正确，从而强化后续学习动机。

资料超链接

学习阶段与教学事件的对应关系

<table>
<tr><th>学习阶段</th><th>判断关键点</th><th>教学事件</th></tr>
<tr><td>1. 动机阶段</td><td>产生期望、兴趣</td><td>引起注意</td></tr>
<tr><td>2. 领会阶段</td><td>选择性知觉、注意集中</td><td>告诉学习目标</td></tr>
<tr><td>3. 获得阶段</td><td>编码存储、短时记忆</td><td rowspan="2">激发先前回忆
呈现刺激材料
提供学习指导
展现学习行为</td></tr>
<tr><td>4. 保持阶段</td><td>长时记忆、复述</td></tr>
<tr><td>5. 回忆阶段</td><td>提取、检索</td><td rowspan="2">促进保持和迁移</td></tr>
<tr><td>6. 概括阶段</td><td>迁移、延伸</td></tr>
<tr><td>7. 操作阶段</td><td>作业、练习</td><td>提供反馈</td></tr>
<tr><td>8. 反馈阶段</td><td>强化、测试</td><td>评定学习表现</td></tr>
</table>

（三）教学应用

加涅主张教师的教学程序应当与学生学习过程中的内部心理过程相吻合，因此创造了一套与学生的学习过程对应的“九五矩阵”教学法。[①]其中，“五”指的是五种学习目标，“九”指的是九类教学事件。加涅认为，个体通过学习会产生五种结果，由此产生五种学习目标，即言语信息、智力技能、认知策略、动作技能和态度。而且，这五种学习目标是跨学科的，每个学科都可以按照这五种学习结果制订具体的教学目标。九类教学事件依次是引起注意、告诉学习目标、激发先前回忆、呈现刺激材料、提供学习指导、诱发学习行为、提供反馈、评定学习表现、促进保持和迁移。教师的九类教学事件与学生的八个学习阶段是对应的，因此，九类教学事件的衔接是合乎逻辑顺序的。但是，它们也并非完全固定、机械刻板的，并不意味着在每堂课都要提供所有的教学事件。

资料超链接

学习的条件[②]

加涅指出，学习目标不同，所需的内部和外部条件也不尽相同。学习的内部条件一般存在于学生自身，是学生本身在学习前就具有的能力、经验或知识，也就是学生先前习得的技能。与内部条件相比，外部条件是独立于学生而存在的，一般是指由于学习内容不同而构成的不同条件，如教学环境、教师教学提供的信息等。在《教学设计原理》一书中，加涅对达成五种学习目标所需的内部和外部条件进行了具体说明(如表7-1所示)。

表7-1 学习的内部和外部条件

学习类型	学习的外部条件	学习的内部条件	
		必要条件	辅助条件
言语信息	①变化语调或字体，注意突出特征；②分块呈现信息；③提供有意义的背景，促进信息有效编码；④提供线索促进有限检索和迁移	按意义组织的一组语言信息	动作技能、认知策略、态度
智力技能	①突出特征吸引注意；②将内容控制在短时记忆限度之内；③促进回忆已学知识的从属技能；④从属技能的组合排序提供言语指导；⑤经常练习，定期复习；⑥创设多种情境促进迁移	较简单的智力技能(规则、概念、辨别)	态度、认知策略、言语信息
认知策略	①示范说明策略；②提供运用策略的多种机会；③对运用策略的效果进行反馈	特殊的智力技能	智力技能、言语信息、态度
动作技能	①提供动作程序的指导；②重复训练；③及时反馈动作的准确性；④鼓励运用脑力训练	部分技能(有时)，操作程序规则(有时)	态度
态度	①建立期望成功的态度；②使学生认同榜样人物；③安排个人行为选择；④提供成功的反馈，或显示榜样的反馈	智力技能(有时)，言语信息(有时)	态度、言语信息

①(美)R.M.加涅，等.教学设计原理[M].王小明，等译.上海：华东师范大学出版社，2007.
②(美)R.M.加涅.学习的条件和教学论[M].皮连生，等译.上海：华东师范大学出版社，1999.

第四节　儿童学习是主观诠释?

——建构主义学习理论

建构主义学习理论诞生于20世纪90年代,包括很多不同的理论倾向,大致分成个人建构主义和社会建构主义两类。个人建构主义源自皮亚杰,代表性理论包括维特罗克的生成学习理论、斯皮罗的认知灵活性理论等;社会建构主义源自维果茨基,代表性理论有哈钦斯的分布式认知理论、布朗等人的情境性学习理论。[①]持不同理论倾向的研究者在研究视角、使用术语等方面有所不同,但他们在某些主题上却存在一些共识,这些共识常被作为建构主义学习理论的核心观点,大体包括学习观、师生观和教学观。

一、学习观

(一)学习的内容

从学习内容的角度,建构主义学习理论提出了一系列关于知识的新观点。

第一,知识并不是对现实的准确表征,只不过是人们对客观世界的一种解释、假设或假说。课本上各种数学公式、物理定律,都是一种假说,不是最终答案。例如,物理学上对"光的本性"的解释,经历了"光是波""光是粒子""光又是波又是粒子"三个不同的认识阶段。

第二,每个人对知识的理解都是不同的。学习者对知识的真正理解,是基于自己的经验背景而建构起来的,取决于特定情况下的学习活动过程。死记硬背、囫囵吞枣式地复制知识,并不是对知识的真正理解。

第三,知识需要依存于具体的情境。在具体问题中,知识并不能直接拿来就用,而是要针对具体情境进行再创造。这就能解释为什么现实中很多人照搬成功人士的奋斗经验,却未必能获得成功。

(二)学习的实质

建构主义学习理论认为,学习实质上是学习者主动建构内部心理意义的过程。比如,儿童学习中国古代诗歌《静夜思》,其实就是他们根据自己以往的经验,主动建构自己对这首诗所表达思想和情感的认识的过程。

(三)学习的特点

第一,主动建构是学习最鲜明的特点。学习不是学生从外界被动吸收知识,而是主动建构知识的过程。学习不是由教师向学生传递知识。学生对知识的接收,只能由他自

①高文,徐斌艳,吴刚.建构主义教育研究[M].北京:教育科学出版社,2008.

己主动完成，以他们自己的经验为背景，分析知识的合理性。

第二，学习具有社会互动性。建构主义学习理论主张，协作、会话是学习活动发生的必要条件。学习过程常需要一个学习共同体的合作互动来完成，他们分享各种学习资源，共同完成一定的学习任务，这些互动和协作对于学生的知识建构有重要的意义。

第三，学习依赖具体的情境。因为知识不可能脱离活动情境而抽象地存在，所以学习应该与情境化的社会实践活动结合起来。学习者需要通过对某种社会实践的参与而逐渐掌握有关的社会规则、工具、活动程序等，形成相应的知识。

资料超链接

生成学习理论①

维特罗克于1986年提出了生成学习理论。该理论解释了学习者内部的生成作用，强调学习过程中个体的主观能动性。维特罗克认为，学习的实质就是一个主动建构和生成意义的过程，学习的生成过程就是学习者将已有认知结构与从环境中接受的信息相结合，主动选择注意信息并主动构建信息意义的过程。维特罗克借鉴了信息加工理论的研究成果，结合自己对学习过程的研究，提出了生成学习模式的信息加工流程，将学习过程分为注意和选择性知觉阶段、主动建构意义阶段、建构完成和意义生成阶段。第一阶段，学习者对感觉信息产生选择性注意，从而选择所关心的感觉信息；第二阶段，学习者要在该信息与长时记忆中储存的有关信息之间建立某种联系，通过检验确定建构意义是否成功；第三阶段，学习者达到对新信息的意义理解后，将这种意义按一定类属从短时记忆加入长时记忆中，以实现同化或顺应。

二、师生观

（一）学生观

学生作为学习的主人，他们的经验世界具有丰富性和差异性。学生不是空着脑袋走进教室的，他们在日常生活或先前学习中获得了丰富的经验与知识。同时，他们原有的知识经验是不同的，调动知识经验的程度相异，导致他们对接收到的信息的解释不同。

（二）教师观

建构主义学习理论对传统的教师角色提出了严峻的挑战，教师不再是掌握知识和仲裁知识正确性的唯一权威。建构主义学习理论提倡在教师指导下以学习者为中心的学

①李新成，陈琦．维特罗克生成学习理论评介[J]．山西大学学报（哲学社会科学版），1998（4）．

习，因此教师是意义建构的帮助者、促进者，而不是知识的传授者与灌输者。

三、教学观

建构主义学习理论强调，教学应引导学习者从原有的知识经验中生长新的知识经验。在这种教学观的影响下，形成了多种能够促进学生思维发展的具体教学模式。其中，具有代表性的教学模式有情境性教学、探究性教学、合作式教学。

（一）情境性教学

情境性教学模式源自学习的情境性特点。情境性教学强调真实的任务情境、情境化的学习过程、真实的互动合作以及情境化的教学评价。比如，为了让学生理解距离、时间和速度的关系，某数学老师拍摄了一段视频。视频里，数学老师去买一辆新车，交易之后遇到一些问题：是否能在天黑前把车开回家？车里的汽油够吗？中间什么地方可以加油？他的钱够加油吗？回答这些问题所需要的数据条件都隐含在视频里，学生需要从情境中提取出来，并利用学过的数学知识解决新问题。这种真实的情境问题可以激发学生的兴趣，促进学生对知识的深层理解，有利于理论知识到实践工作的迁移。

资料超链接

情境性学习理论①

布朗等人于1989年提出了情境性学习理论。该理论认为，知识是情境性的，学习的本质是个体参与实践，与他人、环境等相互作用的过程。情境性学习理论运用到教学实践中，产生了认知学徒制、抛锚式教学、交互式教学等模式。其一，布朗等人主张的认知学徒制，强调在真实的活动领域中获取、发展和使用认知工具，从而支持该领域的学习。认知学徒制是将手工作坊中行业传艺的师徒制运用到课堂教学中。其二，布兰斯福德等人发明了抛锚式教学，以真实事件或问题为锚，让学生在真实的问题情境中学习，学习者能够根据自己原有的知识经验去识别问题，并提出自己的见解。其三，帕林斯卡提出的交互式教学是一种训练学生阅读策略的教学模式，以教师和学生之间的对话为背景。交互式教学重视学习者之间的相互支持和促进，教师帮助学生就课文的理解来展开讨论。

（二）探究性教学

探究性教学模式对应学习的主动建构性特点。这种教学模式是学生在教师的指导

①崔允漷，王中男．学习如何发生：情境学习理论的诠释[J]．教育科学研究，2012(7)．

下,以类似科学研究的方式进行学习,在掌握知识内容的同时,能够体验、理解和应用科学的研究方法。探究性教学模式由于能够培养创新精神和实践能力,深受数学、科学、物理、生物、化学等学科教师的青睐。就像科学教师让学生去研究"向日葵为什么会随着太阳转动?",学生就要通过形成假设、搜集信息验证假设、得出结论、反思四个过程进行探究。

资料超链接

认知灵活性理论①

斯皮罗等人于1991年提出了认知灵活性理论。该理论区分了初级学习与高级学习。初级学习只需要一般原则、概念的学习,而高级学习则需要结合具体情境灵活地应用知识。为应对高级知识的复杂性和实例的差异性,他们创造了随机通达教学模式。随机通达教学的核心主张是,对同一内容的学习,要在不同时间、在重新安排的情境下,带着不同目的以及从不同的角度多次进行,以此达到获得高级知识的目标 。这种教学模式主要包括呈现基本情境、随机进入学习、思维发展训练、小组协作学习和学习效果评价五个环节,教师的作用是深化学生对知识的理解,做到"为理解而教"。

(三)合作式教学

合作式教学模式符合学习的互动性特点。合作式教学模式中,师生、生生之间通过讨论、交流、观点争论,相互补充和修改,共享集体思维成果,完成对所学知识的意义建构过程。教师常常将学生分成若干学习小组,设置一个较难的学习任务,小组成员充分互动与合作以共同达成小组学习目标,实现意义的建构。这种教学模式非常有利于学生人际沟通与合作能力的提升。

资料超链接

分布式认知理论②

分布式认知理论是哈钦斯于20世纪80年代中后期提出的一种学习理论。分布式认知是指认知分布于个体内、个体间、媒介、环境、文化、社会和时间等之中。哈钦斯主张,认知本质上是分布式的,认知现象不仅包括个人头脑中所发生的认知活动,还涉及人与人之间以及人与技术工具之间通过交互实现某一活动的过

①刘儒德.论认知灵活性理论[J].北京师范大学学报(人文社会科学版),1999(5).

②周国梅,傅小兰.分布式认知——一种新的认知观点[J].心理科学进展,2002(2).

程。他还就教室中的认知活动提出了分布式认知的同心圆模型。该理论提出了一种考虑认知活动全貌的新观点，注重环境、个体、表征媒体以及人工制品间的交互，分布式的要素必须相互依赖才能完成任务。因此，学习这项认知活动是在学习共同体的个体之间分布式完成的，这对当前教育领域倡导的合作学习、远程教育具有较大的理论意义。

第五节　儿童学习是潜能发挥?

——人本主义学习理论

人本主义心理学兴起于20世纪五六十年代的美国，主要代表人物是马斯洛和罗杰斯。马斯洛提出的自我实现人格理论、罗杰斯倡导的来访者中心疗法都是人本主义学习理论的主要思想来源。本节整合他们的观点，从学习观、师生观和教学观三个方面阐释人本主义学习理论的主要内容。

一、学习观

(一)学习的目的

人本主义学习理论主张学习的目的是使学习者成为一个完整的人。所谓“完整”，不仅是四肢健全，也不局限于知识技能的完善，更重要的是知情融为一体。完整的人，其躯体健康、心智成熟、情感丰富、人格健全、学会学习、适应变化，又称为功能完善的人。[①]这一观点放在当前我国教育背景下，可以理解为，学习是为了成为德智体美劳全面发展的社会主义建设者和接班人。

(二)学习的过程

人本主义心理学的基本假设是：每个人都如同一粒种子，只要给予适当的环境，就会生根发芽、开花结果；教育在这个过程中只是阳光、水和食物，但不是种子，自我潜能才是种子，每个人都有自我实现的潜能。[②]因此，人本主义学习理论将学生的学习过程看成在一定条件下挖掘潜能、自我实现的过程。

(三)学习的实质

学习实质上是有意义的自由学习。在罗杰斯看来，有意义学习是一种与每个人的各

①车文博.人本主义心理学[M].杭州：浙江教育出版社，2003.

②(美)安妮塔·伍尔福克.伍尔福克教育心理学[M].12版.伍新春，张军，季娇，译.北京：中国人民大学出版社，2015.

部分经验都融合在一起的学习，能够促进个体成长为“完整的人”；自由学习是个体基于自己的感受，不断探索自我、发现自己价值的过程。

资料超链接

有意义的自由学习①

有意义的自由学习具有全神贯注、全面发展、自觉发起和自我评价四个特征。这种学习中，学生的认知、情感都参与，全身心地投入；学习活动由学生主动设计和实施，学习的结果由学生自己进行评价，使得学生在行为、态度、个性等方面全面发展。有意义的自由学习需要以下条件保证：第一，以学生为中心，让学生自己选择学习方向、发现学习资源、确定学习路线、评价学习效果，是实现有意义的自由学习的内在理念条件；第二，让学生察觉学习内容与自我的关系，使那些内容对学生有个人意义。有意义的自由学习还需要和谐、关爱、理解的学习氛围，以及在社会一线真实体验各种角色，实现从做中学。

二、师生观

（一）学生观

罗杰斯认为学生是被尊重、理解、信任的人，具有自我实现的潜能。学生通过亲身体验学习活动进行自我发现、自我评价和自我创造，从而成为“功能完美者”。

（二）教师观

人本主义学习理论认为，教师的角色是学习的促进者，师生之间是平等的、朋友般的关系，教师对学生应持有真诚、无条件积极关注和同理心。真诚，意味着师生之间以诚相待；无条件积极关注，这一点要求教师对学生的接纳、关注、尊重；同理心，即教师要具有学生视角，能设身处地感受学生的思想、情感和态度。

三、教学观

人本主义学习理论提倡实施以学生为本的非指导性教学。非指导性教学过程中，学生是学习活动的主体，依靠自己进行自主学习；教师只需要提供间接性、不明确、非指令性的指导，创造温暖的、支持性的、自由的学习环境，并充分信任学生有自我实现的潜能。

①（美）卡尔·罗杰斯，杰罗姆·弗赖伯格．自由学习[M].3版．王烨晖，译．北京：人民邮电出版社，2015.

（一）课堂讨论模式

课堂讨论模式在各个学段都适用。这种教学模式要求师生围绕一个特定主题展开充分的讨论，学生可以提出不同的观点，教师力图使课堂讨论对每个学生都富有个性化的意义。当前基础教育实践中，头脑风暴、主题辩论等课堂活动即是这种教学模式的典型应用案例。

（二）自由学习模式

自由学习模式比较适合大学的课堂教学。这种教学模式要求师生共同决定学习内容、完成时间、学习形式和成绩评定，可见学生享有较大的自主权和选择权。当前我国高等教育领域，有不少选修课程采用了自由学习模式，但该模式下学生学业成就考评结果的公平性常受到质疑。

（三）开放课堂模式

开放课堂模式适用于学前阶段的教学。开放课堂上，教师会把空间分割为各种活动角，各个活动角放置着有吸引力的教学用具，然后安排学生到自己喜爱的角落，从事整天或一周的学习活动。对于这种教学模式，我国不少幼儿园已经进行了初步探索，发现开放课堂对幼儿的安全和幼师的专业素养带来了一定挑战。

阅读与思考

窗边的小豆豆

小豆豆因淘气被原学校退学后，第一次来到巴学园。小豆豆在校长面前打开了话匣子，一口气讲了4个小时！小豆豆感到，生平第一次遇到了真正喜欢自己的人！因为，从小豆豆出生以后直到现在，还从来没有一个人这么长时间地听她说话呢。而且，这么长的时间里，校长先生一次也没有打哈欠，一次也没有露出不耐烦的样子。他也像小豆豆那样，把身体探出来，专注地听着。

小豆豆还发现在巴学园里，没有固定的课程表，每一节课都是按孩子们的喜好而决定上什么；孩子们可以在大厅的地上画画，可以光着身子在泳池里游泳，可以带着毛毯来大厅露营，可以爬上自己的小树。于是同一个电车课堂里，有的写片假名，有的做物理实验，互不干扰。大家都心无旁骛地做着自己真正感兴趣的事情。

思考：校长的行为反映了什么教育理念？巴学园采用了哪种课堂教学模式？

本章小结

学习贯穿儿童健康成长的始末，学习心理是儿童发展与教育心理学的核心内容之一。本章重点阐释不同学派关于学习实质、学习过程和学习规律的观点，行为主义将学习解释为刺激与反应的联结，认知主义认为学习是形成和发展认知结构的过程，建构主义主张学习是主动进行意义建构的过程，人本主义认为学习是挖掘潜能、自我实现的过程。

【练习与实践】

王老师刚参加工作不久，他的课堂常常出现这样的情景：走在楼道里就听到班级里孩子们的喊叫声；上课铃响后还有些孩子在随便走动，有些甚至吃起东西来；说明课堂纪律要求就花费了很长的时间，那些听课的同学会问一些与所讲主题毫不相干的问题；需要大量的精力来维持秩序，最后一节课在一片嘈杂声中结束了……

如果你是王老师，该如何改变这种状况？

【成长直播间】

成长维度	内容				
	我收获了什么	成长等级			
		A	B	C	D
知识					
能力					
素养					

【学习加油站】

[1]（美）莱斯利·P. 斯特弗，等 . 教育中的建构主义[M]. 高文，等译 . 上海：华东师范大学出版社，2002.

[2]（美）约翰·D. 布兰思福特，等 . 人是如何学习的：大脑、心理、经验及学校[M]. 程可拉，孙亚玲，王旭卿，译 . 上海：华东师范大学出版社，2013.

第八章

儿童为什么学习？——学习动机

学习目标

1. 理解学习动机的类型和作用、学习动机理论的主要观点。
2. 应用小学儿童学习动机的激发策略。
3. 建立尊重生命权利的科学研究伦理。

知识导图

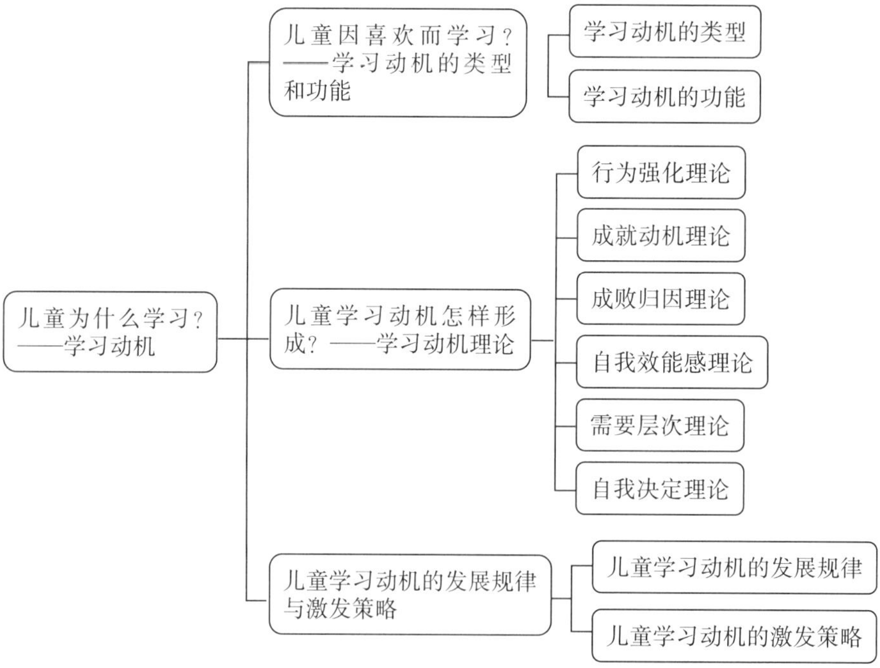

第一节　儿童因喜欢而学习？
——学习动机的类型和功能

学习动机是指激发个体进行学习活动、维持已引起的学习活动并使行为指向一定学习目标的内部心理状态。学习动机包含两个基本成分：学习需要（内驱力）和学习期待（诱因）。学习需要在学习动机结构中占主导地位，学习期待指向学习需要的满足。学习需要和学习期待相互作用，形成学习的动机系统。

一、学习动机的类型

（一）来源不同：内部学习动机和外部学习动机

根据来源不同，可以把学习动机分为内部学习动机和外部学习动机。内部学习动机由学生内在的需要而引起。例如，学生的求知欲、学习兴趣等内部因素，会促使学生积极主动地学习。外部学习动机由外部诱因所引起。例如，学生为了获得教师设置的积分奖励而努力学习，激发的是外部学习动机。

心理实验室

儿童绘画奖励实验①

心理学研究者雷帕等人于1973年进行了一项经典实验研究。教师们让学前儿童使用特制的画笔绘画，发现许多儿童热情很高。随后他们将这些儿童随机分成三组：第一组儿童被告知，如果他们愿意继续绘画，将得到奖励；第二组儿童虽未事先告知，但在绘画后也得到了意外的奖励；第三组儿童不接受任何奖励。数天以后教师们发现，儿童在自由活动时间绘画的主动性发生了变化：受到奖励的第一组儿童的绘画行为反而最少，只有第二组、第三组儿童的一半。据此可以看出，外部的奖励很可能削弱了原本的内部动机。

（二）推动力量不同：认知内驱力、自我提高内驱力和附属内驱力

根据学校情境中促使学生追求成功的推动力量的不同，奥苏贝尔等人把学习动机划分为认知内驱力、自我提高内驱力和附属内驱力。认知内驱力是一种理解事物、掌握知识以及解决问题的需要。在有意义学习中，认知内驱力是最重要而稳定的动机，指向学

①（美）菲利普·津巴多，罗伯特·约翰逊，薇薇安·麦卡恩．津巴多普通心理学[M].8版．傅小兰，等译．北京：人民邮电出版社，2022.

习任务本身，大多是从好奇心中派生而来。自我提高内驱力，是学生通过自己的能力或学业成就而获得相应地位和威望的需要。这种内驱力不直接指向学习任务，而是为了赢得地位和自尊。附属内驱力是指为了保持长者们或集体的赞许或认可而表现出的把学习或工作做好的一种需要。附属内驱力也不直接指向学习任务，强调的是获得重要他人或集体的赞扬和认可。

（三）时间不同：近景性学习动机和远景性学习动机

按照作用时间的差异，学习动机可以分为近景性学习动机和远景性学习动机。远景性学习动机和长远目标相联系，具有较强的稳定性和持久性。例如，学生为了长大后振兴家乡的教育事业而努力学习。近景性学习动机和近期目标相联系，稳定性比较差，容易受外部因素的影响。例如，期末考试临近，不少学生认真复习所学知识，是为了避免不及格。

二、学习动机的功能

（一）激活：行为产生

学习动机能激发学生产生某种学习行为，即激活功能。当学生对某些知识或技能产生迫切的学习需要时，就会引发学习内驱力，唤起内部的激活状态，产生焦急、渴求等心理体验，最终激起一定的学习行为。例如，小学生觉得自己知识薄弱，决定以后少打游戏多学习。

（二）指向：特定目标

学习动机会引导学生的学习行为朝向特定的目标，即指向功能。学习动机中的学习期待使学生的学习行为在初始状态时就指向一定的学习目标，并推动学生为达到这一目标而努力学习。比如，爱好数学的儿童在闲暇时间会主动做趣味数学题，而不太爱看热播电视剧。

（三）维持：克服困难

学习动机使学生保持适当的行为强度，直到选择的活动得以完成，即维持功能。学习动机让学生在学习过程中集中注意力，尤其是面对一些不利条件时，提高努力程度和增强意志力。不管严寒与酷暑，学生从不间断学习，就是学习动机维持功能的体现。

（四）调节：调整监控

学习动机可以调节学习行为的强度、时间和方向，即调节功能。如果学生的学习活动未达到既定学习目标，学习动机还将驱使学生转换行为活动方向，以达到该既定目标。

例如，小邓每天花10分钟学习课文的生字词，发现记不住读音和写法，于是他每天用30分钟学习课文的生字词。

资料超链接

学习动机越强越好吗？

耶克斯-多德森定律表明，学习动机和学习效果之间不是成正比的，学习动机水平应该按照任务难度不同而有所变化。首先，学习动机和学习效率之间是倒U形的曲线关系。刚开始的时候，学习效率随着动机的增强而变高，但到达一定的强度后，动机增强，学习效率反而会下降。其次，不同难度的任务，学习动机的最佳水平也不同。对于简单的任务，学习动机的最佳水平较高；而完成困难的任务，学习动机的最佳水平较低。

第二节 儿童学习动机怎样形成？
——学习动机理论

以往的研究者对学习动机的作用机制做出了各自的解释，提出了许多学习动机理论，大致分为行为主义、认知主义和人本主义三种取向。其中，行为主义用强化、惩罚解释学生的学习动机，认知主义则强调成就动机、自我效能、成败归因在学习动机中的作用，人本主义倾向于用自我决定和求知需要来解释学生的学习动机。

一、行为强化理论

斯金纳的行为强化理论认为，学习行为倾向取决于该行为与刺激之间因强化而建立的稳固联系。受到强化的学习行为，个体继续保持；相反，没受强化的学习行为，便会逐渐消退。实质上，行为强化理论把产生学习行为的原因归结于外部刺激的强化作用，而且任何学习行为都是为了获得某种形式的强化。

教师用外部奖惩手段维持学生的学习动机，能够收到立竿见影的效果，说明外部奖惩措施有一定的必要性。通常，这种外部强化方法对低年级的小学生很有效，可以利用五角星、分数、奖品等激发学生的学习行为。但是该理论只强调引起学习行为的外部动机，而忽视了内在学习动机。仅仅依靠外部刺激诱发的学习行为往往不能持久，要想持久维持学习行为，必须考虑学生的自觉性和主动性。特别是随着学生年龄的增长，他们的自主意识逐渐完善，很多学生反感教师向他们施加的外部压力，外部激励效果会大打折扣。

资料超链接

网络游戏的诱惑

一位父亲诉苦：儿子今年11岁了，天天玩网络游戏，不爱学习，我打也打过，骂也骂过，甚至摔了他的手机，他就是改不掉。我答应孩子按时完成作业就给他零花钱，起初他还愿意放下手机，不玩游戏，但是后来却没什么用了，依旧沉迷游戏。

思考：为什么作为强化物的零花钱没有太大作用？

二、成就动机理论

成就动机源自成就需要，是激励个体乐于从事自己认 为重要的或有价值的工作，并力求获得成功的一种内在驱动力。高水平的成就动机可以激发学生渴望知识的迫切愿望，使学生积极主动地参与学习活动，努力克服各种困难，最终达到学习目标，取得学业成就。

心理实验室

成就动机实验①

哈佛大学麦克里兰教授以5岁儿童为研究对象，考察儿童成就动机的个体差异。他让儿童走进一间屋子，手里拿着许多绳圈，然后让儿童用绳圈去套房间中间的一个木桩，并且让他们预测自己能够套中多少个绳圈。孩子可以自由选择自己站立的位置。结果发现：追求成功的孩子选择了距离木桩适中的位置；想避免失败的孩子选择了要么距离木桩非常近、要么距离木桩非常远的地方。

之后，密歇根大学阿特金森教授在大学生被试中完成了类似的实验。他把80名大学生分为4组，每组20人，明确告知他们同样的任务，但获得奖励的机会不同。第一组，只有成绩最好者能够得到奖励；第二组，成绩前5名者将会得到奖励；第三组，成绩前10名者可以得到奖励；第四组，成绩前15名者都可能得到奖励。结果显示：成功可能性适中的第二组、第三组成绩最好，成功概率太高或太低的组成绩则下降。

①王振宏.学习动机的认知理论与应用[M].北京：中国社会科学出版社，2009.

阿特金森认为,个体的成就动机包含追求成功的意向和避免失败的意向。成就动机涉及对成功的期望和对失败的担心两者之间的情绪冲突,而成就动机总的强度等于追求成功的倾向与回避失败的倾向之差。阿特金森还发现,人类的成就动机存在个体差异。他根据成就动机的不同强度,将个体分为追求成功者和避免失败者。追求成功者希望通过各种活动努力提高自尊心和获得心理上的满足,因此,他们最喜欢有50%可能成功的任务,对不可能成功或稳操胜券的任务并不感兴趣。相反,避免失败者会尽力防止自尊心受伤而产生心理烦恼,最反感有50%可能成功的任务,最喜欢非常容易或者非常困难的任务。

资料超链接

自我价值理论①和成就目标理论②

美国学者科温顿教授对"为什么有些学生不肯努力学习"进行了系统分析,提出了自我价值理论。该理论认为,人天生具有自我价值保护的需要,维护自我价值是学生学习动机的一个重要方面。与阿特金森不同,卡文顿根据学生追求成功和避免失败的倾向,将学生分为高趋低避型、低趋高避型、高趋高避型、低趋低避型四类。第一类高趋低避型学生,又称为成功定向者,他们拥有无穷的好奇心,对学习有极高的自我卷入。第二类低趋高避型学生,又称为避免失败者,他们有很多保护自己胜任感的策略,使用各种自我防御术,从外部寻找个人无法控制的原因来解释失败。第三类高趋高避型学生,又称过度努力者,他们同时感受到成功的诱惑和失败的恐惧,对学习任务处于又爱又恨的冲突之中。第四类低趋低避型学生,又称失败接受者,他们面临学业挑战时表现出退缩,对失败也不感到羞耻。

另一位美国心理学者德维克教授在能力理论的基础上,提出了成就目标理论。她认为,人们对能力持有不同的内隐观念,即能力实体观和能力增长观。能力实体观主张能力是固定的,不会因学习而改变;能力增长观倡导能力可以改变,通过学习可以提高。持不同能力观的学生倾向于设置不同的成就目标。持能力实体观的学生,更多设置表现目标,常选择过于简单或过于困难的任务,学习是为了向其他人证明自己的能力,也被称作自我卷入的学习者。持有能力增长观的学生,更多设置掌握目标,常选择中等难度的任务,其学习是为了个人的成长,又被称为任务卷入的学习者。

①Covington M V. The self-worth theory of achievement motivation: Findings and implications[J]. Elementary School Learning, 1984, 85(1)

②李抗,杨文登.从归因疗法到内隐理念:德韦克的心理学理论体系及影响[J].心理科学进展,2015,23(4).

三、成败归因理论

归因是人们对自己或他人活动及其结果的原因所做的解释和分析。韦纳认为，成败归因具有一定的动机功能，因为个体对成败的归因会影响其期望的改变和情感反应，这些归因后果又会影响后继行为。

表8-1中列出了韦纳总结的影响个体活动成败的六个主要因素，分别是能力高低、努力程度、任务难易、运气好坏、身心状态、外界环境。而且，韦纳还将每个因素根据稳定性、内外源和可控性三个维度进行了归类，每个影响因素的具体归类结果见下表。

表8-1 活动成败的归因模式

维度 因素	稳定性		内外源		可控性	
	稳定	不稳定	内在	外在	可控	不可控
能力高低	★		★			★
努力程度		★	★		★	
任务难易	★			★		★
运气好坏		★		★		★
身心状态		★	★			★
外界环境		★		★		★

韦纳的成败归因理论同样能够解释学生的学习动机，可分为积极的学业成败归因模式和消极的学业成败归因模式。积极的学业成败归因模式，就是学生将取得学业成功归因于能力强和够努力，如“我复习得很好”“我能力杠杠的”；学业失败是缺少努力的结果，如“我没复习好”。相反，把学业失败归因于自己的能力不足或不可控、不稳定的外部因素，则是消极的学业成败归因模式。当学生总是把学业失败归因于自己能力差等内部、稳定的因素，会诱发一些消极情绪，从而诱发习得性无助。

心理实验室

习得性无助实验①

积极心理学创始人塞利格曼教授发现了习得性无助现象。他把狗放进笼子里，并且笼子里边设有电击装置。铃声一响，他就给狗以电击。狗在最开始被电击时，会拼命挣扎，想要逃脱笼子，但经过努力之后，发现通过自己的挣扎是无法逃脱的，因此它挣扎的程度会逐渐降低。多次实验后，他们把这只狗放进另一个笼子，这个笼子中间用隔板隔开，狗可以轻易跳过隔板，躲过电击。当把经过前面实验的狗放进这个笼子时，铃声响起后，它不但不逃到没有电击的一侧，反而不待

①（美）马丁·塞利格曼.习得性无助[M].李倩，译.北京：中国人民大学出版社，2020.

电击出现，就倒在地上痛苦地呻吟和颤抖。实验中，狗的这种不愿意尝试且对成功充满绝望感的内在感受称为习得性无助。

四、自我效能感理论

班杜拉指出，自我效能感是人们对自己是否能够成功地进行某一成就行为的主观判断。这一概念来自其对效能期待和结果期待的区分，结果期待是对行为导致某种结果的估计，效能期待则是对能否做出某种行为的推测。当个体确信有能力做某件事时，会产生高度的自我效能感，进而做这件事，其自我效能感就具备了一定的动机功能。

班杜拉还发现，学生以往的学业成败经验、别人学习的替代性经验、重要他人的言语劝说以及本人的情绪唤醒状态都会影响他们的自我效能感。首先，学生的直接经验是影响自我效能感最重要的因素。一般而言，成功的经验会提高效能期待，多次失败会降低效能期待。其次，学生通过观察他人的行为来获得间接经验，对自我效能感的建立也有重要影响。当学生看到与自己水平一样的同学取得了成功，就会增强自我效能感，反之就会降低自我效能感。再次，学生对某种学习行为的自我效能感常会因为教师或同学的建议、劝说、引导而变化。有说服力的言语可以很好地激发学生的自我效能感，缺乏经验基础的言语效果则较差。最后，学生在学习时的情绪和生理状态也会对自我效能感产生影响。比如，学生处于低迷、紧张的负面情绪状态下，就会低估自己的自我效能。

趣味小测试

一般自我效能感量表①

指导语：请仔细阅读下面的描述，对每个项目根据自己的实际情况回答。

题项	完全不正确	有点正确	多数正确	完全正确
1. 如果我尽力去做的话，我总是能够解决问题的	1	2	3	4
2. 即使别人反对我，我仍有办法取得我所要的	1	2	3	4
3. 对我来说，坚持理想和达成目标是轻而易举的	1	2	3	4
4. 我自信能有效地应付任何突如其来的事情	1	2	3	4
5. 以我的才智，我定能应付意料之外的情况	1	2	3	4
6. 如果我付出必要的努力，我一定能解决大多数难题	1	2	3	4
7. 我能冷静地面对困难，因为我信赖自己处理问题的能力	1	2	3	4
8. 面对一个难题时，我通常能找到几个解决方法	1	2	3	4
9. 有麻烦的时候，我通常能想到一些应付的方法	1	2	3	4
10. 无论什么事在我身上发生，我都能够应付自如	1	2	3	4

①王才康，胡中锋，刘勇．一般自我效能感量表的信度和效度研究[J]．应用心理学，2001(1)．

五、需要层次理论

需要是由缺失或不足所引起一种内部的紧张状态。马斯洛的需要层次理论系统地阐述了人类的各种需要。马斯洛认为人类具有七个层次的需要,从下到上依次是生理需要、安全需要、归属与爱的需要、尊重的需要、求知的需要、审美的需要和自我实现的需要。其中,前四种属于缺失性需要,后三种是成长性需要。求知的需要是指认识事物、探究未来、发现问题、解决问题的需要,这一需要直接指向个体的学习动机。

马斯洛总结了人类需要的三个主要特点。第一,这些与生俱来的需要是从低级向高级不断发展的。婴儿期是生理的需要占优势,而后产生安全的需要、归属的需要,到了少年、青年初期,尊重的需要日益强烈。从青年中后期开始,自我实现的需要开始占优势。第二,需要所处的层次越低,力量越大,潜力越大。这些需要按一定的顺序逐级上升,低一级需要基本满足后,高一级需要才变成行为动力。比如小学生在课堂上累了、困了或饿了,便很难集中注意力投入学习活动,这体现了需要满足的顺序性特点。第三,同一时期个体可有多种需要并存,但总是有一种需要占相对优势地位,优势需要对行为起决定作用。各层次的需要相互依赖和重叠,高层次的需要发展后,低层次的需要仍然存在,只是对行为影响的程度大大降低。

阅读与思考

需要满足必须由低到高?

马斯洛的需要层次理论指出,应先满足低层次的缺失性需要,再满足高层次的成长性需要。但现实中也存在基本的生理需要没有得到满足的情况下仍然坚持学习的事例,如孙康映雪、废寝忘食、悬梁刺股等故事就描述了这种现象。还有无数革命先烈为赢得民族独立和人民解放,矢志不渝、奉献生命,没有满足安全需要,却满足了自我实现的需要。

思考:面对这些悖论,你怎样看待需要满足的顺序性?

六、自我决定理论

德西和瑞安提出了自我决定理论。该理论认为,人是积极的有机体,具有先天的心理成长和发展的潜能。自我决定是在充分认识个人需要和环境信息的基础上,个体对行动所做出的自由选择。自我决定的潜能可以引导人们从事感兴趣的、有益于能力发展的行为,这种对自我决定的追求构成了人类行为的内部动机之一。心理需要是内在动机产生的基础。他们确定了决定人类行为的三种基本需要:胜任需要、归属需要和自主需要。

在学习情境中，胜任需要涉及学生学习效能的感知和展示，自主需要强调学习活动出于自愿且能够自我调控，归属需要重点是从属于其他个体和团体的安全感。在这三种心理需要中，自我决定理论尤其重视自主需要，学生的自主需要越能得到满足，越能增强内部学习动机。

基于内部动机的学习行为优势明显，但外部学习动机仍然是客观存在的，关键在于促进外在学习动机的内化。自我决定理论阐述了外部动机向内部动机内化的过程。所谓内化，是将对外部偶然事件的调控主动地转换为内部调控的过程。该理论把动机内化过程看作一个自我决定程度不断增加的连续体，而非二分变量。在这个内化过程中，动机与调控的关系如图 8-1①所示。内部动机对应内部调控，外部动机依次对应外部调控、内摄调控、认同调控和整合调控，内部动机对应内部调控。

动机类型	缺乏动机	外部动机				内部动机
调控类型	没有调控	外部调控	内摄调控	认同调控	整合调控	内部调控
行为质量	← 非自我决定					自我决定 →

图8-1　内化过程中动机与调控的关系

心理实验室

德西效应②

德西曾随机选取一些学生单独解答有趣的智力难题。在实验的第一阶段，全部学生在解题时都没有得到奖励；进入第二阶段，部分实验组的学生每完成一道难题后，就得到 1 美元的奖励，而无奖励组学生仍像原来那样解题；第三阶段是自由休息时间，研究人员观察学生是否仍在做题，以此判断学生对解题的兴趣。结果发现，无奖励组学生比奖励组学生投入更多休息时间解题。这说明，进行一项愉快的学习活动，如果提供外部的物质奖励，反而会减少这项活动对参与者的吸引力。这种规律被称为德西效应。

①Ryan R M, Deci E L. Self-determination theory and the facilitation of intrinsic motivation, social development, and well-being[J]. American Psychologist, 2000, 55(1).

②Deci E L. Effects of externally mediated rewards on intrinsic motivation[J]. Journal of Personality and Social Psychology, 1971, 18(1).

第三节　儿童学习动机的发展规律与激发策略

各种学习动机理论从不同角度对学习动机的作用机制给出了解释,也给教师培养和激发小学生的学习动机提供了不少有益的教育启示。本节先分析儿童学习动机的发展规律,再总结激发儿童学习动机的主要策略。

一、儿童学习动机的发展规律

儿童的学习动机是不断发展变化的,这些变化主要体现在学习动机的主导成分、学习动机强度的持续性、学习动机的社会性因素等维度。

(一)从外部学习动机逐渐转化为内部学习动机

低年级儿童努力学习,往往是为了获得较高的分数,以此来博得教师、家长的奖励或同学们的羡慕,至少是免遭冷落、拒绝、批评或责备。中高年级的儿童由于年龄的增长和知识经验的丰富,学习兴趣逐步发展起来,其学习动机也逐渐由外部向内部转化。

(二)从直接学习动机逐渐转化为间接学习动机

低年级儿童的学习动机主要与学习内容相联系,他们喜欢生动有趣的学习内容,形式多样的学习活动。随着自我意识不断提高,中高年级的儿童开始将学习活动指向未来发展的远景性间接目标。

(三)从被动学习动机逐渐转化为主动学习动机

低年级儿童努力学习主要是遵从父母和教师的要求,带有明显的被动学习性质。随着知识经验的积累,中年级儿童开始逐步理解学习的社会意义,被动学习的状态有所改变。到了高年级,学生对社会责任与义务的认识进一步加深,使学习的主动性、自觉性显著提高。

二、儿童学习动机的激发策略

(一)充分利用反馈信息,恰当进行奖惩

斯金纳的行为强化理论启示教师可以充分利用反馈信息,激发儿童的学习动机。反馈就是让小学生及时了解自己的学习结果,如运用所学知识解决问题的成效、作业的正误、考试成绩的优劣等。反馈可以加强小学生进一步学习的动机,而且对其学习效果有明显的影响。教师给小学生提供反馈要清晰和具体,还应做到及时和频繁。符合这些要

求的反馈可以使小学生知道什么是正确的做法，从而激起小学生进一步学好的愿望和努力。

在提供学习结果反馈信息的基础上，行为强化理论还启示教师可以对小学生进行恰当的奖惩。首先，奖励宜当众，惩罚宜私下。当众奖励可以激起其他小学生模仿学习，私下惩罚利于保护小学生的隐私和自尊。其次，奖惩应明确、公正、适度。实践证明，模糊、不公平、过度的奖励起不到理想的激励作用。再次，切忌将学习任务作为惩罚手段。老师期望小学生认真完成作业等学习任务，如果做作业被当作惩罚手段，那就意味着做作业是学生表现不好的后果，学生们便会以做作业为耻。值得注意的是，教师实施奖惩的确可以激发学习动机，但使用过多或者使用不当，也会产生消极作用。

心理实验室

及时反馈实验①

心理学家罗斯和亨利开展了一项著名的反馈效应实验。他们将班级分成三组，在每天学习之后都进行测验，对第一组学生每天都告知其学习结果，对第二组学生每周告知其学习结果，对第三组学生则不告知其学习结果。结果显示：第一组成绩最好，第三组成绩最差，且成绩差异随时间推移而增大。八周后，把第一组与第三组的反馈情况调换，即对第三组学生每天告知其学习结果，对第二组学生仍然每周告知其学习结果，对第一组不告知其学习结果。结果显示：第一组成绩明显快速下滑，第二组成绩稳步上升，第三组成绩明显快速上升。到第十六周实验结束时，第三组成绩最好，第一组最差。

（二）合理设置课堂环境，适度竞争合作

课堂是学生学习的主要场所，课堂环境是影响小学生学习动机的重要外部因素。阿特金森的成就动机理论将个体分成追求成功和避免失败两类群体，教师应根据不同小学生的特点，合理设置课堂环境，倡导适度竞争与深度合作。

对于那些追求成功倾向比较强的小学生，可以考虑适当增加学习任务的难度，提供一些具有竞争性和挑战性的学习情境，最大程度地激发这类学生的学习动机。研究表明，竞赛是鼓励进取、激发学习积极性的手段。在竞赛中，学生的成就动机表现最为强烈，因而可以提高学习成效。不过，课堂上竞赛次数应适当，宜采用团体赛、分组竞赛、自我竞赛的形式，尽量少用对抗性极强的个人赛形式。个人赛不利于复杂作业的完成，会助长部分学生的自卑感，损害同学之间的融洽关系。

面对那些避免失败倾向更强的小学生，教师可以从简单的任务训练开始，给予其更

①章志光．心理学[M]．北京：人民教育出版社，2002.

多获得成功的机会,使其体验学习的成就感。同时,当学习任务比较困难时,教师可通过建立合作型课堂结构,鼓励其参与课堂中的小组深度合作,减少失败带来的焦虑。课堂合作情境涉及为共同目标而工作,因此在合作情境中常出现帮助行为和共同努力,学生之间存在着积极的相互依赖关系,共享成功的奖励和失败的后果。

资料超链接

课堂学习共同体①

学习共同体是由学习者和助学者共同组成的关系网络和学习型团体。课堂作为教与学活动的主要场域,担负着有效教学和深度学习的双重使命。课堂学习共同体主要由学习者、助学者、共同愿景、课程资源、学习情境、课堂氛围和共同契约等要素构成。课堂学习共同体因其具有挑战性的共同愿景、民主平等的文化氛围、智识共享的行为方式和获得发展的价值追求而成为落实深度学习的最优路径。

(三)引导学生积极归因,增强学业期望

韦纳的归因理论启示我们,采用积极的成败归因模式,能有效激发学生的学习动机。

一方面,教师要引导小学生形成能力增长观,把成功归因于自身的内部因素,以使他们体验到成就感,增强今后完成学习任务的自信心。比如,帮助小学生树立“只有努力才有可能成功,不努力注定要失败”的观念。

另一方面,教师应预防学生将失败归因于能力等稳定且不可控的因素,警惕习得性无助带来的危害,因为这种归因方式会严重挫伤学生的自信心。而积极的归因模式中,教师应引导学生将学业失败归因于不努力,这样会引起小学生的内疚感,进而维持他们对学业成就的期望,最终学生会趋向学习任务。

(四)培养自我效能感,获得成功体验

班杜拉的自我效能感理论揭示,自我效能感将直接影响个体的努力程度、任务选择和学习态度。因此,教师可以通过培养小学生的自我效能感以激发其学习动机。

第一,教师应选择难易适中的任务,让小学生不断获得成功体验,进而提高自我效能感。尤其是学业成绩不良的学生常常过分夸大学习中的困难,过低估计自己的能力,此时教师要引导小学生在完成学习任务、克服困难的过程中认识自己的能力。

第二,教师要引导学生观察那些学习能力水平相近的同学的学习行为,通过获得正向的替代性经验提高自我效能感,从而朝着既定的学习目标不断努力。此外,教师适当

①张晓娟,吕立杰.指向深度学习的课堂学习共同体建构[J].基础教育,2018,15(3).

的言语劝说也是激发小学生自我效能感的一种方式。特别是对于向师性比较强的小学低年级学生，教师的积极评价会使他们相信自己能完成给定的学习任务，进一步产生强烈的学习动机。

（五）积极创设问题情境，激发求知需要

马斯洛的需要层次理论指出，人具有追求真理、满足好奇心的求知需要，这启示教师可以通过积极创设问题情境满足小学生的求知需要，来激发其学习动机。教师创设似是而非、充满不确定性的情境，由此产生的矛盾、疑惑和惊讶等最能引发儿童的好奇心和学习兴趣。创设问题情境的常见策略包括：提出与学生已有知识相矛盾的现象；先教给学生基本法则，当学生理解后，再给他们举出不符合这一法则的事例；提出有多种选择答案的问题。

同时，根据马斯洛的需要层次理论，儿童低层次需要得到满足之后，才去追求高层次的需要。因此，教师还应饱含教育情怀，满足儿童爱和尊重的需要，给予儿童必要的关心、爱护、肯定和赞美。当儿童在学校里的缺失性需要都得到满足之后，他们会开始专注于满足自己的求知需要，产生更强的学习动机。

（六）促进外部动机内化，维护自主需要

自我决定理论指出，教师应该营造能够充分满足学生自主需要的学习环境，帮助学生培养自我决定的学习动机。这启示教师在课堂上应呈现新奇有趣的学习内容，主动给小学生提供自主学习的机会，鼓励小学生自主提问和探究，尽量避免用命令、呵斥的语气布置学习任务，尽量让学生体验“我的学习我做主”的感受。

实践中，学生的学习行为并非全都源自内部学习动机，所以教师工作的着眼点在于促进小学生外部学习动机的不断内化和整合。在面对枯燥的学习任务时，如果教师能提供更多的关于“为什么学习”的信息以帮助小学生理解学习的价值和意义，同时对小学生体验到的厌烦、受挫等消极情绪表示理解和接纳，小学生就能表现出更持久而有效的学习动机。

阅读与思考

10岁的小美家庭条件不错，但由于性格内向、胆子小，不善于与班上的同学交往。小美学习成绩不太好，她自卑地认为别人比自己强，所以不愿与其他同学沟通，课堂上从不主动发言，课下更不敢向老师请教问题。学期过半，小美感到自己各方面都不如别人，越来越不想去学校上课。

思考：假如你是小美的老师，会怎样激发其学习动机？

本章小结

学习动机是直接推动儿童产生学习行为的动力。本章呈现学习动机的分类与作用，并依次介绍了行为主义、认知主义和人本主义取向的主要学习动机理论，基于这些理论提出了针对小学儿童学习动机的激发策略。

【练习与实践】

不想努力学习

4年级学生欢欢上课总是不认真听讲，还时不时地走神，写作业也是草草了事。教师了解情况后，得知她之所以不想努力，是因为怕努力后仍然失败，这样大家便会觉得是她能力不行，但是如果她本身并未付出很多努力，这样即便考试分数低，也有充分的借口。

思考：假如你是欢欢的老师，会怎样解读欢欢的行为？如何引导她进行积极归因？

【成长直播间】

<table>
<tr><td rowspan="3">成长维度</td><td colspan="5">内容</td></tr>
<tr><td rowspan="2">我收获了什么</td><td colspan="4">成长等级</td></tr>
<tr><td>A</td><td>B</td><td>C</td><td>D</td></tr>
<tr><td>知识</td><td></td><td colspan="4"></td></tr>
<tr><td>能力</td><td></td><td colspan="4"></td></tr>
<tr><td>素养</td><td></td><td colspan="4"></td></tr>
</table>

【学习加油站】

[1]（美）亚伯拉罕·马斯洛．动机与人格[M].3版．许金声，等译．北京：中国人民大学出版社，2012.

[2]（美）拉弗尼．这样教学生才肯学：增强学习动机的150种策略[M].梁平，宋其辉，译．上海：华东师范大学出版社，2010.

第九章
儿童学习什么？——知识、技能与社会规范学习

学习目标

1. 厘清知识的分类和表征、技能的特点和分类、社会规范学习的实质，理解陈述性知识和程序性知识、动作技能和心智技能、社会规范的学习过程。

2. 应用小学儿童知识、技能与社会规范的教学策略。

3. 建立尊重科学规律的学习价值观。

知识导图

- 儿童学习什么？——知识、技能与社会规范学习
  - 儿童如何掌握知识？——知识学习
    - 知识的分类与表征
    - 陈述性知识和程序性知识的学习
  - 儿童怎样学会技能？——技能学习
    - 技能的特点和分类
    - 动作技能和心智技能的学习
  - 儿童怎样学会守规矩？——社会规范学习
    - 社会规范学习的实质和特点
    - 社会规范学习的过程
  - 促进儿童知识、技能和社会规范学习的教学策略
    - 促进儿童知识学习的教学策略
    - 促进儿童技能学习的教学策略
    - 促进儿童社会规范学习的教学策略

第一节　儿童如何掌握知识?
——知识学习

在学校教育中,知识是学生学习的基本内容。通过学习,学生能够获得和掌握知识并将其运用于实践,进而发展为能力。本节重点探讨什么是知识、知识有哪些类型、知识在我们的大脑中是怎样记录的等问题。

一、知识的分类和表征

(一)知识的定义

现代认知心理学将知识定义为:个体通过与环境相互作用后获得的信息及其组织。[①]信息是构建知识的材料,但知识并不等同于信息。比如,"今天桃花开了"是信息,从"桃花开了"的信息中总结出季节的变化,体现人与环境的相互作用,才是知识。

从实质上看,知识是人脑对客观事物的特征与联系的反映。简言之,知识是客观事物的主观表征。这说明知识是客观性和主观性的统一,既不是客体的副本,也不是由主体决定的先验意识。就像"地球围绕太阳转"是天文知识,它并没有完全复制自然界的事物,也不是毫无根据想象出来的,因为地球和太阳都客观存在。

(二)知识的分类

1.陈述性知识和程序性知识

安德森从信息加工的角度,将知识分为陈述性知识和程序性知识。

陈述性知识是关于事物及其关系的知识,包括事实、规则、事件、态度等,即关于"是什么、为什么、怎么样"的知识。比如,中国共产党创建于1921年,这属于陈述性知识。这类知识相对静态,容易用语言表达清楚,适宜书面测量,习得速度比较快。目前语文、英语等学科,小学生学习的主要是陈述性知识,常用填空题、判断题、简答题等形式考查。

程序性知识是完成某项任务的具体过程和操作步骤的知识,即关于"如何做"的知识。如怎么计算"(5+3)÷4"、驾驶机动车的操作步骤等,都属于程序性知识。程序性知识相对动态,习得速度比较慢,遗忘也慢。教育实践中,小学科学、体育等课程中涉及的程序性知识相对较多。

①皮连生.学与教的心理学[M].2版.上海:华东师范大学出版社,1997.

资料超链接

表9-1　陈述性知识和程序性知识的比较

	陈述性知识	程序性知识
别称	描述性知识	操作性知识
意识控制程度	有意识，激活速度较慢	自动化，激活速度较快
测验方式	直接加以回忆和陈述	借助某种作业形式间接推测
学习速度	获得速度较快，遗忘也较快	获得速度较慢，遗忘也较慢
解决的问题	是什么、为什么、怎么样	做什么、怎么做
性质	静态	动态

2.显性知识和隐性知识

根据表述的清晰程度，波兰尼区分了显性知识和隐性知识。显性知识能以书面文字、图表、数学公式等符号系统加以表述，也能有效地转移。比如，教师说“中国拥有56个民族”，儿童很快就能学会这条显性知识，并且很容易将它记录在课本上。显性知识在小学各科教材中常表现为概念、原理、数学公式等。

隐性知识是存储在个体头脑中的记忆、经验、技术、感受等，属于未被言语或其他形式表述的非信息知识。比如，幼儿在未接受正式的教育之前，已经能用合乎语法的句子表达自己的想法，但他却不能清晰地说出这些语法规则；小学儿童虽然说不清老师的具体样貌特征，但能在人群中迅速认出自己的老师。

资料超链接

表9-2　知识的其他分类①

分类依据	划分类型	具体解释
获得方式	直接知识和间接知识	直接知识来自个体亲身体验，间接知识来自书本
深度	感性知识和理性知识	感性知识是对事物外表特征和外部联系的反馈，理性知识是对事物本质特征与内在联系的反映
所有权	个人知识和公众知识	个人知识是独特的，公众知识是社会所享有的
抽象水平	具体知识和抽象知识	具体知识是具体而有形的、可直接观察到的知识，抽象知识是不能直接观察、须通过定义获得的知识
复杂度	结构良好领域知识和结构不良领域知识	结构良好领域知识是指由明确的事实、概念和规则构成的结构化知识；结构不良领域知识是指有关概念被灵活应用的知识

①张大均.教育心理学[M].3版.北京：人民教育出版社，2015.

（三）知识的表征

知识的表征，也就是知识在人脑中记载和存储的方式。由于所学知识、学习的过程及学习者自身情况不同，知识在个体头脑中的表征方式也有差异。

1. 陈述性知识的表征

陈述性知识的表征方式有概念、命题、命题网络、表象、图式等。其中，概念代表着事物的本质属性和本质特征，是陈述性知识的基础表征方式。比如“学生”这一概念，意思是“在学校接受教育的人”。

命题是意义或观念的最小单元，用于表述一个事实或描述一个状态。命题常用句子的形式表示，同一个命题可以用不同的句子表达。例如，“程老师热爱课堂”是一个命题，这个命题也可以用“课堂是程老师所热爱的”来表达。

命题网络由彼此联系的多个命题构成。比如，“平时严肃的程老师主动表扬了学习取得进步的靓仔”就是一个命题网络，包含了程老师平时严肃、靓仔学习取得进步、程老师主动表扬了靓仔三个相关命题。命题和命题网络是陈述性知识的主要表征方式。

表象是人们头脑中形成的与现实世界的情境相类似的心理图像。当客观对象不在面前时，个体会在观念中复现客观对象的形象，表象往往反映了事物的知觉特征。例如，教师讲解庐山瀑布“飞流直下三千尺”时，学生会在大脑中复现瀑布一泻千里的画面。

图式是将相互联系的概念、命题和表象组织起来而形成的有组织的认知单元，是对范畴的规律性做出编码的一种形式。这些规律可以是知觉性的，也可以是命题性的。例如，在“梅花”的图式中，既包含了不畏严寒的高尚品格，也包含了颜色和形状等知觉特征。表象和图式也是陈述性知识的重要表征方式。

2. 程序性知识的表征

程序性知识主要以产生式和产生式系统进行表征。产生式是条件与动作的联结，即在某一条件下会产生某一动作的规则，它由条件项“如果”和动作项“那么”构成。例如，儿童过马路的产生式：如果灯是红的，那么就要停下。运算中括号使用的产生式：如果计算题中含有括号，那么先算括号里的。

产生式是表征程序性知识的最小单位，几个互相联系的产生式就构成了产生式系统。比如，计算 1/4+1/5 的结果需要用到以下三个产生式：产生式（1），如果异分母分数求和，那么求分母的最小公倍数；产生式（2），如果已知最小公分母，那么以此作为分数的分母，分子扩大相应的倍数；产生式（3），如果同分母分数求和，那么分子相加分母不变。产生式（1）至产生式（3）就构成了异分母分数加法计算的产生式系统。

二、陈述性知识和程序性知识的学习

由于陈述性知识和程序性知识的学习过程不完全一致，两类知识的学习过程各有其鲜明的特点。下面分别介绍陈述性知识学习和程序性知识学习的具体阶段。

(一)陈述性知识的学习

当代认知心理学家认为，陈述性知识的学习可分为三个阶段，依次是获得和存储阶段、巩固阶段、提取和建构阶段。

1.陈述性知识的获得和存储

在获得和存储阶段，新的陈述性知识以句子形式被学习者感知并进入工作记忆后，激活了长时记忆中与之相关的旧命题，使它们也进入工作记忆，新旧命题通过共同的论题或关系形成命题网络，使得新命题能在命题网络中的适当位置得到存储。例如，儿童要学习“我爱中国”这个句子，在初次看到这个句子后，会激活大脑中原本关于“我爱祖国”“我爱母亲”等知识，使新知识“我爱中国”得以存储。

2.陈述性知识的巩固

陈述性知识获得并存储在长时记忆中的命题网络之后，如果长时间不再被激活和运用，则有可能被遗忘，因此需要对陈述性知识进行巩固。在巩固阶段，个体可以再次注意到知识获得的外部刺激，激活这个知识的命题表征，并有可能激活与它相关的其他命题，使命题之间的关系更牢固。例如，儿童习得“我爱中国”这个命题后，会主动复述几遍，还会边看边写进行强化。

3.陈述性知识的提取和建构

在提取和建构阶段，个体将搜索相应的陈述性知识来回答某个问题或完成某项任务时，问题和任务首先会被转化为命题表征进入短时记忆，将与该命题的节点有关的命题激活，并在长时记忆中找寻能够直接回答问题或完成任务的命题。如果被找到，则直接提取该命题进行应用；如果未被找到，则根据现有知识建构一个合理的新命题。比如，当需要回答与“爱国”相关的问题时，学生会在大脑中检索“我爱中国”这个命题直接应用，或者在“我爱中国”的基础上建构答案。

资料超链接

概念的学习①

一般来说，一个完整的概念应包括概念名称、概念属性、概念定义和概念例证四个部分。比如“岛屿”是概念名称，其定义为“一种被水包围的陆地，不像大洲那样大”，这个概念的属性涉及陆地(非大洲)、水、水包围陆地。

概念获得，实质上就是理解一类事物的共同关键特征。儿童获得概念的两种基本形式是概念形成和概念同化。概念形成是指通过对概念的肯定例证进行归纳，找到一类事物共同属性的过程。解释概念形成的主要理论有布鲁纳等人的假

①陈琦，刘儒德.当代教育心理学[M].3版.北京：北京师范大学出版社，2019.

设检验说、赫尔的联想理论、罗斯的范例理论。概念形成是学前儿童概念获得的典型方式。概念同化是指利用学习者认知结构中已有的概念，通过直接定义的方式向学习者揭示和说明新概念的关键特征，从而使学习者获得概念的过程。这一方式主要存在于课堂教学中，所以概念同化是学生获得概念的最主要形式。

(二)程序性知识的学习

程序性知识的学习分为陈述性描述阶段和程序化阶段。

1. 程序性知识的陈述性描述

陈述性描述阶段，学习者通过相关的陈述性表达获得新知识的有关命题。比如，小学生口头表述四则运算法则“先乘除后加减，有括号时先算括号内的”，就是对程序性知识的描述。

2. 程序性知识的程序化

程序化阶段，学生要通过大量练习，摆脱对陈述性知识的依赖，将其转化为程序性知识。以小学数学四则运算法则为例，小学生念几遍或写几次运算法则是不够的，还需要反复练习，直到遇到同类题目能自然而然地计算，不再需要刻意回忆计算法则的具体内容为止。也就是说，程序化阶段学生执行产生式要达到自动化的水平。

资料超链接

模式识别和动作步骤的学习[①]

程序性知识的学习可以分为两类：一类是模式识别的学习；一类是动作步骤的学习。模式识别的学习是指学会对特定的内部刺激模式进行辨认和判断。模式识别学习的主要任务是学会把握产生式的条件项，其心理机制是概括和分化。通过模式识别，学习者才能对事物加以分类和判断，回答“如何确定某物是什么或不是什么”的问题。例如，对于“这是不是一个圆？”“下列图形中哪一个是圆？”这类问题，需要运用模式识别的程序性知识来解决。

动作步骤的学习是指学会顺利执行、完成一项活动的一系列操作步骤，它主要是对产生式动作项的学习。例如，小学生学习两位数的乘法时，必须理解并记住两位数的乘法规则，根据其规则进行练习直到运算熟练，达到自动化程度。实际上，动作步骤的学习从陈述性的规则和步骤开始，动作步骤的执行则从模式识别开始。

①王振宏，李彩娜. 教育心理学[M].2版. 北京：高等教育出版社，2020.

第二节 儿童怎样学会技能？

——技能学习

学生的学习不仅限于概念、原理等知识的学习，还应有各种不同技能的习得，如此方可形成解决问题的能力。本节主要阐述技能的含义、特点和分类，以及动作技能和心智技能的学习过程。

一、技能的特点和分类

(一)技能的含义和特点

心理学家将技能定义为通过学习而形成的合乎法则的活动方式。这种活动方式既可以是外显的行为动作，也可以是内隐的思维操作，而且还应合乎一定的法则。根据技能的定义，可知技能具备以下三个特点。

1. 技能通过学习或练习形成，而非本能行为

技能并不是人天生就有的，而是通过后天的学习或练习形成的，需要经过不断的练习才能逐步熟练。词语“熟能成巧”描述的就是技能需要不断练习方可习得。但是像儿童遭遇危险时的躲闪行为，就不属于技能，因为遇到危险而迅速躲闪是人类的一种本能行为，并不是经过练习而掌握的本领。

2. 技能是一种活动方式，不同于认知经验

知识是一种认知经验，所要解决的是事物是什么及怎么样(陈述性知识)、做什么及怎么做(程序性知识)等问题；而技能是 ·种活动方式，要解决的是“会不会”以及“熟不熟”的问题，显然不同于认知经验。因此，程序性知识虽与活动的执行密切相关，但它仍只是一类专门叙述活动规则和方法的知识，只是活动的定向依据，而不是活动方式本身。因此，要真正掌握技能，不仅要掌握某些程序性知识，更重要的是要通过实际操作获得动觉经验，才有可能实现。例如，一个人领会了书本上关于游泳具体操作步骤的程序性知识，但他未必真能在水中熟练展示游泳这项技能。

3. 技能合乎一定的法则，区别于习惯动作

技能合乎一定的法则。合乎法则意味着技能不是习惯性的动作，也不是任意的操作组合，而是各动作的构成要素、执行顺序、执行要求等都必须符合活动的内在规律。比如，儿童随意的摆手、抖腿、摇头等惯性动作都不是技能，因为这些习惯性动作是在无意中简单重复养成的，且不一定符合法则。只有合乎法则的活动方式，才能对活动的对象进行有效的加工、改造，逐步向能力转化。

阅读与思考

技能和能力

技能和能力这两个概念有着密切的关系。首先,技能是形成能力的基础,因为能力的发展依赖于技能的获得,只有那些能够广泛应用和迁移的技能,才可以转化成能力。其次,能力又是掌握技能的前提,因为能力的高低会影响学习技能的水平。一个能力较强的人更容易习得技能,付出的时间和精力也相对少些。

思考:教师可以给学生直接传授能力吗?

(二)技能的分类

按照性质和特点,技能通常可以分为动作技能和心智技能两类。

1.动作技能

动作技能也称操作技能、运动技能,是指一系列的外部动作以合理的顺序组成的操作活动方式。像写字、绘画、弹琴等都属于动作技能。动作技能具有动作对象客观性、动作执行外显性和动作结构展开性三个特点。以前滚翻这项动作技能为例,学生做出前滚翻的动作对象是人体肌肉,这是物质性的实体,所以是客观的;前滚翻的动作执行出来,肉眼可见,因此有外显性;前滚翻可以分解成一蹬、二撑、三低头,再向前滚动,因而动作结构具有展开性,而且每个动作都不能合并或省略。

资料超链接

表 9-3 动作技能的类型①

分类依据	划分类型	具体解释
身体肌肉运动强度	精细动作技能	精细动作技能主要依靠小肌肉群运动,如写字
	粗大动作技能	粗大动作技能主要依靠大肌肉群运动,如跑步
动作的连贯性	连续的动作技能	连续性动作技能的动作不间断,如骑车
	不连续的动作技能	非连续性动作技能的动作彼此独立,如射击
对环境的依赖程度	开放性动作技能	开放性动作技能主要依赖周围环境提供信息,如踢足球
	封闭性动作技能	封闭性动作技能主要依靠个人内部反馈信息,如舞蹈
是否使用工具	器械型动作技能	器械型动作技能需要操作装置或工具,如击剑
	徒手型动作技能	徒手型动作技能无须使用工具或装置,如打太极拳

2.心智技能

心智技能亦称智力技能、智慧技能,是借助内部语言在人脑中进行的认知活动方式,

①刘启珍,彭恋婷.学与教的心理学:原理与应用[M].2版.武汉:华中科技大学出版社,2021.

比如默读、心算、写作、观察等都是心智技能。与动作技能不同，心智技能表现出动作对象的观念性、动作执行的内隐性、动作结构的简缩性。比如心算技能，学生心算活动的对象是存储在记忆中的知识和信息，属于主观观念的范畴；心算发生在学生的大脑中，显然这种动作执行具有内隐性；学生心算的时候，主要借助内部语言进行，不可能将每个动作展开，而是以合并、简化等方式进行，这就体现了动作结构的简缩性。

二、动作技能和心智技能的学习

动作技能和心智技能在动作对象、动作执行和动作结构方面有明显的差异，因此两种技能的学习过程也不同，接下来将分别阐述国内外不同学者关于动作技能和心智技能形成的具体阶段理论。

（一）动作技能的学习

动作技能的形成是一个复杂的过程。儿童在学习不同的动作技能时，都要经历几个类似的阶段。菲茨和波斯纳将动作技能的形成分为三个阶段，分别是动作的认知阶段、联结阶段和自动化阶段。冯忠良认为动作技能形成包含操作定向、操作模仿、操作整合和操作熟练四个阶段。

1. 菲茨和波斯纳的三阶段模型

在动作技能的认知阶段，儿童刚开始学习动作时，他们需要了解有关活动方式的知识，在头脑中形成关于动作过程的意象，这是动作技能形成的首要环节。儿童此时通过观察教师的示范动作，利用视觉表象进行编码。比如，儿童初学广播体操的时候，需要按照教师示范的动作进行尝试，他们会一边做一边想每一个动作，在用手脚不断模仿动作的同时，头脑中也会形成一个画面，想象自己身体的动作是怎样的。这时候，学生工作记忆的负担非常重，而且由于对动作不熟悉，往往出现较大的错误，前后动作常常出现不一致。

接下来是动作学习的联结阶段。学生在这个阶段会把组成动作技能的具体动作逐一进行分解，并试图发现它们是如何构成的，最后尝试性地完成所学新技能的各个动作。概括之，就是先分解，再组合。还是以儿童学习广播体操为例，他们先是将每一节广播体操的动作逐一学会，熟悉之后再将不同小节连贯起来，形成更大的动作单元，直到所有动作都完成。但在联结阶段的初期，学生的动作显得迟缓，其正确性、稳定性和灵活性都比较差，而且在完成这些动作之后容易感到紧张和疲劳。活动结构上，表现为动作之间不够协调，常有顾此失彼的互相干扰现象。随着练习次数的增加，动作间相互干扰的现象会逐渐减少。

最后一个阶段是动作的自动化。这时学生对这种活动方式的意识控制水平大为降低，整个动作的完成不需要有意注意参与，似乎是自动发生的。动作表现为敏捷、正确、稳定和灵活;动作之间协调一致,没有了多余的动作。紧张感消失,疲劳的程度也相对降低。在自动化阶段,只要有一个信号,学生就能迅速而准确地完成动作,甚至可以分配注意力于其他事情。比如,生活中不少厨师一边炒菜,一边和别人聊天;老奶奶可以一边织毛衣,一边看电视。值得注意的是,学生只有经过大量、充分、长期的练习,才能达到自动化的程度。

2.冯忠良的四阶段模型

操作定向阶段:学习者将了解操作活动的结构与要求,在头脑中建立操作活动的定向映象。定向映象既包括有关操作动作本身的各种信息,也涉及与动作技能学习有关的各种内外刺激的信息。有了这种定向映象,学习者在以后进行实际操作时就会知道“做什么”和“怎么做”。例如,学生学习跳高的时候,会首先了解跳高的规则,并在头脑中演练从何起跳、如何起跳等一系列具体步骤,形成跳高的动作表象。

操作模仿阶段:即实际再现出特定的动作方式或行为模式。模仿是将头脑中形成的定向映象用外显的实际动作表现出来,把“知”转变为“行”。比如,学生知道如何跳高后,必须将这种认知水平的信息加工以实际的肌肉动作表现出来。模仿可以检验已形成的动作定向映象的水平,还可以加强个体的动觉感受。不过这个阶段的动作表现出稳定性、准确性与灵活性较差,协调性较差、相互干扰,主要靠视觉控制,比标准速度慢等特点。

操作整合阶段:即把模仿阶段习得的动作固定下来,并使各动作成分相互结合,成为定型的、一体化的动作。例如,在学习跳高技能的整合阶段,学生需要将助跑、起跳、过杆、落地四个动作进行整合,并准确把握四个动作之间的联系,使整套动作结构合理化。在这一阶段,学习者动作的稳定性、精确性和灵活性有所提高;各个成分趋于分化、精确,相互干扰减少;视觉控制逐渐让位于动觉控制;疲劳感和紧张感降低。

操作熟练阶段:所形成的动作方式对各种变化条件具有高度的适应性,动作的执行达到高度的完善化和自动化。当学生对跳高的动作有了准确的把握,甚至不必思考动作的规则,即可顺利完成整套动作,说明其已经进入操作熟练阶段。动作技能达到熟练程度,常有以下四个标志:第一,动作品质表现出高度的灵活性、稳定性和准确性;第二,动作结构流畅协调、干扰消失;第三,动作控制方面,动觉控制增强、视觉注意范围扩大;第四,动作的心理和体力消耗降至最低,具有轻快感。

阅读与思考

广播体操的学习

在小学体育课上,江老师一边借助屏幕给小学生播放体操运动员的标准动作视频,一边对动作要求进行细致讲解,还对一些较难掌握的动作进行重点分析。之后,江老师组织同学们做模仿练习,并对练习时的分解动作进行拍摄,让同学们将自己的动作与运动员的标准动作进行比较，引导大家进行互评和自评，并讨论通过何种练习方式可以更快地掌握动作。体育课快结束的时候，同学们基本能够完成本节课所学的广播体操。

思考：请运用动作技能学习的阶段理论分析江老师本次课教学过程的合理性。

（二）心智技能的学习

心智技能与动作技能的形成过程不同，但也遵循一定的阶段性规律。加里培林认为心智技能是通过外部实践动作内化而形成的，心智活动的形成要经历五个基本阶段。冯忠良在加里培林五阶段模型的基础上，结合长达30年的“结构-定向”教学实验结果，提出了心智技能形成的三阶段理论。

1.加里培林的五阶段模型

第一，活动定向阶段。这是一个准备阶段，学习者在从事某种活动之前需要先了解做什么和怎样做，从而在头脑中形成对活动本身和活动结果的表象，进行对活动本身和活动结果的定向。比如，儿童在学习加法运算时，先要知晓加法运算目的是求几个数的和，运算的客体是事物的数量，运算的操作程序和方法，运算的关键是进位等，由此在头脑中形成完备的定向映象。

第二，物质或物质化活动阶段。学习者在这一阶段的主要任务是通过从事物质活动或物质化活动，掌握活动的真实内容。其中，物质活动是借助实物进行活动，物质化活动是指借助实物的模型、图片、样本等代替物进行活动。比如，儿童可以用小木棒或卡片中的小棒来计算加减法。在这个阶段，学习者能借助实物或模型完成所学心智活动的每个具体操作，并概括该心智活动的法则，逐渐使动作方式和语言活动结合起来。

第三，有声的外部言语活动阶段。此时学习者不再依赖于实物或模型，而是通过有声的外部语言来执行心智活动。比如，儿童念乘法口诀“二二得四”来实现乘法计算，通过念叨“马走日，象走田”学习下象棋。通过这种出声的言语活动，学习者可以抽象并简化各步操作，促使心智活动定型化。

第四，不出声的外部言语活动阶段。学习者在离开了实物，也无出声语言，只看到嘴动但听不到声音的情况下，以词的声音表象、动觉表象为支柱进行智力活动。这个阶段是从外部言语向内部言语转化的开始。

第五，内部言语活动阶段。此时学习者已经能做到内部言语思考，整个运算过程在他们的头脑中完成，思考也高度简化、概括、自动化。比如在做计算题的时候，学生不用回忆步骤和公式，而是在大脑中自动进行运算，迅速获得计算结果。

2.冯忠良的三阶段模型

原型定向阶段。学习者了解心智活动的实践模式或原型活动的结构，知道该做哪些动作，怎样完成这些动作，动作完成的次序和要求，从而明确心智动作的方向。这个阶段的主要任务是确定所学心智技能的操作活动程序，并使其动作结构在头脑中得到清晰的反映，为后续操作提供内部控制经验。原型定向阶段相当于加里培林所提出的活动定向阶段。

原型操作阶段。学习者把自己在头脑中建立起来的操作活动程序，以外显的物质或物质化操作方式付诸执行。在这个阶段，操作在学习者头脑中得以反映，并以展开的方式逐一呈现，从而获得完备的动觉映象。这种动觉映象是心智技能形成及内化的基础。原型操作阶段对应加里培林提出的物质或物质化活动阶段。

原型内化阶段，学习者心智活动的实践模式从外部言语开始转向内部言语，最终向头脑内部转化，达到定型化、简缩化、自动化。此时，学习者摆脱了原型中物质客体和外观形式，将实践模式内化为一种熟练的思维活动方式。原型内化阶段涵盖了加里培林的有声的外部言语活动、不出声的外部言语活动和内部言语活动三个阶段。

资料超链接

奇妙的珠心算[①]

珠算是我国古代劳动人民重要的发明创造之一，现正式被列入人类非物质文化遗产名录。珠心算是在大脑中以算珠表象作为载体，运用珠算法则所进行的计算。在珠心算的学习过程中，珠算是基础，通过算盘的操作，学习者了解四则运算的方法。随着操作技巧的熟练，学习者脑中的影像逐渐建立，逐渐摆脱实际打算盘操作等形体动作的限制，透过影像的仿真操作，产生心算的功能。珠心算对提高儿童脑的认知机能和促进儿童的思维发展有重要意义，具体表现为珠心算训练能够增强注意的集中度和选择的灵活性，拓宽逆序数字空间，提高数字搜索速度和信息提取能力。

第三节　儿童怎样学会守规矩？

——社会规范学习

儿童的学习，除了认知领域、技能领域的学习外，还有社会规范的学习。儿童在社会规范学习中形成品德，成为适应社会的人。本节重点阐述社会规范学习的实质和特点、社会规范学习的具体过程。

①高民，沈泓．珠心算的心理机制实验研究述评[J].心理科学，1999(5).

一、社会规范学习的实质和特点

社会规范是社会组织根据自身需要提出的用以调节成员社会行为的标准或准则，如法律、道德、习俗、组织章程、校规校纪、家训家风等。社会规范的功能主要体现为对个体行为的控制、引导以及对社会秩序的维护。

（一）社会规范学习的实质

社会规范学习的实质是个体在特定社会环境中，认识并自觉遵从社会规范的过程。这个过程既是个体适应社会生活的过程，也是规范行为内化的过程。通俗地说，就是把“别人的规则”变成“自己的规则”。比如，2015年修订的《中小学生守则》的第一条是“爱党爱国爱人民”，这条规则是教育部制定的，即“别人的规则”；小学生在老师的教导下，逐渐将这条外化的行为要求内化成自觉遵守的行为准则，就变成了“自己的规则”。

（二）社会规范学习的特点

1. 情感性

在社会规范学习中，情感过程渗透在认知学习和行为方式学习的所有方面。没有情感体验的规范认知，是僵化的教条；没有情感驱动的规范行为，是被动的盲从。现实中，儿童迫于教师权威而被动遵守纪律，往往无法实现对其日常行为的导向功能。因此，与知识、技能学习不同，情感性反映了社会规范学习的本质特征。

2. 约束性

社会规范不仅约束个体的认知，还会约束个体的行为方式。无论是关于“应该做什么”的倡导性规范，还是关于“不该做什么”的禁止性规范，都能制约个体的社会化进程。比如，儿童学习班规，可以约束其在班级活动中的行为。但是这种约束并非完全强制，会受个体的主动性影响。

3. 延迟性

社会规范学习的效果显现需要较长时间，因而具有延迟性。例如，儿童养成诚实守信的习惯需要漫长的过程，其结果也不能立刻显示出来。

资料超链接

小学儿童社会规范学习的发展规律[①]

第一，小学儿童的道德认识和道德行为不完全同步。有些孩子明明知道应该怎么做，不该做什么，却还是不按照规范执行。比如，低年级的小学生都知道应该遵守课堂纪律，不能随意说话，但课堂上说悄悄话的学生并不在少数，导致老师总是要花费很多时间来维持课堂纪律。

①伍新春，张军．儿童发展与教育心理学[M].3版．北京：高等教育出版社，2020.

第二，小学儿童道德行为的控制经历了由外而内的转变过程。低年级的儿童遵守道德规范主要靠父母和老师的监督，中年级儿童道德行为的外部控制减弱，而内部控制尚未建立；高年级儿童逐渐有了自己的内在道德需要，内部控制开始起作用。因此，小学儿童的道德行为发展过程呈现出明显的“马鞍形”特点。

第三，小学儿童学习社会规范表现出从接受教育到自我教育的演变。一般说来，小学低年级的儿童习得道德规范，主要是通过接受父母和老师等重要他人的教导。当小学生遇到道德难题时，总会期待老师主持公道。而小学高年级的儿童逐渐坚守自己认定的道德规范，可通过自己反省解决品德问题。

二、社会规范学习的过程

在学校教育背景下，儿童社会规范学习的核心内容是道德规范学习。因为品德是社会道德规范在一个人身上内化的产物，所以社会规范学习的过程在一定意义上就是品德形成发展的过程。按照内化水平的不同，社会规范的学习分成依从、认同和信奉三个阶段。

（一）对社会规范的依从

在社会规范的依从阶段，儿童对行为要求的依据或必要性尚缺乏认识，甚至有抵触的认识和情绪时，既不违背，也不反抗，仍然遵照执行。依从表现出一定的盲目性、被动性、工具性和情境性，因此这个阶段是社会规范学习的低层次水平。如果没有了外部监控，他们往往会无视规则，放任自流。实践中，教师常会禁止学生抄袭作业，但没有教师在场的时候，小学生抄袭作业的现象并不少见。

心理实验室

阿希从众实验①

实验以男性大学生为被试，每组7人，坐成半圆形，其中6人是实验者的助手，只有1人是真正的被试。实验中，主试给所有被试展示了一条标准直线X，同时出示用于比较的其他三条直线A，B，C，其中有一条和标准直线X长度一样。然后，主试让所有被试判断与X等长的直线是哪一条。主试故意把真的被试安排在最后一个作答，而前面6个假被试故意说出不符合事实的答案，借此观察真被试的反应。结果发现，大约有35%的真被试有从众反应。

①侯玉波．社会心理学[M].2版．北京：北京大学出版社，2007.

（二）对社会规范的认同

在社会规范的认同阶段，儿童不仅表现出遵守社会规范的行为，而且从认识和情感上也一定程度上认可了规范的必要性。以过马路等红灯为例，如果有个别人不遵守交通规则闯红灯，此时儿童会像大多数人那样原地等待绿灯才通行，因为儿童认同闯红灯这个行为既违法也危险。在这个阶段，儿童对社会规范的认同具有一定的自觉性、主动性和稳定性，大致可以分为偶像认同和价值认同两类。比如，儿童认同社会规范是随着对榜样的敬慕而发生的，这种敬慕会使他们接受榜样所代表的社会规范，这属于偶像认同。儿童因认同诚信友善本身的意义和必要性而遵从该社会规范，就属于价值认同。

（三）对社会规范的信奉

社会规范学习的最高阶段是信奉，也称为“内化”。在这个阶段，儿童对社会规范及其价值有了比较深刻的理解，并将其纳入自己的价值信念，真正变成了“自己的规则”。儿童对已经内化的规范会表现出高度的自觉性、主动性和坚定性，他们按照自己的价值标准为人处世，能感到快乐和满意；违背了那些规范，会感到内疚和焦虑。比如，向来尊师友爱懂礼的小朋友，在某次争吵中不小心说了脏话，他内心便会自责和后悔。

阅读与思考

好习惯难以养成

王老师是一位小学教师，他对学生的要求十分严格，经常要求学生不要讲脏话、不要乱扔废纸……而这位教师讲课情急时，常常“笨猪”“死脑子”“蠢货”不绝于耳，教具丢在讲台下方。虽然王老师没少用嘴皮子，没少用各种惩罚手段，但是班上学生仍然粗话连篇，纸屑杂物随处可见。王老师百思不得其解。

问题：请你从社会规范学习的角度，分析为什么这些学生没有养成好习惯？王老师该如何破解这个难题？

第四节　促进儿童知识、技能和社会规范学习的教学策略

前三节介绍了儿童在知识、技能和社会规范学习过程中的阶段特点，这启示教师应遵循这些基本规律，实施促进学生进行不同类型学习的教学策略。本节分别阐述陈述性和程序性知识的教学策略、动作和心智技能的教学策略以及社会规范的教学策略。

一、促进儿童知识学习的教学策略

(一)促进儿童陈述性知识学习的教学策略

1. 组块容量拓展和充分精加工

在陈述性知识的获得和存储阶段,教师应训练小学生合理使用工作记忆的容量。有研究表明,工作记忆的容量是有限的,只有7±2个组块。所以,教师要引导小学生通过集中注意力、理解意义和获取背景信息三个步骤,实现记忆组块容量的拓展,使其更顺畅地建立新旧知识之间的联系。

在这个阶段,教师还要促使小学生对新知识进行充分的精加工。精加工的方法之一是多表征策略,即使用多表征表达同一个命题。教师帮助小学生从不同角度灵活地理解新知识,不停留在字面的、机械的、固定的理解上。多通道策略也是精加工的有效方法,教师要注意引导学生尽可能多地建立通往新知识的途径和通道,使通达新知识的线索更多。

2. 及时复习强化

在陈述性知识的巩固阶段,教师要提醒小学生及时对所学新知识进行复习。那些存储在小学生记忆中的新知识,会因为得不到必要的强化而发生遗忘和改变。因此,教师要通过指导小学生合理安排复习进度和内容,提高复习的深度,优化复习的效果,帮助其不断与消极的遗忘作斗争。

3. 知识组织化和系统化

在陈述性知识的提取和建构阶段,教师要帮助小学生对所学知识进行组织化和系统化。陈述性知识的提取和建构都依赖于命题网络的良好组织和结构,因此教师应有计划地督促小学生对所学知识进行归类、组织和系统化,才能使新旧知识融会贯通,构建出最优化的命题网络,增加知识结构的可辨别性、清晰性和稳定性,以促进陈述性知识的高效提取。

阅读与思考

《方程的意义》教学设计

【导入】一、创设情境,出示式子

1. 利用天平图创设情境,建立“等式”的概念

2. 利用天平图创设情境,建立“不等式”的概念

3. 根据天平的三种不同情况写出不同的式子

4. 借助天平图感受不同的式子

【讲授】二、引导分类，概括概念

1. 通过小组活动对所有式子进行分类

2. 小组展示交流

3. 通过分类提炼出方程的意义

【练习】三、联系比较，深化概念

1. 等式和方程的形式辨别（填空）

2. 方程和等式的关系理解（判断）

3. 方程的本质判别（讨论）

【拓展】四、走进生活，体会方程的作用

1. 看图提取数学信息

2. 根据数量关系列方程（线段图）

3. 独立完成变式题

【小结】五、全课内容提要

1. 板书方程的意义

2. 布置课后作业

思考：该教学设计中运用了哪些促进陈述性知识学习的教学策略？

（二）促进儿童程序性知识学习的教学策略

由于程序性知识学习第一个阶段的主要任务是掌握相应陈述性知识，所以前面讲的促进陈述性知识学习的教学策略也适用。除此以外，教师还可以采用以下策略促进儿童程序性知识的学习。

1. 分解产生式的条件和结果

小学生在课堂上学习的程序性知识通常包含多个产生式，所以在陈述性描述阶段，教师可将程序性知识的完整思维过程分解成若干个产生式，并明确告知小学生每个产生式的条件和结果，使他们明白每个产生式应在什么时候用，用了会有怎样的结果，从而明确具体的操作步骤。比如数学教师给小学生讲授计算方法时，常常把每一个计算步骤都分解出来，再一步一步演算。

2. 布置适当的练习

在程序化阶段，教师应给小学生布置适当练习，以提高程序性知识学习的准确性和速度。布置的练习刚开始的时候要简单，完成时间不宜太长；后期逐渐加大难度，变换题型，增加灵活性。比如，数学教师设计运算法则练习时，先是单一的加法、减法运算，再做独立的乘法、除法运算，最后才是加减乘除四则混合运算。

3. 提供变式、正例和反例

在程序性知识学习的全过程中，教师都可以提供变式、正例和反例。教师提供的变式，应具有典型性和概括性，便于小学生把握这类知识的使用情境。同样，教师挑选的正例，要能反映相应知识的本质特征，反例要与正例有较多的非本质特征的共同点。通俗地说，反例要有足够的迷惑性，让小学生产生混淆。恰当的正例和反例，可以促进分化，提高知识学习的准确性。

阅读与思考

《立定跳远》教学设计片段

1. 师：刚才同学们学青蛙跳都学得不错，这时候我们就一起来学习这节课要学习的内容立定跳远。立定跳远和青蛙跳动作方法是差不多的，同学们先看看老师的示范，同学们再来做。

2. 教师边示范边讲解动作要领。师：第一步预摆，第二步后摆，第三步起跳，第四步腾空，最后一步落地。

3. 师：刚才老师把立定跳远的动作完整地做了一遍，现在请你们想想怎样才能把这个动作做好，立定跳远和青蛙跳有什么区别？

4. 学生边讨论边举手回答。

5. 现在就请同学们自己来学一学，看谁学得快。

6. 学生自由练习和分组练习。

7. 各组优秀者上前表演。

8. 全体展示立定跳远。

9. 教师模仿学生错误动作，予以纠正。

思考：该教学设计中运用了哪些促进程序性知识学习的教学策略？

二、促进儿童技能学习的教学策略

（一）促进儿童动作技能学习的教学策略

1. 清晰讲解与准确示范

在儿童动作技能的学习初期，教师需要通过准确的讲解与示范，帮助小学生形成准确、清晰的动作意象。教师讲解速度不能太快，语言应简洁、概括和形象，重点突出动作要领，降低小学生的认知负荷。教师示范动作一定要正确，宜先进行整体动作的示范，再进行分解动作的示范，以便小学生能直接观察和模仿。

2. 关注高原现象和起伏现象

必要的练习对动作技能的形成非常重要，尤其是在动作技能学习的中后期，容易出现高原现象和起伏现象。高原现象是练习中出现的短时停顿情况，引起高原现象的原因有缺乏新方法、热情和兴趣下降以及疲劳过度等；起伏现象描述的是成绩忽高忽低的情况，引起这种现象的原因包括学习动机、注意力集中情况、情绪状态、学习环境等因素的改变。因此，教师一定要有足够的耐心应对这两种现象，帮助小学生深入分析原因，并给予有针对性的指导和教育。

资料超链接

过度学习[①]

过度学习，是指达到一次完全正确再现后继续识记的记忆。艾宾浩斯通过无意义音节记忆实验发现，过度学习材料比刚能回忆的材料保持效果较好。一般说来，学习程度以150%为佳，其效应也最大。超过150%，会因学习疲劳而发生“报酬递减”现象，学习的效果就会逐渐下降，出现注意力分散、厌倦、疲劳等消极效应。

3. 合理使用外部反馈和内部反馈

影响动作技能学习的因素中，反馈的重要性仅次于练习，且适用于动作技能学习的全过程。反馈分为外部反馈和内部反馈，两者使用的时机有所差异。在动作技能学习之初，外部反馈作用大，此时教师介入频繁一些较好，要及时指出小学生不准确的动作。随着动作技能学习的深入，小学生慢慢具备了内部动觉体验，这时内部反馈作用更大，教师偶尔给予指导和提醒即可。

给教师的建议

高效外部反馈

第一，在动作技能学习初期，外部反馈必须简明扼要。如果外部反馈过于复杂或精细，学生就可能无法很好地接受。随着动作技能学习的进步，教师可以慢慢提高反馈的复杂度和精细度。第二，教师在使用外部反馈指出学生动作的错误时，需要告之如何纠正错误，否则学生动作改进的速度很慢。

①莫雷．教育心理学[M]．北京：教育科学出版社，2007.

（二）促进儿童心智技能学习的教学策略

1. 注意原型的完备性、独立性和概括性

在心智技能学习之初，教师应注意心智技能原型的完备性、独立性和概括性，帮助小学生建立起清晰的原型定向映象。比如，某教师要培养小学生记叙文写作这项心智技能，他将写记叙文的六要素、写作顺序和要求等操作程序加以说明，让小学生完整地了解写作活动的结构，并在头脑中独立理解该心智活动的结构及其操作方式，训练小学生尝试不同主题的记叙文写作。

2. 准确展开心智活动操作，监控活动掌握程度

在定向阶段完成之后，教师要借助于实物或模型把构成心智活动的所有动作系列，按照一定的顺序开展示范，不能遗漏或缺失动作。同时，每个动作完成之后教师要监控，及时查明动作是否正确完成以及掌握的程度，确保小学生获得动作映象和经验。例如，小学生学习8+4的进位加法时，教师可结合实物小木棒的演示，把其运算步骤分为可以操作的“想”“分”“算”三个环节，然后观察学生自主操作这三个环节的正确性和连贯性。

3. 适应心智技能形成的阶段特点，正确使用言语

言语在心智技能形成的全过程中具有重要作用。言语在心智技能学习初期，主要是标识动作、对活动起组织作用。在这个阶段，教师应使用表现力强、易于小学生理解的言语词汇描述动作及其结构要素。而在心智技能学习中后期，言语的作用是巩固形成中的动作表象，向概念性动作映象转化。此时教师的教学重点应放在变换动作对象，提升活动方式的概括水平，逐步促进小学生心智活动由外部言语转向内部言语。

三、促进儿童社会规范学习的教学策略

（一）利用大众媒体和同辈群体正向示范

在儿童社会规范学习的依从阶段，教育教学策略以“导行”和“践行”为核心。教师可以充分借助无形的外部力量，尤其是大众媒体和同辈群体的作用，促使儿童履行相应的社会规范。大众媒体中偶像和同辈群体中的好友，对儿童习得社会规范的影响最显著。比如，有个小女孩非常固执，不管老师怎么劝，她也不肯分享自己的文具给同桌，无奈之下，老师告诉她某位明星就很爱帮助同学，经常把自己的东西借给班上的同学。此时，这个女孩立刻就把自己的橡皮借给了同桌。

（二）增加教师威信和信息可信度

在儿童社会规范学习的认同阶段，教育教学策略以“晓理”和“明义”为核心。通常来说，威信较高的教师，其教育观点和要求更容易被小学生接受。因此，教师应树立威信、态度鲜明、赏罚公正、以身作则，不可偏心、言行不一、模棱两可。除了威信，教师实施劝

导时所用信息的可信度也要比较高，应给儿童提供完整的教育信息。特别是在高年级学生学习某个新的社会规范时，教师不仅要陈述利于自己立场的观点和例子，同时还可以尝试说明相反立场的可能性，让学生通过充分的对比，意识到新的社会规范更有道理，从而对这条新规范的必要性产生认同感。

（三）激发儿童对规范行为的情绪体验

在儿童社会规范学习的信奉阶段，教育教学策略以“共情”和“感悟”为核心。教师可以通过共鸣法、渲染法，促使小学生产生与规范执行的必要性一致的情感体验。例如，小学生习得“敬业奉献”这条规范，教师可以通过宣扬不同领域劳模的光荣事迹，激发小学生对兢兢业业的劳动者的崇敬之情，从而主动内化“敬业奉献”的职业准则。

阅读与思考

偷试卷

4年级的小林平时成绩一般，但总想找个机会一鸣惊人。期末考试前一天，小林走过教导处门口，看到里面没人，就走了进去，一眼看到放在玻璃储物柜的语文试卷。他想，机不可失，正当他打开柜门时，教导处张主任突然走了进来。张主任严肃地对小林说：“平时不努力，现在偷试卷，你这品德真糟糕！”小林哀求道：“我下次再也不敢了，请不要处分我。”张主任怒道：“没门！”几天后，学校宣布了对小林的处分决定。

思考：请从社会规范习得的角度，谈谈张主任应如何引导小林。

本章小结

知识、技能和社会规范是儿童在学校学习的主要内容，也是奠定儿童未来发展的基石。本章重点探讨了儿童知识学习、技能养成和社会规范习得的具体过程，并根据不同阶段特点提出了相应的教育教学策略。

【练习与实践】

李老师收到了学生妈妈的短信：“今天笑笑回家后，说她书包里有两块肥肉。老师告诉她不能挑食和剩饭，但是她从小就不吃肥肉，于是就把肥肉偷偷藏进书包里。我看着油乎乎的书包哈哈大笑。麻烦老师明天告诉她可以不吃肥肉，可以剩在碗里。小朋友挺听老师的话，谢谢您了。”

假如你是李老师，你会如何引导笑笑养成不挑食的好习惯？

【成长直播间】

<table>
<tr><td rowspan="3">成长维度</td><td colspan="5">内容</td></tr>
<tr><td rowspan="2">我收获了什么</td><td colspan="4">成长等级</td></tr>
<tr><td>A</td><td>B</td><td>C</td><td>D</td></tr>
<tr><td>知识</td><td></td><td colspan="4"></td></tr>
<tr><td>能力</td><td></td><td colspan="4"></td></tr>
<tr><td>素养</td><td></td><td colspan="4"></td></tr>
</table>

【学习加油站】

[1]陈静静.学习共同体:走向深度学习[M].上海:华东师范大学出版社,2020.

[2]贾云海.智慧学习——智能时代不一样的学习方式[M].北京:中国人民大学出版社,2021.

[3]梁营章,张华毓.清华附小的德育细节[M].上海:华东师范大学出版社,2013.

第十章

儿童如何学习？——学习策略

学习目标

1. 熟悉学习策略的特点和分类。
2. 综合应用学习策略引导小学儿童开展学习活动。
3. 养成高效学习的价值观，发扬求真务实、保护儿童的科学伦理精神。

知识导图

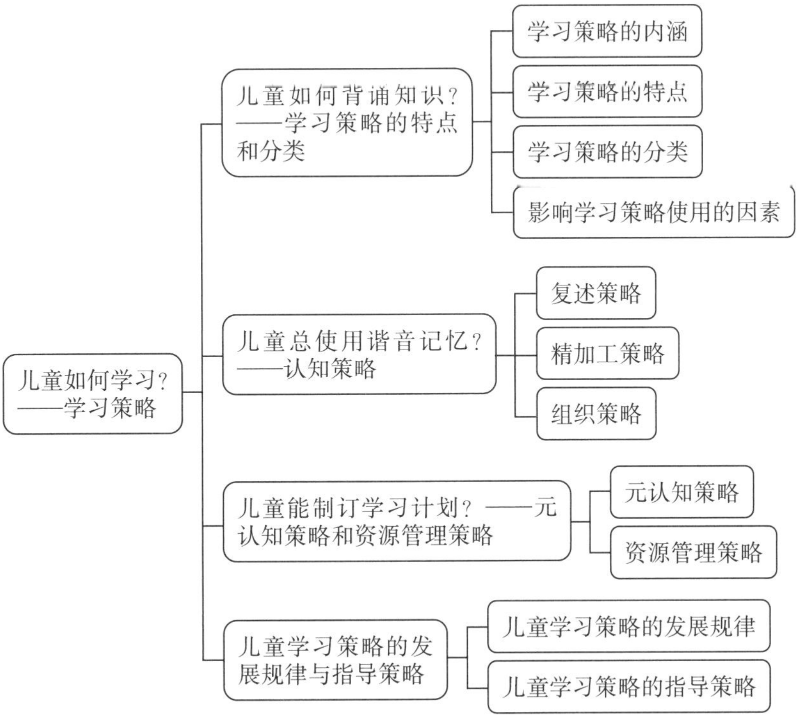

资料超链接

电流科学实验的学习

林丽是一个对科学感兴趣的6年级学生。她前天晚上就预习了内容，知道今天要做一个关于电流的实验。她在笔记上标明了日期，并写上“电流/电”，然后翻到有关这些内容的那一章。这样老师开始讲课的时候，林丽已经做好了一切准备。

当老师开始讲课时，林丽马上就开始记笔记了。她发现自己根本就跟不上，所以她试着用自己的话把老师的讲课内容简化一下，然后记下来，这样就好多了。她很快又发现自己的笔记越记越乱，于是开始按照老师所说的进行制图。下课的时候，林丽觉得自己在这节课上收获颇丰。

从案例中不难看出，林丽能够根据学习任务和自己的实际情况制订学习目标和计划，选择合适的学习方法。在学习过程中，她能够对自己的学习状况进行及时有效的监控，遇到困难时积极思考可行的学习策略等。可见，林丽是个“会学习的人”。随着信息时代的来临，学生无法在学校里获得未来生活和工作中所需要的所有知识。因此，面对社会变化日益加速的现实，学习科学方法比学习科学知识本身更有价值，这使学习策略逐渐成为人们关注的焦点。

第一节　儿童如何背诵知识？

——学习策略的特点和分类

当个体获得了某一领域的相关知识，具备了从事某一活动的相关技能时，是否就拥有了进行某一领域活动的相应能力呢？心理学家的答案是不一定。在知识和技能转化为能力的过程中，学习策略起着重要的调节作用。那么，什么是学习策略？它又有哪些特征和主要的类型呢？这些都是需要明确的问题。

一、学习策略的内涵①

目前，对学习策略的界定多种多样，概括起来主要有以下三种观点：

第一，把学习策略看作学习活动或步骤，认为学习策略是在学习过程中用以提高学

①彭小虎，王国锋，朱丹. 儿童发展与教育心理学[M]. 上海：华东师范大学出版社，2014.

习效率的任何活动，是选择、整合、应用学习技巧的一套操作过程，是能够促进信息的获得、储存和利用的一套过程或步骤。

第二，把学习策略看作学习的规则、能力或技能，认为学习策略是内隐的学习规则系统，在广义上指对有效地学习和保持信息有帮助的并且是必需的各种能力。

第三，把学习策略看作学习计划，认为学习策略是学习者为了完成学习目标而制订的复杂计划。

综合各方观点可见，学习策略就是指学习者为了达到有效学习的目的而制订和使用的规则、方法、技巧及其调控方法的总和。这一定义明确指出，使用学习策略的目的是有效学习，具体而言，可以从以下几个方面来把握这一概念：

首先，学习策略是学习者为了达到学习目标而主动使用的。如前面案例中的小学生林丽，在发现自己记不下老师所说的全部内容时，便试着简化老师的话再记下来，这就是她主动使用学习策略的表现。

其次，使用学习策略有助于提高学习质量和学习效率。例如，学生记诵一篇课文，如果一遍一遍地朗读，只要有足够的时间，他们也能记住，但保持的效果可能比较差，花费的时间也比较多。如果学生懂得采用先整体识记再分段识记后尝试背诵的方法，并且及时复习，记忆保持的效果就可能更好。

再次，学习策略是学习者制订的学习计划，规定了学习的规则、方法、程序等。学习过程不同，相应的学习策略也不同。但是同一类型的学习过程，存在着基本相同的学习策略。

最后，学习策略是后天习得的，并且能通过训练得到提高。研究表明，大量的练习是熟练掌握和使用学习策略的必要途径。通过教学进行直接的或间接的训练，能够有效地促进学生学习和使用学习策略。

二、学习策略的特点

学习策略的特点会影响学习者对学习策略的使用，因此，只有了解了它的特点，才能有针对性地指导学生运用学习策略。

（一）操作性和监控性的有机统一

操作性和监控性是学习策略最基本的特性。学习策略既然是学生用来促进学习效果的各种技巧和方法，那必然具有很强的操作性。学习策略的操作性体现在学生认知过程的各个阶段，它能够为有效认知提供各种方法和技能。同时，由于学习策略在不同情境下的适用性有差异，所以在整个学习过程中，学生要对学习策略进行及时的监控和调整，这体现了学习策略的监控性。

（二）主动性和迁移性的有机统一

一个掌握了丰富的学习策略的人，如果不愿意在学习过程中主动使用这些方法，那他的学习仍然是低效的，学习效果自然没什么长进。所以，在一定程度上，学习策略具有主动性。这就能够解释为什么了解各种学习策略的人学习效果却不一定好。而且，学习策略是学习者从具体的学习活动和过程中抽象出来的，他们从某种学习情境中获得的学习策略，还能够有效地应用到类似的或不同的学习情境中去，这就体现了学习策略的迁移性。比如，“背诵”这一策略，小学生常用来记忆汉字，也可以用来背英语单词、数学公式、科学规律等。

（三）外显性和内隐性的有机统一

学习策略的外显性表现为，在行为上可以直接观察到学习者使用了哪种认知的和行为的学习操作，并对此进行适当的监控。学习策略的内隐性表现为，学习策略是在学习者头脑中进行的借助内部语言实现的对学习进行调控的内部意向活动。在实际学习过程中，成绩优异的学生都擅长使用学习策略。他们的方法有些很容易模仿，而有些似乎不容易观察到。比如说，审题技巧就看不见、摸不着，因为审题技巧是大脑内部的心智技能，具有内隐性，自然不容易模仿；而记笔记就很好借鉴，因为这个动作技能是肉眼可见的，其外显性决定了大家更易观测。

阅读与思考

下面的哪些行为使用了学习策略？

学前班儿童在做加减法时，用扳手指的方法帮助运算。

4年级学生会通过自我提问来考查自己对知识的掌握程度。

高中生将历史事件绘制成事件流程图来帮助记忆。

三、学习策略的分类

许多研究者根据自身的理解，提出了学习策略的层次与成分的观点。本节将介绍影响较大的麦基奇（W. McKeachie）和丹瑟洛（D. F. Dansereau）的学习策略分类观点。

（一）认知策略、元认知策略和资源管理策略

麦基奇等人对学习策略的分类是目前广为接受的一种。他们认为，学习策略包括认知策略、元认知策略、资源管理策略三个大类。其中，认知策略是有关信息加工的策略，元认知策略是涉及对信息加工过程进行调控的策略，资源管理策略则是辅助学生管理可用的环境和资源的策略。每个大类又有相应的小类，认知策略分为复述策略、精加工策

略和组织策略，元认知策略分为计划策略、监控策略和调节策略，资源管理策略包括时间管理策略、努力管理策略、环境管理策略和外援管理策略。各种策略间的结构关系如图10-1。

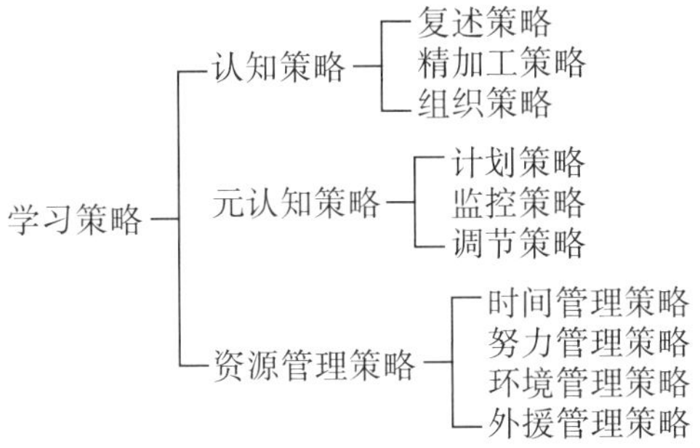

图10-1　麦基奇等人对学习策略的分类

(二)基本策略与支持策略

丹瑟洛等人认为，学习活动是一个由相互作用的复杂成分构成的活动系统。他们把学习策略分为两个层次。第一层次包括基本策略和支持策略。前者用于直接操作学习材料，是学生在学习过程中使用的主导性策略；后者则帮助学生维持适当的认知氛围和合适的内部心理定向，是使学习活动得以顺利进行的保证性策略。基本策略包括理解-保持策略、恢复-应用策略，而支持策略分为目标确定与规划策略、心绪调控策略、检查与诊断策略，如图10-2所示。

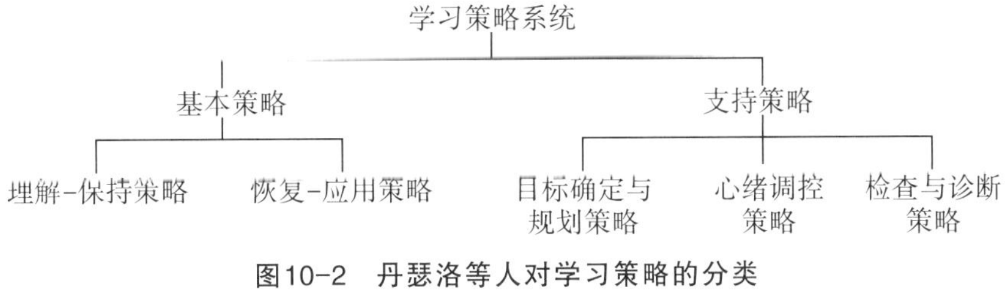

图10-2　丹瑟洛等人对学习策略的分类

一般来说，学习策略的分类不存在唯一的绝对的标准。例如，学生缓解学习压力的方法、考试之前疏导情绪的方法等，不太容易归入麦基奇的类别中去。它们既不是认知策略，也不是元认知策略，也不属于资源管理策略。但是，这些方法可以归入丹瑟洛的心绪调控策略。总的来讲，相较于麦基奇的分类，丹瑟洛的分类更宏观，不够细致。小学生直接使用的话，可能会有点儿蒙。因此，对于学习经验相对较少的小学生而言，学习策略要具体、细致才更合适。

四、影响学习策略使用的因素

学生对学习策略的掌握和运用受多种因素的影响。认识和研究这些影响因素，有利于教师引导学生有目的地调控这些因素。影响学生使用学习策略的主要因素有以下几个[①]：

第一，知识基础。如果在学习之前个体就对所学内容具备了良好的基础，了解了相关知识，在学习过程中就更容易使用策略。也就是说，学生的知识越丰富，学习策略的掌握和应用就越容易；反之亦然。

第二，对以往学习策略的监控。学生在学习时，会不断地监控自身的学习过程。当发现以前的学习策略效果甚微时，就会学习和使用新的学习策略。因此，了解学生以往使用学习策略的状况，帮助其认识和评价自身策略的有效性，能促进其对新策略的掌握。

第三，对知识获取的态度。个体对知识及知识获取的看法不同，学习策略的使用和选择方式也会存在差异。因此，教师应将相关信息传达给学生，以促进其对策略的选择和使用。比如告诉学生，阅读并不是消极地吸收课本上的内容，而是积极地组织和应用呈现在课本中的信息并构建出自己的意义的过程。

第四，对学习策略的训练。教师应有针对性地实施策略教学，在激发学生掌握和运用学习策略的基础上，采用多种教学方法将原本内隐的学习策略外显化，促进学生对新策略的学习和使用，并最终促进其对知识的内化。

给教师的建议

“授人以鱼”不如“授人以渔”

教师应是一个善于使用学习策略的人，通过自身直观的示范作用促进学生对学习策略的掌握。同时，教师应了解学习策略的构成成分，提供多种学习策略供学生选择和使用，促进学生对学习策略的掌握和运用。

创造学习气氛，提供情感支持。良好的课堂氛围和教师温暖接纳的情感支持，能够激发学生良好的学习动机，并最终引导和维持学生使用学习策略的心向。

策略应适合学生的发展特点。教师提供的学习策略应在学生的最近发展区之内，是学生能够掌握的，不要超出学生现有的能力水平，造成其产生负担和厌倦情绪。

①王振宏，李彩娜．教育心理学[M]．2版．北京：高等教育出版社，2020.

第二节　儿童总使用谐音记忆？
——认知策略

认知策略是学习者在学习过程中对信息进行加工的方式方法。学习活动中的信息加工过程包括对信息进行编码、存储和提取等步骤，相应的认知策略则有深入理解、精加工、合理组织和建构、高效练习和保持记忆等。本节将讨论复述策略、精加工策略和组织策略三类主要的认知策略。

一、复述策略

复述策略是对信息的一种重复，它是短时记忆里的信息进入长时记忆的必要条件。复述时，学习者运用内部言语或外部言语重现学习材料或刺激。比如学生在背诵单词时，会不断重复抄写单词，这就是复述策略的体现。研究发现，年龄大的学生比年龄小的学生更多地表现出喃喃自语的嘴唇运动，能记住更多的内容；在同年龄组，嘴唇运动多的学生回忆成绩高于未出现嘴唇运动的学生。这些都提示教育者，在教育过程中要主动地培养学生对复述策略的掌握。下面我们来看看复述过程中经常使用到的一些具体策略。

（一）及时复习和分散复习

复习要及时，趁热打铁效果更好。根据艾宾浩斯遗忘曲线，遗忘速度开始时最快，学习后的10小时内复习10分钟，比学习后5—10天复习1小时的效果好得多，所以提醒学生每天学完后及时复习对保持记忆是非常重要的。另外，教师在上课前花几分钟时间引导学生回忆上节课的知识，也可以起到较好的复习巩固作用。分散复习的效果优于集中复习，因为同一时间集中输入过多信息会造成记忆负担，难以进入长时记忆。比如，有些同学期末突击复习后，考完试后感觉全忘记了，就是集中复习的坏处。所以，如果当天学习了20个生词，那么当晚复习1小时，不如当晚复习30分钟，第二天复习15分钟，第四天复习10分钟，一星期后复习5分钟。因此，教师要在每次新课结束时，给学生布置要掌握的学习内容，随教学进度分散复习，把平时的分散复习与考前的集中复习结合起来。

心理实验室

德国心理学家艾宾浩斯最早对人类记忆和遗忘规律进行了实验研究。他以自己为被试，创制了无意义音节作为记忆实验材料，进行了开创性的研究。无意义音节是一种由两个辅音和一个元音组成的没有实际意义的字母串，例如POF、

XEM和QAZ等。艾宾浩斯大声朗读一串串的无意义音节，再努力回忆它们，并把第二次达到初学时的熟悉程度所需的再学遍数，与初学时重复学习遍数的百分比作为保持量的指标，以这种方法测量遗忘的进程。根据实验结果，艾宾浩斯绘制了被广泛引用的遗忘曲线，如图10-3所示。可以看出，遗忘的规律是先快后慢，在学习20分钟之后遗忘就达到了41.8%，而在31天之后遗忘仅达到78.9%。这表明人类的遗忘不是匀速进行的，刚学过后的短时间内遗忘比较快，量也比较多；随着时间推移，遗忘逐渐缓慢下来，到了一定时间，人几乎不再遗忘了。①

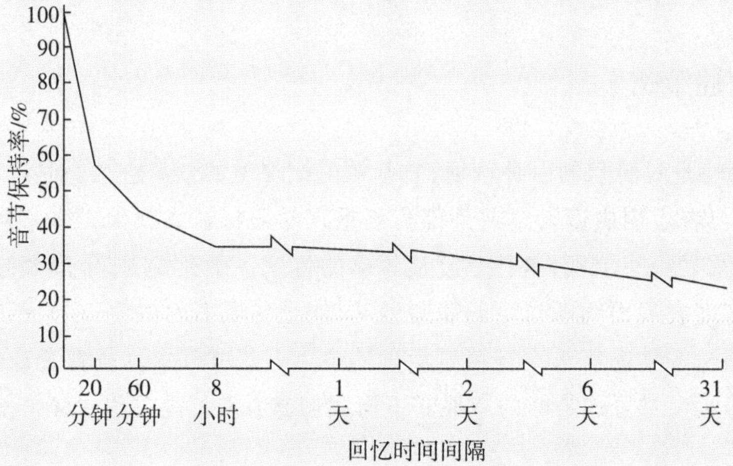

图10-3　艾宾浩斯遗忘曲线

（二）克服记忆效应

复述时要尽量克服记忆效应的干扰。早晨起来，没有先前学习对大脑的干扰，记忆效果好；晚上睡觉前，不再有新信息输入对大脑的干扰，记忆效果也好。此外，开头和结尾的记忆效果好，中间部分最容易忘。所以早晨和睡前都适合背诵，重要的内容放在开头或结尾，中间部分要反复背诵。教学现实中，教师要求的晨读、夜练，是有科学道理的。实质上，这些做法就是减少了前摄抑制和倒摄抑制、首因效应和近因效应的负面影响。因此，为避免记忆效应的产生，复习时要避免将相似而不相同的材料放在一起复习，而且在记忆较长或较复杂材料的时候，尽量将特别难以记忆的内容放在开始或者结尾的时候进行复述。

①梁宁建．基础心理学[M]．北京：高等教育出版社．2020．

（三）多感官协同记忆

复述时运用多感官协同记忆，可以在大脑中留下多方面的回忆线索，从而提高记忆效果。有研究表明，视觉、听觉、触觉等多感官通道结合的记忆效果要优于仅运用单一感官通道的记忆效果。所以在进行记忆时，不仅可以用眼睛看、耳朵听，同时还可以用嘴巴说、动手写。比如记英语单词时，教师可以引导小学生把看、读、背诵、默写、想象、同学间互问互答等形式结合起来，让他们一边写、一边念，眼睛还盯着单词看，相当于同时调动了多种感官和思维，记忆效果更显著。

事实上，几乎所有的同学都使用过复述策略，但是他们以前未必都用对了，教师的合理引导就显得特别重要。

二、精加工策略

为了更好地记住所学的内容，学习者经常需要对学习材料进行一些加工，使其更容易被大脑储存和提取。精加工就是将新学的知识和原有的知识建立有机联系，为新信息增加意义，在信息间建立更多的联系。联系越多，能提取出信息的线索就越多。精加工越深入细致，回忆就越容易。精加工策略包含的内容十分广泛，教师可以引导学生重点掌握记忆术、记笔记策略和生成性学习。

（一）记忆术

在精加工策略中，记忆术是一种常用的有效策略。常用的记忆术有位置记忆法、谐音联想法、首字连词法、缩减口诀法和关键词法。

1. 位置记忆法

位置记忆法是学习者在头脑中创建一幅自己熟悉的场景，把所要记忆的事物与此联系起来，回忆时以自己熟悉的场景和地点顺序作为线索提取记住的内容，它本质上是一种视觉想象法。古代罗马的政治家常用此法来记住演讲的重点，现代的推销员也常运用它来牢记客户的姓名。也许你听说过“记忆宫殿”，在许多侦探影视剧中用来表现主人公神奇的记忆力，其原理就是位置记忆法。我们也可以引用此法来试着记住律诗四联的顺序，比如学生将律诗四联的顺序与躯体器官位置相联系，回忆时按照躯体位置进行，首联（脑袋）——颔联（下巴）——颈联（脖子）——尾联（屁股）。这种方法适合于记忆有顺序的系列项目。

2. 谐音联想法

谐音联想法是把一些枯燥的无意义的材料用谐音的方法使其变得有意义，以便于记忆。这种方法学生用得比较多，比如他们把圆周率“3.14159265358979323846 26……”念成顺口溜：“山巅一寺一壶酒（3.14159），尔乐苦煞吾（26535），把酒吃（897），酒杀尔

(932),杀不死(384),乐尔乐(626)";还有学生将2开平方根的值(1.41421)记成"意思意思而已"等。在记忆英语单词时,学生也常常在母语中找一个读音与之类似的词进行联想。有一个笑话,说一位父亲检查小孩的英语学习情况,发现儿子在书上赫然写着"爸死",不禁吓了一大跳。再往后看,还写着"爷死""奶死",翻过去居然看到"死光",父亲又惊又气。后来才明白原来是小孩在记忆"bus""yes""nice""school"这几个单词时采用了谐音记忆,才闹出了这样的笑话。

3.首字连词法

首字连词法是利用每个词语的第一个字形成缩写的词,或者提取一系列词的首字作为记忆的支撑点。如记忆白居易《暮江吟》一诗:"一道残阳铺水中,半江瑟瑟半江红。可怜九月初三夜,露似真珠月似弓。"把每句的头一个字依次集中起来记作"一半可露",就不会因某句卡壳而影响全诗记忆了。又如,学生能通过"飞雪连天射白鹿,笑书神侠倚碧鸳"记忆金庸的小说,用"韩柳欧王曾三苏"记忆唐宋八大家,这些都是首字联词法的应用。

4.缩减口诀法

缩减口诀法就是将缩写的材料融入韵律化的文字材料中编成口诀,便于背诵和记忆。例如我们都熟悉的《二十四节气歌》:"春雨惊春清谷天,夏满芒夏暑相连,秋处露秋寒霜降,冬雪雪冬小大寒。"朗朗上口,非常利于记忆。又如,学习三角函数时学生总是念叨着:"奇变偶不变,符号看象限",这句超级浓缩的口诀就涵盖了海量的公式。《辛丑条约》的内容:(1)要清政府赔款(钱);(2)要清政府禁止人民反抗(禁);(3)容许外国在中国驻军(兵);(4)划分租界,建领事馆(馆),常被简缩成口诀"钱禁兵馆"(谐音"前进宾馆")。

5.关键词法

关键词法是将新词与相似的声音线索词,通过视觉表象联系起来。学生经常使用关键词法来记忆英语单词,将所学的新信息与头脑中鲜明生动、印象深刻的词结合起来,以提高记忆的效果,比如英语单词"Tiger"可以联想成"泰山上一只虎"。关键词法是音、形、意的结合,如英语单词"battle"可以记忆成"班头带我去战斗"。头脑中联想出来的形象越鲜明、具体、奇特,记忆的效果就越好。

(二)记笔记策略

记笔记有助于对学习材料进行编码,有助于发现新旧知识的联系;同时,记笔记的过程本身也锻炼了学生的思维能力和语言概括能力。记笔记策略和复述策略一样,估计人人都会,但不一定都用得好。学习活动中,有些同学在课本上勾画句子作为笔记,有些同学会在本子上照着抄老师的PPT,少部分同学会分区域记录、归纳知识点的内容。哪种做法记忆效果最好？答案不言而喻，第三种方法的效果最好。下面介绍一种实用的方法——康奈尔笔记法。

康奈尔笔记法是流传较广的一种记笔记的方法。它的神奇之处究竟在哪儿呢？康奈尔笔记法最大的作用在于鼓励学生养成课后琢磨的习惯，站在宏观的角度总结知识点，多次复习。图 10-4 展示的就是康奈尔笔记。它一共有四个区域，上面是标题，中间的左边区域提炼关键词，右边区域是笔记，下面的区域用来写总结。要完成这样一个完整的康奈尔笔记，依次有记录、简化、背诵、思考和复习五个步骤。记录内容写在中间区域，再将听课内容简化成关键词，写在左边区域；遮住主体笔记后，只借助关键词引导背诵；把听课感想、体会等标注在其他区域，并在最上面加上标题和索引；最后每隔一段时间，快速复习笔记内容。

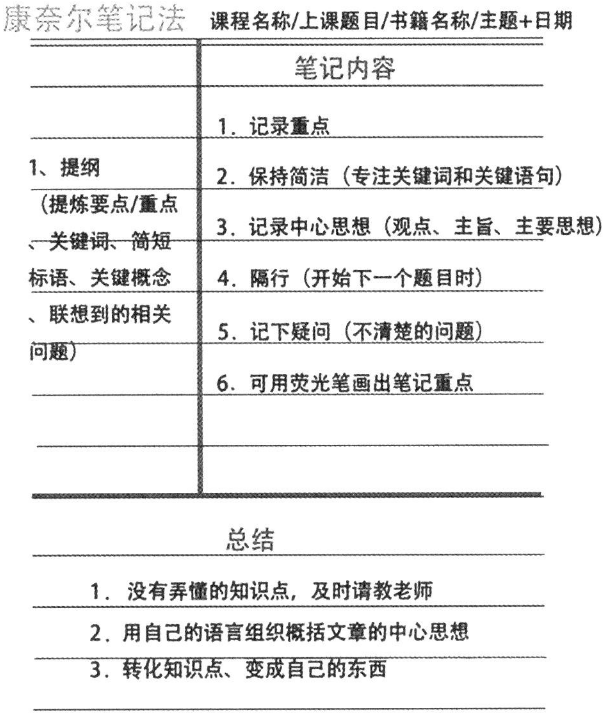

图10-4　康奈尔笔记模式

例如，在“物质的类型”课堂中，在中间区域尽量多记概念等讲课内容（见图10-5①）。下课后及早整理笔记，将这些内容简明扼要地概括在左边区域，归纳出“固体”“液体”“气体”等关键词。紧接着盖住主体笔记，留下左边区域作为线索，尽可能用自己的话对讲课内容进行出声的复述，然后打开中间区域，检查对照自己刚才所说是否正确。之后，将听课的随感、看法、体会之类的内容与讲课内容区分开，写在卡片或笔记本的某一单独部分，加上题目和索引，编制成提纲、摘要，分成类目。最后，每周花10分钟左右时间，迅速复习笔记，重点看左边提示栏，适当看主体笔记。

	物质的类型
固体	1.固体 (1)有一定的形状 (2)有一定的体积 (3)质地比较坚硬的物体
液体	2.液体 (1)有一定的形状 (1)有一定的体积 (1)可能流动的物体
气体	3.气体 (1)没有一定的形状 (2)没有一定的体积 (3)可以流动的物质

图10-5 康奈尔笔记模式举例

在需要把握比较复杂的内容的要点时，使用记笔记的策略能够产生最大的积极作用。另外，记笔记时如果能够进行心理加工，而不是简单地记下所看到的或所听到的内容，那么记笔记会更有效。比如，以改写的方式记笔记，用不同的语言来陈述要点等，都是有效的记笔记策略。

（三）生成性学习

生成性学习也是精加工策略的一种。这种策略强调学习是一种生成过程，要求学习者对学习材料进行提炼和组织。使用生成性学习策略，通常要求学生对所学习的材料产生一个类比或表象，如图形、图像、表格等，这些表象都是针对新知识本身加工出来的。比如，《背影》中写道：“我看见他戴着黑布小帽，穿着黑布大马褂，深青布棉袍，蹒跚地走到铁道边，慢慢探身下去，尚不大难。可是他穿过铁道，要爬上那边月台，就不容易了。他用两手攀着上面，两脚再向上缩；他肥胖的身子向左微倾，显出努力的样子。这时我看见他的背影，我的泪很快地流下来了。”朱自清先生通过文字给读者呈现了一个步履蹒跚的老父亲形象，大家在读这篇散文的时候，脑海中会生成鲜明的形象，从而更好地理解文章的中心思想。

三、组织策略

组织策略是用某种结构将要学习的内容组织起来，发现各部分之间的类别关系、层

①张大均.教育心理学[M].3版.北京:高等教育出版社,2015.

次关系或其他关系，使之分门别类地系统化，以便更好地进行管理和记忆。这是一种整合所学新知识间、新旧知识间的内在联系，形成新的知识结构的策略。所以从某种角度来说，组织策略也是一种生成策略。组织策略可细分为归类策略和纲要策略。

（一）归类策略

归类是把材料分成小单元，再把这些单元归到适当的类别里。学生常用意义分组法、主题联想法、发音相似法等方式进行归类。例如，把意义相似的精忠报国、爱国如家、保国安民、保家卫国等成语归类记忆，把化合价相同的元素符号"钙镁钡锌"放在一起记忆，将发音差不多的"plan，plain，plane"作为一组进行背诵。再比如，需要外出购买的东西有盐、葡萄、蒜、苹果、胡萝卜、橘子、胡椒、豌豆、辣椒粉、姜，可以将它们分别纳入水果、蔬菜、作料分门别类地记忆，效果就会明显提高。研究表明，某一领域的专家的特征之一，就是善于利用归类策略进行知识的记忆和提取。

（二）纲要策略

纲要策略意在提纲挈领地掌握学习材料的结构轮廓，主要用于对学习材料结构的把握。纲要可以是用语词或句子表达的主题纲要，也可以是用符号、图式等形象表达的符号纲要。所以这个策略可以分为列提纲和画图表两类。

1.列提纲

列提纲即以金字塔的形式呈现学习材料的要点，每一具体的细节都包含在高一级的类别中。如图10-6[①]，它展示的是一位教师的课堂板书，其实这就是课文《开国大典》的主题纲要。这位教师提供了一个较好的提纲引导学生对它进行分析。

> 1.开国大典的时间、地点、参加人员及会场布置（第一、第二自然段）
>
> 2.开国大典进行之前群众队伍入场的情况（第三自然段）
>
> 3.开国大典的过程
>
> （1）毛主席与群众见面。（第五自然段）
>
> （2）典礼开始；毛主席宣布中华人民共和国成立；奏国歌；升国旗；鸣礼炮；毛主席宣读中央人民政府的公告。（第六—第十自然段）
>
> （3）阅兵式，朱总司令和聂荣臻将军检阅三军。（第十一—第十三自然段）
>
> （4）燃放礼花和群众游行。（第十四自然段）
>
> （5）开国大典结束，光明充满了北京城。（第十五自然段）

图10-6 列提纲举例

2.画图表

画图表，顾名思义，就是以图表的形式呈现学习材料的纲目框架。比较好用的图表

①彭小虎，王国锋，朱丹. 儿童发展与教育心理学[M]. 上海：华东师范大学出版社，2014.

形式有网络关系图、流程图、模式图、思维导图和双向表等。例如，讲茶树生长过程一文时，按时间关系就可以把茶树生长组织为：茶树冬天黑簇簇→春天吐出嫩叶芽→清明添新枝→谷雨嫩叶长大。据此关系即可画出茶树生长的网络关系图。此外，教师上复习课的时候，经常会引导学生绘制思维导图，概括整个章节的知识内容，具有清晰的知识逻辑结构。在学习中国历史时，教师常以时间为轴，将朝代、主要历史人物、历史事件全部展现出来，制成中国历史发展一览表。

第三节 儿童能制订学习计划？

——元认知策略和资源管理策略

资料超链接

有一位同学记忆力非常好，他善于使用谐音联想、缩减口诀等各种记忆技巧，所以英语考试的时候总是早早就做完了。但有一次，身边的同学们都交卷了，只有他还在拼命地写卷子。看到别人早早交卷了，他急得满头大汗。讲台上的老师也很疑惑，他为什么还没写完？直到下课铃响了，老师为难地收了他的卷子后，才惊奇地发现，原来这位记忆力超棒的同学没有认真审题，试卷上六选一的题，他全都做了一遍，怪不得时间不够呢！

看到上述案例，可能大家已经笑出了声，并不禁思考他怎么能干出这样的傻事。事实上，这样的情况在现实中不难见到。这样的情形说明，学生在学习活动中仅仅掌握认知策略是不够的，还需要学会对认知过程进行监控。换句话说，就是要学会元认知策略。

一、元认知策略

元认知策略，可能大家对这个概念感到比较陌生，因为它不像认知策略那样易懂。在这里，建议大家把“元”理解为计划、监控、调节，那么“元认知”就变成了“对认知的认知”。诸如“学生们会在学习效果不佳时更换学习策略吗？”“他们会将新的学习内容与以往的学习经验联系在一起吗？”“会不会偶尔做自我检测以检查学习效果？”等问题，都是与元认知策略有关的问题。因此，元认知策略就是学生对自己的认知过程及结果进行有效监视及控制的策略。学习能力强的学生的自我监控水平比较高；而学习能力差的学生自我监控水平相对较低，有关元认知方面的策略比较贫乏。学生评估自己的理解、预计学习时间、选择有效计划解决问题所使用的策略，都属于元认知策略，它主要包括计划、监控和调节三个子策略。计划策略一般是学习前需要完成的，监控策略一般是学习过程中使用的，而调节策略一般是监控到学习出现问题后所采取的。

（一）计划策略

计划策略是学生在学习活动之前的预设，大致包括设置学习目标、浏览阅读材料、预测要解答的问题以及分析如何完成学习任务等。教师要引导学生学会预测完成作业所需要的时间，及时获取写作所需素材，以及考前高效地进行复习。例如学习外语时，设置目标为通过哪个等级的考试，每天安排多少时间学习外语，把学习的重点和难点放在哪里，通过怎样的方法来学习等，这一系列活动就是计划策略。又如，完成写作文这个学习行为时，动笔写作之前需要提前规划，拟定写作的时间，确定段落的布局等，这也是计划策略。

一般而言，制订学习计划时应该从学习目标和学习时间两个方面加以考虑。学习目标应当具有可行性，那些可望而不可即的目标和毫不费力的目标都是不适合的。要将总目标分解为具体的小目标。在学习时间的分配与管理上，要精确地确定能够用于学习活动的时间总量，再进行合理的分配，注意体现出学习任务的轻重缓急，重点任务优于一般任务，紧急任务优于不急的任务，见效快的任务优于见效慢的任务。基于学习目标制订的学习计划应是具体的，有一定弹性的。也就是说，一份好的学习计划应该目标明确、任务明确、时间明确，而且不应该把时间安排得太满、太死，应该留有一定的机动时间应对可能出现的临时任务与互动，这样才便于随时根据学习的具体情况进行适度的调整。

（二）监控策略

监控策略体现为学习者主动对学习进程、学习方法及其执行情况和效果进行监控，主要分为领会监控和集中注意两类。领会监控是指学生对自己是否达到学习目标的监控。集中注意是指学生将他们的注意力全部花在当前的学习任务上，放弃对其他刺激的注意。比如，在写作的过程中，我们要不断将写作进程和计划进行对照，看自己是不是保质保量地完成了最开始的计划，这就是监控策略中的领会监控。而写作过程中，有意识地检查自己有没有将注意力都花在写作这个学习任务上，防止自己分心，就是监控策略中的集中注意。有研究发现，注意力障碍儿童的学习成绩普遍很差，他们不能把注意力集中在要学习的内容上，更不能主动调节自己的行为。善于集中注意的学生除了会在学习过程中有意识地提醒自己集中注意力，还能主动给自己创造有利于集中注意力的环境。

此外，学生在学习时对材料进行自我提问、考试时监控自己的速度和时间等也是监控策略的直接表现。学生经常自我提问的问题包括“我在集中注意力认真听讲吗？”“我能够听懂正在学习的内容吗？”“我能够把我认为重要的东西记录下来吗？”“我该如何积极探索适合自己的学习方法？”等。另外，教师还可以指导学生通过自我记录的方式来使用监控策略。例如,一名学生希望可以更好地监控自己的语文学习,制订了如表10-1所示的表格,记录出现了什么学习行为、发生的频率、学习行为维持的时间、完成的效果等。

表10-1 语文学习自我记录表

学习项目	学习时间	学习数量	完成情况	备注
背诵课文				
朗读				
写作				
课外阅读				

(三)调节策略

调节策略是在学习任务结束后,学生对自己的学习活动进行评价,并根据评价结果进行修正与调整。调节策略和监控策略是紧密联系在一起的,监控的结果之一就是对学习行为进行调节。学生掌握了一些监控策略后,会用某些标准对自己的学习活动做出评价。比如,教师可以设计如下的自我评价表(见表10-2①),帮助学生在课后对学习行为做出评价。

表10-2 学习自我评价表

想一想今天的课上得怎样("好"记3分,"中"记2分,"差"记1分)

1. 上课的准备是否充分? ( )
2. 家庭作业是否按时完成? ( )
3. 上课时注意力是否集中? ( )
4. 课堂发言是否积极? ( )
5. 不懂的地方是否主动请教他人? ( )
6. 课堂练习都做对了吗? ( )
7. 课外学习时与同学合作了吗? ( )
8. 每节课的学习任务都完成了吗? ( )
9. 学习方法的使用情况怎样? ( )
10. 学习的东西都感兴趣吗? ( )
11. 今天的学习与昨天相比怎样? ( )
12. 其他。

请写下自己的感想和意见:

学生以评价结果为基础,而后通过修正与调整保证有效学习。例如,如果学生得到

①彭小虎,王国锋,朱丹. 儿童发展与教育心理学[M]. 上海:华东师范大学出版社,2014.

的评价结果是“这个公式我已经理解透彻并能熟练使用”，那么他会继续下一个步骤的学习内容；如果得到的结果是“我好像还不太明白这句话的意思”，那么他就需要调整学习行为了。所以，在学习活动中我们会看到，如果学生通过自我监控发现自己在写作中遇到了瓶颈，无法按照计划实施，就会及时调整写作思路，这便是调节策略。当学习者意识到他不理解课文的某一部分时，就会退回去重新阅读困难的段落；在阅读困难或不熟的材料时会主动放慢速度；复习的时候，对不懂的课程内容反复进行强化；测验时跳过某个难题，先做简单的题目等，这些都是调节策略。总之，调节策略是对认知策略效果的检查，是基于监控评估结果的，通过及时修正和调整，保证学习顺利地进行。

资料超链接

大家知道儿童在学习过程中是如何自我监控的吗？通常，学生的元认知监控可具体化为八个方面，如表10-3所示：①

表10-3　自我监控学习能力的成分及其界定

成分	含义
Ⅰ.学习活动前的自我监控	
计划性	儿童在学习前对学习活动的计划和安排（如学习之前做好计划，对学习哪些内容、如何去学以及学习时间等进行安排）
准备性	儿童在学习前对学习活动做好各种具体的准备（如学习之前准备好学习用具，创设好学习环境，调节好情绪）
Ⅱ.学习活动中的自我监控	
意识性	儿童在学习活动中清楚学习的目标、对象和任务（如上课时知道教师为什么要讲这些内容）
方法性	儿童在学习活动中讲究策略，选择并采用合适的学习方法（如在不懂的地方做上记号，听讲时弄清教师讲课的思路，采取理解记忆的方法）
执行性	儿童在学习活动中执行学习计划，排除干扰，保证学习活动的顺利进行（如坚持在完成学习任务后才做其他事情）
Ⅲ.学习活动后的自我监控	
反馈性	儿童在学习活动后对自己的学习状况及效果进行检查、反馈和评价（如在完成课后练习后，根据完成的情况评价自己对学习内容的掌握情况）
补救性	儿童在学习活动后根据反馈结果对学习采取必要的补救措施（如一旦发现某一部分内容学得不好时，就多花些时间或想一些办法去学好它）
总结性	儿童学习活动后的思考以及对学习经验和教训的总结（如总结自己或借鉴别人的学习方法和经验，不断完善自己的学习方法）

①张大均．教育心理学[M]．3版．北京：高等教育出版社，2015.

二、资源管理策略

在学习的过程中，仅仅使用认知策略和元认知策略是不够的，学生还需要一定的学习资源作为支持。学习活动涉及的资源，大致包括学习的时间、付出的努力、他人的帮助等。资源管理策略是指学生用来管理这些可用的资源以提高学习效率和质量的方法，主要包括时间管理策略、努力管理策略、环境管理策略、外援管理策略四类。下面依次探讨怎样指导学生运用这些策略，以提升他们的学习效果。

（一）时间管理策略

时间是一种不可再生的资源。学业成就高的学生通常时间管理能力也很强，善于统筹规划和安排；而那些学业成就低的学生则表现出较低的时间管理能力。

1.统筹安排学习时间

时间管理能力强的学生通常是事先做好计划，按照事情的轻重缓急决定先后顺序，以及每一件事应花费的时间，这样可以在较少时间内完成较多事情，达到更高的效率。因此，教师需要引导学生统筹安排自己的整体学习时间。

统筹规划时间的第一步是设定“目标金字塔”①。这个金字塔不仅要明确显示总目标，还涵盖各个子目标及其关系。有明确的目标指引，学生的行为就不容易偏离航向。例如，学生的远期目标是成为一名心理咨询专家，就应将这一远期目标作为金字塔的顶端；接着列出中期目标，例如拿到医学和心理学的相应学位，并要有丰富的实践经验；然后在中期目标下尽可能多地列出短期目标，比如学习心理学相关课程和知识、获得心理学学位、定期参与心理咨询实践等可以在较短时间内完成的目标。

第二步是设定学期计划，让学生窥见整个学期的全貌。此时要注意收齐所需信息和资料，包括课程表、工作时间表、假期、个人事务等，再按照日期来制作计划，并把一项总任务分成若干小部分。例如，要完成一篇毕业论文，必须把它分解成多个阶段完成的小步骤：①广泛阅读资料，确定选题；②搜集相关的文献资料，列出提纲；③根据提纲聚焦详细资料，深入调查、研究、分析；④撰写和完成初稿；⑤修改初稿；⑥校对和定稿。

第三步，规划每周和每日学习活动：列出必须做的事情，排列优先顺序，制订每日计划表。参考前一步制订的学期计划，列出哪些是在本周内必须完成的（如提交某门课程的作业），把需要在同一周里做的其他事及时补充进去（如送生日礼物给家人或朋友）。计划表列好之后，排列事情的优先顺序：既重要又紧急的事情，必须马上解决；重要但不紧急的事情，可以缓一缓；紧急但不重要的事情，根据自己的时间充裕程度来安排；既不重要也不紧急的事情，可以直接忽略。接下来，根据每周工作的优先顺序，先把需要优先处理的事情填入每日计划表，再把次重要和不需优先处理的事情依次填入。通过时间计划表做好时间分配，你很快会发现拥有的时间比以前多了很多。

①彭小虎，王国锋，朱丹. 儿童发展与教育心理学[M]. 上海：华东师范大学出版社，2014.

2. 高效利用最佳时间

在不同的时段,人的体力、情绪和智力状态是不一样的。所以,要在不同的时段合理地安排不同的学习活动。例如,在生理功能旺盛、精力充沛的时候,从事最重要、最紧张的学习活动,以便最有效地利用学习时间。这样可以确保在最有效率的时段做最重要的事情。因此,在教学过程中,教师要告诉学生高效利用最佳时间,帮助学生掌握这一对学习活动很有帮助的时间管理策略。

3. 灵活利用零碎时间

除了教会学生高效利用最佳时间之外,教师还要引导学生灵活利用零碎时间,这对学习活动也是很有帮助的。像课余、饭前饭后、等人等车、乘车乘船等零碎时间,大多是学习的低效时间。在这些零碎的时间里,适合处理学习上对认知负荷要求不高的一些杂事,或者与他人进行轻松的交流,还可以听听喜欢的电子书、浏览时事新闻、刷下朋友圈和公众号、逛逛QQ空间等。

(二)努力管理策略

人们进行系统性的学习都需要付出努力。为了使学生维持自己的努力,需要不断地鼓励学生对努力程度进行管理,使自己的精力有效地集中在学习任务上。努力管理策略就是指在学习的过程中付出努力来促进学习的策略。

1. 激发和维持内在动机

付出努力进行学习,要求教师引导学生养成对学习的兴趣、好奇心和求知欲,树立为了掌握知识而学习的信念,从而激发内在的学习动机。学习动机是引发学习的内部动力。进行某些学习任务之前,需要学生创设、生成从事学习任务的意图,并在学习过程中维持既定的意图。比如,学生经常会说"这次失败了,但如果更努力一些,下一次我会成功""我已经忘记了昨天学的大部分内容,马上重新读 遍并做好笔记"。

2. 保持积极情绪

众所周知,学习过程并不总是成功、快乐、轻松的过程。实际上,学生在学习压力增大或学习中出现障碍和困难时,经常会出现紧张、厌烦、焦虑等消极情绪,甚至严重影响正常的学习。这时候就必须调动努力管理策略,运用适当的方法来帮助学习者保持积极的学习情绪。比如考前紧张焦虑时,教师可以通过放松训练,帮助学生放松身体,舒缓紧张的情绪;在复习备考过程中,还可以采用转移法,想一些有趣或令人放松的事,减轻由于担心考不好而产生的焦虑。

3. 实施自我强化

自我强化可以帮助学生形成自律的能力,养成良好的学习习惯,更好地进行有效的学习。因此,教师要引导学生调节成败的标准,帮助学生正确认识成败的原因,不断以成功的学习体验实施自我强化,达到更加努力投入学习的效果。学生可以给予自己评价性的自我奖励,比如"今天的学习效率真高,看来只要积极努力,我是有能力完成各项学习任务的”;也可以实施实体性的自我奖励,比如在完成一定的学习任务后,给自己安排休息和娱乐的时间,或者享用一顿喜欢的美食。

(三)环境管理策略

学习环境会影响学生学习时的心境,从而影响到学习效率。如果学习过程中出现干扰因素,就会让学生的注意发生转移,影响到学习的效果。所以教师可以建议学生为自己创设适宜的学习环境,最好是一个固定的、专门的、安静的场所。一方面,注意调节学习环境的自然条件,如保证流通的空气、适宜的温度、明亮的光线以及和谐的色彩等;另一方面,要创设好学习的空间,考虑到空间范围、室内布置、用具摆放等因素。尽量选择教室、图书馆等安静简单的空间,不要选择宿舍等生活氛围浓厚的地方;主动避免接触到电脑、电视机之类的娱乐设施;还可以和成绩好、学习效率高、自制力强的同学一起学习,互相监督和促进。

(四)外援管理策略

外援管理策略,有时候也称学习求助策略。求助,可以分成对工具的求助和对人的求助两类。外援管理策略启示学生应充分利用学习工具,如参考资料、工具书、图书馆、广播电视、电脑网络等,拓宽自己的认知视野。此外,还可以在学习活动中适时向老师和同学求助,这是学生最重要的外援,使大家在师生互动中实现教学相长,在生生互动中做到相互启发。

需要注意的是,学习求助与舞弊、抄袭等行为是有本质区别的。前者的目的是解决当前自己所面临的困难,获得帮助,促进学习;而后者是欺骗和作假获得某种已经掌握了学习的假象。在遇到困难时,知道如何利用各种认知、沟通以及社会技能来寻求帮助,是优秀学习者的一个重要特征。

在培养学生外援管理策略的过程中教师要注意:第一,要为学生创设一个轻松自由的学习环境,让学生在这种环境中感受到学业求助不是丢人的事情,不会受到老师或同学的嘲笑;第二,要有意识地培养学生合理的求助策略,帮助学生认识到学业求助是对学习有益的行为;第三,要帮助学生树立积极合理的学习目标,培养学生对所学学科的兴趣。

阅读与思考

小玲写作业

小玲每次写作业前,都会花很多时间收拾桌面、削铅笔或者随意翻看手边的课外读物。开始写作业后,没过一会儿就转移注意力去找橡皮,或者去观看窗外正在游戏的其他小朋友。老师发现这个情况之后,告诉小玲应该在闲暇时间处理好学习之前的准备工作。学习时要排除身边不利于学习的环境,如翻开的课外书籍、开着的电视等。最重要的是,要为自己制订一个学习目标,克服干扰以达到目标。

思考:你身边还有哪些类似的现象?作为未来教师的你,遇到这种情况应当怎么处理?你打算如何帮助你的学生使用学习资源管理策略?

第四节 儿童学习策略的发展规律与指导策略

学习策略是学习者在学习过程中应用的手段、方法和调控技能。掌握学习策略,是在日趋复杂的社会环境下学会学习的必然要求,能够有效提高学习效率,进而提高学习效果。本节分析儿童学习策略的规律性特征,在此基础上讨论如何科学地开展儿童学习策略的教学,以及相关的注意事项。

一、儿童学习策略的发展规律①

学习策略的发展在不同学习者和不同年龄阶段儿童身上呈现出一些具有普遍性、共通性的一般规律,主要体现在两个方面:不同年龄阶段儿童的学习策略发展的年龄特征;不同学习者身上表现出来的学习策略发展的水平特征。

(一)学习策略发展的年龄特征

年幼儿童身上存在明显的策略生成和策略运用缺陷。这种缺陷是普遍存在的,是儿童学习策略发展过程中必经的一环。在获得学习策略的早期阶段,儿童多使用单一的学习策略;当儿童的作业从非技能性向技能性过渡时,学习策略运用的多重性就表现得特别明显了。例如,儿童刚开始学习一位数加法时,常采用数手指的策略解决问题;当他们对问题完全熟悉后,会采用记忆恢复的策略,直接从长时记忆中提取答案。在过渡阶段,儿童可能采用数手指、记忆恢复、从较大加数起数数、将问题分解为小问题等多种策略。

儿童的认知策略和元记忆发展中同样存在明显的年龄特征。研究发现,5—13岁儿童的记忆策略、元记忆和解决问题策略水平随着年龄的增长而不断提高。其中,小学和中学是两个转折点。元记忆各部分的发展速度不均衡,元记忆知识中对记忆目的的认识发展先于对记忆材料性质的认识发展,记忆监控能力中对记忆效果的评价能力的发展先于对记忆策略的自我认识。在认知策略方面,儿童的认知策略也具有随年龄增长而发展的趋势,其中从小学升入初中是发展较为迅速的时期。上述研究均表明,教育这一外部因素对儿童学习策略的发展有显著影响,具有明显的促进作用。此外,儿童组织策略的

①张大均. 教育心理学[M]. 北京: 高等教育出版社,2015.

发展经历了从产生性缺损到成熟运用的过程，1年级儿童不能自发地运用组织策略，5年级儿童已能自发地使用策略。而导致1年级儿童产生性缺损的原因，主要是他们对学习任务和策略缺乏元认知的了解，这表明儿童策略的发展与元认知的发展是密不可分的。

（二）学习策略发展的水平特征

学习策略发展的水平特征，反映为不同能力的学生在拥有和使用学习策略上存在巨大差异，主要表现在：第一，学习困难的儿童缺乏策略，他们不能抑制不必要的信息输入，不能有效地选择线索，不能适当地利用复述策略，不能自发地产生解决问题的策略，不能评价适用策略的效果；第二，低水平的学生由于缺少丰富的相关经验，难以获得和使用高级的、复杂的策略，中等水平或高水平的学生则容易获得高水平的策略并从中受益。

有研究显示，优秀生的元认知策略在数量上比学困生多，差异达到显著水平，且优秀生和学困生在解题过程中使用的元认知策略有本质区别。学困生在解题过程中虽然也使用一些元认知策略，但主要是对任务难度的自我评价或是指向放弃做题，对解决问题帮助不大；优秀生的元认知策略则指向问题解决，对解决问题有积极的指导作用。例如，不同水平学生使用的英语阅读策略在数量上和质量上均有差异。他们使用策略的根本差异在于使用策略的恰当性，善于学习者懂得何时何地完成何种任务使用何种策略最合适。

二、儿童学习策略的指导策略

让学生学会学习的重要方法之一就是对学生进行有效的学习策略训练。优秀教师不仅会结合教学内容教给学生具体的学习策略，而且还会指导学生积极、适时地选用有效的学习策略，并通过教学训练形成适合学生个体的学习策略。在学习策略的教学指导中，教师首先要明确可能影响学习策略教学的一些因素。

（一）影响学习策略教学的因素

学习策略的学习和训练包括教与学两个方面，因此影响因素也相应地来源于这两个方面。清楚地认识影响学习策略教学的因素，可以更好地把握学习策略教学的相关特点，有助于教学双方更有效地进行学习策略的教与学。

1.学生因素

学习策略的掌握和运用很大程度上取决于学习者自身。来自学习者的因素主要有年龄特征、原有的知识背景、学习动机、学习归因方式、自我效能感等。

第一，年龄特征。学习策略的发展具有一定的阶段性，同时学生的认知发展也具有相应的年龄特征，因此，学习策略的教学必须充分考虑策略发展的阶段性和认知发展的阶段性特征，既不能不管不问，也不能拔苗助长。

第二，原有的知识背景。学生原有的知识背景中有两种知识，一种是策略性知识，另一种是非策略性知识（学科领域知识），这两种知识对学习策略的掌握和运用都有非常重要的影响。由于学困生存在缺乏记忆策略、元认知策略的现象，并且他们解决问题的技能和思维技能贫乏，难以建立知识之间的联系，因此，学困生对原有知识背景的利用将更加困难。

第三，学习动机。动机的强度对掌握和应用学习策略的影响主要体现在学生掌握策略的意识性和对学习材料的兴趣以及对材料的敏感程度上。只有具备较强的学习动机，学生才会积极探索、吸收能够提高学习效率的策略。

第四，学习归因方式。研究表明，当学生将学习的成败归因于自身能够控制的、相当不稳定的因素（如努力程度）时，这些学生的策略水平相对较高。这要求教师能够引导学生恰当归因，以促进学生对学习策略的掌握和运用。

第五，自我效能感。它是指学习者对策略应用效能的信任和自信程度。如果学生注意到，使用某些学习策略确实提高了学习成绩，则可能受到激励，继续应用这些策略。因此，在学习策略教学中，教师应该让学生体验到应用策略所带来的成功感。

2. 教师因素

教师是影响学生掌握和运用学习策略的重要因素，主要包括教师运用学习策略的水平、策略教学经验和策略教学方法。

第一，运用学习策略的水平。通常，运用学习策略水平较高的教师在教学活动中善于识别重要的学习策略，并且能够清楚地认识到哪些学习策略对当前的学习任务最为适宜，他们也最有可能对学生进行策略的教学。

第二，策略教学经验。教师的策略教学经验包括：(1)善于选择适合的学习策略；(2)善于不断寻求新的学习策略；(3)能将学习策略明确地、有意识地教给学生；(4)能提高学生掌握学习策略的意识水平。教师的策略教学经验能够有效地促进学生对学习策略的获得和运用。

第三，策略教学方法。恰当的教学方法体现在：(1)对教学过程的特点有深入的了解，能在关键环节对学生授以必要的策略；(2)能根据学生的年龄特征、认知水平及学习任务，采用多样化的教学方法，提高教学效果；(3)能运用适当的教学方法、教学手段，有效地揭示内隐的学习策略，把抽象的内容具体化、形象化，便于学生学习和掌握。教师的策略教学方法影响学生对学习策略的掌握程度。

（二）学习策略的教学模式

提高学习策略的教学水平有助于促进学生掌握有效的学习方法。目前，学习策略的教学主要有以下几种模式：

1. 直接课程式

此模式将学习策略的学习作为一门专门的课程开展，讲授教与学策略的有关知识，包括教与学的模式、方法、手段等。教师讲授具体学习策略的使用条件和步骤，如适合任何课程学习的复述策略、精加工策略、组织策略等，并通过报告自己的思维等方式解释各种策略在具体案例中的应用，以帮助学生对策略的认识、理解和应用。这种模式的优点在于能够让学习者形成较为科学和系统的学习策略，不足之处在于这种课程式教学往往是以专题或者讲座的形式进行，与系统化课程的要求相差较远。加上训练时与专门知识结合不足，容易与学生的实际学习或教学进度脱钩，可能导致学生了解学习策略，但是难以在学习活动中顺利地应用。

2. 学科渗透式

该模式将学习策略的训练与特定学科的学习内容相结合，在具体学科知识的学习过程中传授学科的学习策略。如语文教师专门讲解阅读理解策略，数学教师专门讲解应用题解题策略。这种模式将知识教学和学习策略教学融为一体，需要教师在进行学科教学的同时敏锐地觉察到需要传授的学习策略，在课堂中对学生进行指导，并布置作业促进学生巩固学习策略。该模式尤其适合对学困生的学习策略干预，利用设置情境、设问、直接讲授或小组讨论等形式，建构学生的学习策略。因此，这种模式对学习效果的影响可以说是立竿见影的。但是，由于策略来源于具体学科内容，学生难以形成系统的策略观，也不便于把学习策略迁移到其他学科的学习中去。

3. 交叉学习式

这种模式是为了克服前面两种模式的不足而设立的。它往往是先独立地教授学习策略，包括学习策略的意义、适用范围、条件及具体操作程序等，完成简短的教学之后，将它与具体的学科内容结合起来，根据具体学习情境的差异，要求并帮助学生把所学的策略运用于具体的学习活动中。这种模式虽然优化了上述两种模式，舍弃了它们的短处，但它同样有自己的不足，最突出的一点就是这类教学可能会大大减缓教学进度。

（三）儿童学习策略教学的注意事项

完善的教学技术有助于学习策略教学的开展，也有利于促进学生对策略的学习和掌握。加强学习策略的教学，需要注意以下几点：

1. 注重元认知监控训练

元认知监控是学生针对认知过程的自我意识与自我控制。有研究者指出，最佳的教学方法是告诉学生如何使用学习方法（包括有关学习方法怎样使用、何时使用的知识），以及教会他们何时、如何检查学习策略的使用（包括有关学习的监视与控制的知识）。比如，教师要教会学生在阅读时对注意加以跟踪、对材料进行自我提问、考试时监控自己的速度和时间等。

给教师的建议

元认知策略的有效教学技术[①]

●出声思考法。教师通过用语言大声讲出思路的方式，向学生示范自己在解决问题时内部的思考过程，使学生通过模仿学会表述自身的内在思维过程，掌握元认知策略。

●教给学生撰写思考日志的方法。让学生对自己的思维过程进行反思，理清思路，学会主动控制自己的学习。思考日志的内容包括：所学的重要知识点；相关知识点的联系；容易混淆内容的区分和鉴别；对矛盾和不明确问题的思考；对自己知识掌握情况的评价。

●作计划。让学生做自己学习过程的计划者和监控者，提高其学习的自主性。计划的内容包括：确定具体学习内容，估计学习所需要的时间，最终形成具体的时间安排表。

●报告思维过程。让学生报告其在解决问题时内部的思维过程，增强学生使用学习策略的意识。同时教师可以根据学生的报告，确认学生使用了哪些学习策略，引导学生对所用的学习策略进行评价，帮助学生寻找和确定有价值的学习方法。

2.有效运用教学反馈

反馈能够改进学习，提高学习效果。因此，教师在教授学习策略时，不仅要留意方法上的传授，还要重视教会学生如何监控自己的行为，以及如何对学习方法是否适合自己进行自我评估和反馈。通常来说，在增加反馈的条件下，学生更有可能把学习策略运用到更为现实的学习情境中去。常用的反馈手段包括使学生知道自身策略运用的不足之处，让学生学会评价策略教学的有效性，理解学习策略的积极效应，体会到学习策略对学习效果的改善等。

3.提供足够的教学时间

只有真正感受到选择和使用正确的学习策略对于学习的重要性时，学生才能自发地在学习活动中使用学习策略，而要做到这一点，就要保证足够长的教学时间。学习方法使用的熟练性、对学习的调节与控制的自动化都是保证学习策略能够顺利使用和迁移的条件。因此，足够的策略训练对于学习策略的教学非常必要。

---

①王振宏，李彩娜．教育心理学[M]．2版．北京：高等教育出版社，2020.

实践训练营

如何管理自己？①

对自己进行自我管理的目的，是为了更好地理解并控制自己的行为，使自身的行为更加合理，更加有效。时至今日，人们开始接受这种来源于行为理论的观点，不再怀疑强化作用在自我管理中的意义。下面，我们就来看看如何运用行为方法进行自我管理。

自我管理的基本方法就是把操作性条件反射的原理与自己的实际情况结合起来。有七件事要做：

(1)选择目标行为，也就是确定你希望改变的行为。

(2)记录初始值。记录下你达到目标需要花的时间，或者记录下你每天做出的合意反应及不合意反应的数量。

(3)建立目标。所要建立的目标就是目标行为的增加或减少。你需要记住行为塑造的原则，不可操之过急，要为每一天、每一周都建立现实并合理的进步目标。

(4)选择强化物。如果你完成了每天的目标，就要按照计划给自己奖励。例如，一天的奖励可以是看电视、吃一块糖、去找朋友聚一聚、玩一会儿乐器或找一件自己喜欢的事做。同时，也要为自己制订达到一周目标后的奖励方法。例如，看一场电影、下一次馆子或做一次周末旅行。

(5)为进步做量化记录。要精确记录每天花在目标行为上的时间，以及自己做出的目标行为的数量。

(6)不成功无奖励。一定要诚实待己，如果你达到了每天的目标，就要给自己奖励；如果没有达到目标，则没有奖励。要根据每周计划完成情况决定发不发奖。

(7)当你对自己的行为管理能力了解更多之后，即可调整你的计划。如果你在自我管理中获得成功，你进行自我管理的做法就会得到强化。

思考：结合自己的实际情况，根据上述方法制订一份自我管理的计划。

---

①彭小虎，王国锋，朱丹．儿童发展与教育心理学[M]．上海：华东师范大学出版社，2014.

本章小结

学习策略有助于提高学习质量和学习效率，近年来已成为儿童教育心理学研究中的一个热点问题。本章主要介绍和探讨了学习策略的特点与分类，认知策略、元认知策略和资源管理策略等具体学习策略，以及儿童学习策略的一般规律与教学启示，是儿童学习心理板块的重要组成部分。

【练习与实践】

妈妈发现6年级的陶陶最近变得自律了许多，不仅会在房间里学习完了再出来玩，而且还会在周末的时候写好下一周的任务计划拿给自己看。妈妈感到非常好奇，就问陶陶怎么回事。陶陶回答妈妈说："郑老师告诉了我们一些好方法，我试了试，发现学习起来真的轻松有效了不少，现在我对学习越来越有信心了。"

请你想一想，郑老师是如何让陶陶学会学习的？

【成长直播间】

<table>
<tr><th rowspan="3">成长维度</th><th colspan="5">内容</th></tr>
<tr><th rowspan="2">我收获了什么</th><th colspan="4">成长等级</th></tr>
<tr><th>A</th><th>B</th><th>C</th><th>D</th></tr>
<tr><td>知识</td><td></td><td colspan="4"></td></tr>
<tr><td>能力</td><td></td><td colspan="4"></td></tr>
<tr><td>素养</td><td></td><td colspan="4"></td></tr>
</table>

【学习加油站】

[1]刘电芝，田良臣著.高效率学习策略指南[M].北京：科学出版社，2011

[2]（英）佐伊·恩舍，（英）马克·恩舍.生成学习策略[M].北京：教育科学出版社，2024.

第十一章

儿童学习怎样延伸？——学习迁移

学习目标

1. 理解学习迁移的含义、种类和不同迁移理论的主要观点。
2. 能够应用促进小学儿童学习迁移的教学措施。
3. 树立探究未知的创新意识和心理学实证思维。

知识导图

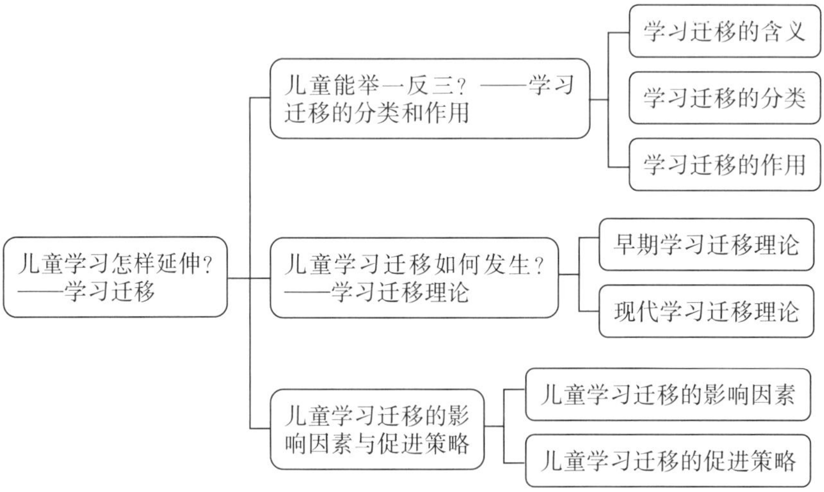

资料超链接

李老师的课堂上，课程内容简练，学生也学得主动，因为李老师总是能够把问题归类，每个定律通过讨论、讲解后再练习，学生很快就能掌握定律的实质，并灵活应用到相关问题的解决中去。同样是数学，陈老师在课堂上却总是反复讲解同一定律，让学生反复做练习题，学生遇到需要运用这一定律解决的题目时仍然会出错。为什么会出现这样的情况呢？[①]

从上面的案例不难发现，教师在教学中引导学生进行学习迁移，不仅有利于教学目标的实现，更有利于学生的认知发展和智慧成长。本章将在厘清学习迁移的分类和作用的基础上，细致分析学习迁移产生的主要机制，并阐明影响学生学习迁移的因素，以及在教学中如何结合实际使学生的学习达到触类旁通的效果。

第一节　儿童能举一反三？
——学习迁移的分类和作用

个人学习到的知识通常是有限的。为了能够更好地适应知识经济时代的要求，学生不仅要学会在现实生活中对所学的知识进行应用和表达，而且要做到举一反三。正如美国心理学家比格（M. L. Bigge）所说："学校最大的效率，大半依学生所学材料可能迁移的数量和质量而定，因而学习迁移是教育最后必须依托的柱石。"

一、学习迁移的含义

迁移是一种学习对另一种学习的影响。换句话说，迁移是在一种情境中技能、知识和理解的获得或态度的形成对另一种情境中技能、知识和理解的获得或态度形成的影响。利用所学的技能、知识等去解决问题的过程，也是一种迁移的过程。在日常生活中我们可以观察到，学会骑自行车有助于学习驾驶摩托车；学过加法再学乘法就会感到容易；学会了走路的儿童，会把保持平衡及移动身体的技能迁移到跑的任务中去；当儿童已经学会和邻居的儿童一起玩时，他就会用这些已经学会的本领来交朋友，同其他儿童进行合作；学生在做语文练习时养成爱整洁的书写习惯，有助于他们在完成其他作业时也形成爱整洁的习惯。学习迁移不仅存在于某种经验内部，比如知识与知识之间的迁移；

①王振宏，李彩娜．教育心理学[M]．2版．北京：高等教育出版社，2020.

也会发生在不同经验之间,如知识与能力之间的迁移。总而言之,现代社会的发展趋势表明,学会学习或进行有效的学习是适应未来社会生活的必要条件,而要真正学会学习,最主要的条件就是能够主动有效地进行迁移。

二、学习迁移的分类

随着迁移研究的不断深入,研究者逐渐认识到,在不同的任务中,迁移的机制以及迁移所需的基本成分是不同的,进而提出了一些分类。对迁移的不同分类,体现了人们对迁移的理解深度和研究角度的不同。学习迁移可以进行多种分类。

(一)正迁移和负迁移

根据迁移的性质和效果,迁移可以分为正迁移和负迁移。正迁移是指一种学习对另一种学习产生积极的促进作用。例如,学习数学有利于学习物理;学习珠算有利于学习心算;掌握平面几何有助于立体几何的学习;钢笔字写得好,粉笔字也容易写好;懂得英语的人很容易掌握法语;等等。负迁移是指一种学习对另一种学习产生干扰或阻碍作用。例如,看着汉语拼音字母表,却读成了英语字母的发音;上课和下课用同样的铃声,常常让学生混淆。概括而言,正迁移是一种学习使另一种学习具有良好的心理准备状态,所需的时间或练习的次数减少了,而学习的深度或单位时间内的学习量增加了,学生顺利地解决了问题。负迁移一般是指一种学习所形成的心理状态(如反应定式等)对另一种学习的效率或准确性产生了消极的影响,使另一种学习所需的时间或练习次数增加,阻碍了另一种学习的顺利进行和知识的正确掌握。

(二)顺向迁移和逆向迁移

从迁移的方向上看,迁移可以分为顺向迁移和逆向迁移。顺向迁移是指先前的学习对后来的学习产生的影响。当面临新的学习情境和问题情境时,学生如果利用原有的知识或技能获得了新知识或解决了新问题,这种迁移是顺向迁移。例如,在物理中学习了平衡概念,就会对以后学习化学平衡、生物平衡、经济平衡产生影响;刚背了一篇语文课文,会影响后面记忆数学公式的效果。温故而知新、举一反三、闻一知十等词语说的都是顺向迁移。逆向迁移是指后续的学习对先前的学习产生的影响。当原有的知识技能不足以学习新知识或解决新问题时,学生需要对原有的知识进行补充、改组或修正,这种迁移就是逆向迁移。如学习了微生物后,对先前学习的动物、植物的概念会产生影响;英语语法知识的学习会影响汉语语法知识的掌握等。需要注意的是,这种分类只关注学习的先后,不关注迁移的效果。

(三)一般迁移和特殊迁移

为什么认真学习的学生大多各科成绩都好?是否也是迁移导致的?这是很有可能的。这样的学生,拥有认真的学习态度,这对各个学科的学习都至关重要,故而迁移范围比较大。相比之下,某些具体知识的迁移范围就要小得多,比如英语学得好的学生,虽然掌握了语法和发音知识,但这种知识很难迁移到数学、物理等学科,这些学科可能学得很糟糕。根据迁移的内容和范围,可以将前一类迁移归类为一般迁移,即原理或态度的迁移,其迁移范围较大;后一类迁移归类为特殊迁移,即具体的知识与技能的迁移,是由任务的相似性引发的,多停留在具体事物上,其迁移范围小。

一般迁移是学生在一种学习中习得的基本概念、原理、能力、态度或方法对另一种学习产生的影响,能对比较广泛的学习产生迁移。例如,学生在学习中获得的基本运算技能、阅读技能可以运用到数学或语文等各种具体知识的学习中。同时,学生对一门学科喜欢或厌恶的情感态度也会影响到其他学科。因此,教师在教学中应注意促进学生形成良好的知识结构,掌握基本的原理和概念,并形成积极的情感体验,促进一般迁移。特殊迁移是指某种学习内容指向特定学习内容的迁移。如学生在学习一个新的形声字(如泥、咏)时,对声旁读音(尼、永)的知识会迁移到对新字读音的掌握;跳水运动员在熟练掌握跳水的基本动作如弹跳、空翻、入水后,学习新的跳水项目时,就可以把这些基本动作进行组合,很快形成新的动作。

(四)水平迁移和垂直迁移

现实中,有些孩子认识了西瓜之后,会把西瓜的一些特征迁移到哈密瓜、香瓜上,比如认为它们都是甜的。这按照迁移的内容和范围,可以归到特殊迁移;如果按照迁移的概括水平来分,可以归为水平迁移。水平迁移即横向迁移,描述的是同一抽象和概括水平的经验之间的相互影响。比如,儿童学习加法可能影响他们学习减法的成效。儿童学习三角形的知识,会影响以后学直角三角形、锐角三角形、钝角三角形的效果,这属垂直迁移,也叫纵向迁移。纵向迁移的经验处于不同的抽象概括水平。因此,水平迁移中,学习内容间的逻辑关系是并列的,如直角、钝角、锐角、平角等概念之间的关系是并列的,都处于同一抽象和概括层次,各种概念的学习之间产生的相互影响就是水平迁移;垂直迁移则是指处于不同抽象、概括水平的经验之间的相互影响。如学生对角的概念的掌握会影响到他对直角、平角等概念的学习;小学生学习了水果的概念后,再学习榴梿这一概念时,如果告诉学生榴梿是一种水果,学生就会很容易掌握。

(五)低通路迁移和高通路迁移

根据迁移的自动化程度,可将迁移分为低通路迁移和高通路迁移。低通路迁移指技能经过充分练习后可以自动迁移,不需要反省性思维。例如,长期开自家车的人可以很轻松地开从朋友那里借来的车。这种迁移的关键是对原先的技能有充分的练习,达到自动化程度。高通路迁移则是指有意识地将先前习得的抽象知识应用于新的情境。这种应用可分为两种情形:第一,在当前的学习中想到今后的应用,如在学习教育心理学原理时,就想到将来在教学实践中如何应用;第二,面对新问题时,回头思考先前习得的知识在新情境中的应用,如在学习物理时考虑曾学过的数学原理应该如何应用。高通路迁移需要一定的注意力和意志力,比如利用做笔记策略来阅读文章,其关键是有意识地进行抽象概括,或精心鉴别出不限于特殊情境、能普遍应用的原理以及主要观点、策略或步骤。

(六)同化性迁移、顺应性迁移和重组性迁移

还有一种依据迁移的心理机制的分类,可将迁移分成同化性迁移、顺应性迁移和重组性迁移。同化性迁移中,学习者不用改变原有的认知结构。比如,儿童知道读汉字时可以“读半边”这种技巧后,如果认识了“及”这个字,那他遇到生字“汲”“级”“极”时,都会猜想它们都念jí。顺应性迁移则要求学习者调整原有的认知经验,形成更高级的认知结构。在前面的迁移例子中,如果儿童遇到的生字是“吸”,那他就要改变原来“读半边”的认知,调整为“带‘及’的字不仅可以读jí,还有可能读xī”。同化性迁移、顺应性迁移,跟前面学过的皮亚杰的“同化”和“顺应”非常相似。重组性迁移表现为调整成分间的关系,应用于新情境。例如,儿童将已经掌握的字母“are”进行重新组合,形成新的单词“ear”。

学习交流室

在历史课上,刘若男同学发现笔记做得越多,在考试的时候表现就越好。于是她决定在地理课上也做更多的笔记,结果证明这种方法很有效。

数学课上学了十进制,老师问:“4.4和4.14比,哪个数字大一些?”梁园回忆起关于整数的一些知识:三位数比两位数大。她回答说“4.14比较大”,得出了错误的结论。

张东强对初中代数的因式分解部分学得非常好,有的题目老师都不容易做出来,他也能够很快解答。在学习解一元二次方程时,他觉得太简单了,再难的题目也难不住他。

李亚明的三角函数学得非常好,他发现物理学中的力学知识学起来也很容易,尽管很多同学说物理中的力学太难了。①

思考:以上例子中分别体现了哪种类型的迁移?

①王振宏,李彩娜.教育心理学[M].2版.北京:高等教育出版社,2020.

三、学习迁移的作用

学习迁移对教学活动究竟有着怎样的作用呢？

学习迁移在学生的心理发展及社会适应中，具有非常重要的作用。对于学生而言，能不能发生迁移、迁移的效果如何，会直接影响他们的学习进程与效率，善于迁移的学习者可以在有限的时间内学得更快、更好。学习的最终目的并不是仅仅将知识经验存储于头脑中，而是把学到的知识运用到各种不同的实际情境中，解决现实中的各种问题，从而形成解决问题的能力。迁移是能力形成的重要环节。只有通过广泛的迁移，原有的经验才能被改造，才能概括化和系统化，从而广泛有效地调节学生的学习活动，解决实际问题。

对于教师来说，掌握学习迁移规律可以提高教育教学的效率。将学习迁移规律融入教学设计，学生能做到举一反三、闻一知十，那么教师就不用反复讲解同类知识，节约出来的教学时间可以用来安排拓展性的教学活动。

第二节　儿童学习迁移如何发生？

——学习迁移理论

教育心理学家非常重视研究学习迁移，希望了解采用怎样的教学方法才能有效促进学生的学习迁移，并力求揭示学习迁移产生的条件和规律等。为此，不同的学者开展了多样化的实验和研究，形成了多种迁移理论。

一、早期学习迁移理论

在探索学习迁移发生发展的一般规律与特征的过程中，学者们逐步建立了各种不同的学习迁移理论，为其发展奠定了基础。其中，具有代表性的理论包括沃尔夫的形式训练说，桑代克等人提出的共同要素说，贾德的经验概括说，苛勒提出的关系转换说。

（一）形式训练说

现实中，很多家长热衷于把孩子送到记忆力训练、思维训练的培训班，期待提高孩子的学习成绩。这种想法的背后，就隐藏着形式训练说。

形式训练说是一种早期的迁移理论，代表人物是德国心理学家沃尔夫（B. C. von Wolff）。该学说基于官能心理学的理论，认为人的心理由注意、意志、记忆、思维、想象和推理等各种不同的官能组成，它们分别从事不同的活动。各种官能可以像训练人的肌肉一样通过练习增强能力,比如记忆的官能通过记忆训练可以得到增强,推理和想象的官能通过推理和想象的训练可以得到增强。要发展和提高各种官能,除了训练之外,没有别的办法,如感觉是越用越敏锐,记忆因不断训练而增强。也就是说,形式训练说认为可以通过对形成心理的各种官能进行训练来提高能力并实现迁移。如今那些"鸡娃"的家长,就是赞同官能训练的。

形式训练说认为,学习迁移就是心灵的官能受到训练而自动发展的结果。所以,该学说把训练心理官能、提高心理官能的能量作为教学的重点,认为具体学习什么内容并不重要,重要的是通过学习过程训练心理官能。例如,拉丁语和希腊语等古典语言和数学、自然科学中的难题能够训练记忆、推理和判断等心理官能,因此学校里应该重视古典语言和数学的教学,有了这样的训练,学生在以后的学习和工作中将会受益无穷。

形式训练说重视学习的迁移,重视能力的训练和培养,对后来的学习迁移研究产生了很大的影响。该学说启示教师们,应给予学生充分的形式训练,通过学习活动去训练学生的记忆力、推理能力和想象力。但是,心理的各种官能是否经过训练就能提高,从而自动迁移到以后的学习活动中呢?面对此问题,沃尔夫的观点因缺乏足够的科学依据而受到质疑,后来的研究者们用实验证据对该学说提出了挑战。

(二)共同要素说

许多心理学家设计了更为严密的实验,从各种不同角度向形式训练说提出挑战。其中,桑代克的面积估算实验影响最大,基于该实验,他对学习迁移的形式训练说提出了质疑。实验结果表明,通过训练某种活动而可以普遍迁移的注意力、记忆力、观察力是不存在的,心智任务方面的练习并不能提高学生在不同情境中完成类似任务的能力。因此,以桑代克和伍德沃斯(R. S. Woodworth)为代表的研究者提出了共同要素说来解释学习迁移的问题。他们认为,学习中训练某一官能未必能使其他方面都得到改善,只有两种学习情境中存在共同的成分或因素时才能产生迁移。比如,骑自行车与骑摩托车在协调性和操作方式上有相同的因素,所以迁移就容易发生。又如,儿童背诵英语单词look和cook,因为两个单词之间有共同的成分oo,且都发短音/u/,所以背起来更轻松。不难理解,根据共同要素说,只有当学习情境与迁移测验情境存在共同成分时,一种学习才能影响到另一种学习,即产生迁移。

共同要素说中,学习迁移是非常具体的并且是有条件的,只存在于含有共同要素的一些领域中。同时,学习活动中存在的共同要素越多,迁移的可能性越大。这些观点在当时的教育界对学习迁移的研究和实际教学起到了积极的作用,使学校教学脱离了在形式训练说影响下不考虑实际生活、只注重形式训练的教学状况,开始在课程的设置和教学内容的安排上注重知识的实际应用。这就提示教师在教学内容的设计上,力求与现实生活情境相同,与将来的实际应用相结合。学校应重视相似学科的课程设置,给学生创造学习迁移的必要条件。但该理论仅强调了学习内容间元素的简单对应关系,忽略了学生主体的作用；同时，仅看到相同要素的积极迁移，忽略了一种学习对另一种学习可能产生的干扰作用，如前摄抑制和倒摄抑制，即两种材料相似成分越多，则干扰的影响越强。此外，共同要素说只能机械化地解释具体的特殊迁移，难以揭示复杂的学习迁移的实质，因而存在一定的局限性，受到了后来的迁移研究者的质疑。

心理实验室

19世纪末20世纪初，心理学家纷纷对形式训练说提出质疑。桑代克首先在知觉方面进行了一系列的实验来证明。他在1901年以大学生为被试进行了面积估算实验，训练他们判断不同大小和形状的图形面积。

实验过程如下：

第一个阶段是预测，让被试估计矩形、三角形、圆和不规则图形等共127个图形的面积，预测他们判断面积的一般能力；

第二个阶段是训练，让被试估计90个各种大小不同的平行四边形的面积，进行充分的练习，直到获得很大进步为止；

第三个阶段是测验，让被试接受两种测验：一种是让被试估计13个与训练图形相似的长方形的面积，另一种是让被试估计27个图形（包括三角形、圆和不规则图形）的面积，这27个图形是在预测中使用过的。

结果发现，被试对长方形面积的判断成绩提高了，而对三角形、圆和不规则图形面积的估计成绩并没有提高。

此外，桑代克在长度和重量、记忆和注意方面的实验也得到了相似的结果。①

（三）经验概括说

后续研究者贾德（Judd）认为，仅仅有共同因素，还不足以导致学习迁移的发生。在前一种学习中获得的知识之所以能迁移到以后的学习中去，是因为在前一种学习中获得了一般性的原理，这种原理可以部分地或全部地应用到以后的学习中去。贾德通过水下打靶实验证明了他的观点，并据此提出了经验概括说。他以5，6年级的小学生为被试，分成两组练习用标枪投中水下的靶子。在实验前，他对其中的一组学生解释了光在水中的折射原理，另一组学生不做任何说明。在开始投掷练习时，靶子置于水下约3厘米处。结果显示，讲授过和未讲授过折射原理的学生，其成绩相同。这似乎表明学习理论知识对掷标枪技能并没有什么效果。但是当把水下约3厘米处的靶子移到水下约10厘米处时，令人意想不到的结果出现了，两组的差异非常明显。学过折射原理组的成绩显著好于未学组，没有学过折射原理的学生持续出错。对于这样的实验结果，研究者很是诧异。

①王小明，庞维国．儿童认知与学习[M]．上海：华东师范大学出版社，2014.

于是，贾德详细分析了导致两组成绩差异的原因，发现第一轮实验两组学生的成绩之所以相同，是因为在开始的测试中，所有的学生必须学会使用标枪，理论的说明并不能代替练习；而第二轮实验中学习组的成绩之所以明显更好，掌握了折射原理是最主要的影响因素。也就是说，学习迁移的关键在于学习者能否概括出两种活动之间的共同原理。因此，按照经验概括说的观点，两个学习活动之间存在的共同成分是产生迁移的必要前提，而迁移产生的关键则是学习者在两种活动中概括出它们之间的共同原理，学生的概括水平越高，迁移的可能性越大。

经验概括说突破了共同要素说的局限，将共同要素的范围上升到更抽象的原理、原则，并将学生对学习情境的共同原理、原则的概括作为迁移的基本条件。这一理论指出，概括与教学方法间存在密切关系。可通过让学生掌握一般性的原理，总结经验，从而将所掌握的原理和经验用于以后的学习活动中。这启发我们，在教学中教师要重视核心概念和基本原理的教学，并鼓励学生对其进行抽象和概括。现实中，很多数学老师在课堂上都会反复讲解公式和定理，课后会布置各种针对这些公式和定理的练习，以深化学生对基本原理的理解。久而久之，学生遇到其他具体情境时，就会应用这些公式和定理解决实践中的数学问题。教师这种做法背后的心理学基础就是经验概括说。

学习交流室

在化学课上关于"氧化还是还原"的教学中，刘老师给学生讲解清楚了氧化还原反应的本质是有化合价的变化，并一定有得氧和失氧。学生在以后的学习中，只要发现有化合价的变化，就能判断是氧化反应还是还原反应。

请同学们思考，这种迁移现象可以用哪种理论进行解释？

（四）关系转换说

格式塔心理学家苛勒从理解事物关系的角度，对经验概括说进行了重新解释，称为关系转换说。苛勒强调，习得的经验能否发生迁移，并不取决于情境是否存在某些共同要素，也不取决于对原理的孤立掌握，而是取决于个体能否顿悟两种学习情境之间的关系。换句话说，对情境中各种关系的顿悟是学习迁移产生的决定因素，迁移不是由于两种学习情境具有共同成分、原理或规则就自动产生的，而是由于学习者突然发现了两个学习经验之间存在的关系或联系。

上述观点以"小鸡觅食"实验为支持。实验中，他让小鸡在深浅不同的两张灰色纸上寻找食物。如果小鸡啄食深灰色纸上的米，就让它继续；如果它啄食浅灰色纸上的米，就把它赶走。通过条件反射学习，小鸡学会了只有从深灰色纸上才能获得食物。然后，他变换实验情境，保留深灰色纸，用黑色纸取代原来的浅灰色纸。按刺激-反应的原理，小鸡应和以前一样啄食深灰色纸上的米。结果发现事实并非如此，有70%的小鸡啄食较深的黑色纸上的米。苛勒认为，此时小鸡是对整个刺激情境相对关系的变换做出反应，而非对单一刺激特征做出反应。同样的实验过程，在黑猩猩和三岁幼儿身上重复了一遍，结果观察到了同样的现象，正确反应率更高。

实验中的两个情境存在共同要素，即都有深灰色的纸；也包含一定的觅食规则，即食物总是在纸张的上面。但这些因素都不够，真正促使学习迁移发生的根本因素是学习者对情境关系的理解和顿悟。这说明学习迁移的产生依赖于两个条件：一是两种学习之间存在一定的关系；二是学习者对这一关系的理解和顿悟，后者比前者重要。因此，格式塔心理学家们认为，这是一种情境关系的转换，被试在前次学习中顿悟了一种关系，并将顿悟转换到新的类似的情境中。

关系转换说认为，只有学习者发现了两个事件间的关系，迁移才能产生。这种观点强调了学习者的主观能动性在迁移中的作用。这就告诉教师们，必须着重培养学生理解和顿悟事物之间关系的能力，在教学过程中强化新旧知识之间的内在联系。如果学生掌握的只是一个个孤立的知识点，而不能抓住和理解它们之间的关系，那所学会的知识就是支离破碎的，就难以发生迁移。

纵观早期的学习迁移经典理论，形式训练说强调训练人的各种官能，共同要素说强调情境之间存在共同要素，经验概括说主张对原理规则的概括，而关系转换说则看重对两种情境关系的顿悟。

给教师的建议

依据经典学习迁移理论组织教学

•教师在教学中应该促进学生在具体的学习中概括和抽象出一般化的原理。

•教师应当充分调动学生的积极性和主动性，创设一定的条件主动引发学生的领悟。

•教师在教学中要强调学生的准备性，激发学生有意识地将已经掌握的学习策略和方法应用到新的情境当中。

二、现代学习迁移理论

下面我们介绍和探讨现代学习迁移理论，包括与陈述性知识对应的认知结构迁移理论，与程序性知识对应的产生式迁移理论，与策略性知识相对应的元认知迁移理论，以及生态心理学视角下的情境性迁移理论。

（一）认知结构迁移理论

认知主义心理学家布鲁纳指出，原理和态度的迁移是教育过程的核心，掌握各门学科的基本结构和原理，是通向学习迁移的大道。而奥苏贝尔在布鲁纳认知结构教学观的基础上，设计了一系列科学实验，更系统地研究了学生的认知结构及其特征对学习迁移的影响，并根据他的有意义学习理论，发展形成了认知结构迁移理论。

奥苏贝尔认为，一切有意义的学习都是在学习者原有认知结构的基础上产生的。认知结构就是学生头脑中的知识结构。学习者将新知识纳入已有认知结构之中，引起原有认知结构的变化，就产生了有意义学习，所以一切有意义的学习必然包括迁移。概括起来，迁移是以认知结构为中介进行的。奥苏贝尔通过钢的性质、宗教系列学习实验证明，先前学习所获得的新经验通过影响原有认知结构的有关特征来影响新的学习过程。原有认知结构的特征，主要包括可利用性、稳定性和可辨别性。原有认知结构就是通过这三个特征来影响学习迁移的过程的。

第一，可利用性是指学习者原有认知结构中是否有用来同化新知识的适当观念。比如学习“交通工具”这个概念的时候，是不是已经有了“公交车”“轮船”这样的下位概念，或者“食物”“动物”这样的并列概念。原有相关概念或原理的概括程度越高，迁移范围越大。可利用性是影响学习迁移的最重要因素。如果在学习新知识时，学生的认知结构中缺乏适当的观念，教师可以从外部给学生的认知结构嵌入一个这样的观念，使其起到吸收与同化新知识的作用。例如，学生总是在掌握分数概念之后学习百分数，分数概念是上位的，起组织者作用；百分数概念是下位的，有分数概念的支持，学习起来会更容易。又如，讲授秦岭—淮河一线是我国一条重要的地理分界线时，引用“晏子使楚”的故事，突出“橘生淮南则为橘，生于淮北则为枳”，用这一典故将地理事物的区域变化与地理区域环境整体特征这两个概念联结在一起，可以为讲清楚秦岭—淮河地理界线的问题打下基础。

第二，稳定性描述的是用来同化新知识的原有知识是否已被牢固掌握。显然，原有知识巩固程度越高，则越有助于迁移。在教学实践中，教师可以利用及时纠正、反馈、过度学习等方法，增强原有知识的稳定性。稳定的原有知识有助于新知识的学习与保持。

第三，可辨别性是指利用旧知识同化新知识时，学习者能否清晰分辨出新旧知识之间的异同点，两者的可分辨程度越高，则越有助于学习迁移。例如，在物理学中讲到雷达是利用无线电波反射来侦察和定位远距离物体时，教师可利用学生已知的回声相关知识来同化新知识。学生必须意识到声波和无线电波之间有相似之处，这样才便于原有的声波知识同化新的无线电波知识；又必须能区分两者的不同，新的知识才可以作为独立的知识保存下来。

学生学习新知识时，认知结构越具有可利用性、稳定性和可辨别性，就越能促进学习迁移的发生。因此，认知结构迁移理论启示教师，要合理安排教材的内容和教材的呈现顺序。教材内容应尽可能先传授学科中具有最大包容性、概括性和最有说服力的概念和原理，教材的呈现顺序在纵向水平上应“不断分化”，在横向水平上应“不断综合”，最终帮助学生建立可利用性高、可辨别性大、稳定性强的认知结构。

心理实验室

1960年，奥苏贝尔以钢的性质为教学内容，证明了运用先行组织者创建教学情境在促进学习迁移上的有效作用。实验组在学习关于钢的性质的知识之前，先学习了纯金属材料与合金材料的异同，它们在用途上的不同性能以及冶炼合金的理由；控制组在学习之前，也学习了钢铁冶炼方法的历史发展，但没有学习任何有助于理解钢的性质的框架性概念。两组被试在学习完钢的性质之后，进行相同的学习测验，结果两组被试在学习成绩上出现了显著的差异，实验组的学习成绩明显好于控制组。这说明，关于不同材料的原有知识在新知识的学习中，起到的促进作用也不同。显然，在这里奥苏贝尔为实验组所提供的组织者是一个一般的原理或规律，而学生所学习的新知识是一个具体的特例，新知识与组织者之间形成了一种演绎推理关系的教学情境，正是由于这种演绎关系教学情境的建立，学生才得以建构新的认知结构单元。后来的研究发现，组织者不仅可以是先行的，也可以放在学习材料之后呈现；不仅可以是陈述性的，也可以是比较性的，即比较新材料和认知结构中相类似的材料，从而增强似是而非的新旧知识之间的可辨别性。①

（二）产生式迁移理论

产生式迁移理论的基本思想是，前后两项学习任务产生迁移的原因是两项任务之间产生式的重叠，重叠越多，迁移量越大。根据信息加工心理学的观点，产生式用于表征人类的技能，所以技能学习产生迁移的原因应该用其共有的产生式数量来进行解释。具体地说，就是用相同或相似的产生式规则来描述两项任务所包含的共同知识和经验。如果两个学习情境有共同的产生式或有产生式的交叉、重叠，就可以产生迁移。

持这种观点的代表人物是西格勒和安德森（Singley & Aderson）。他们通过EMACS文本编辑器学习实验，证实了产生式在学习迁移中的重要作用。实验中，被试为打字熟练的秘书人员，分为A、B、C三个组，每天实验3小时，时间跨度6天。A组在学习EMACS编辑器之前，先根据文本进行4天的打字练习；B组前面4天学习一种编辑程序，后面2天学习EMACS编辑器；C组为控制组，6天一直学习EMACS编辑器。结果发现，A组后面2天学习EMACS编辑器的成绩同控制组第一和第二天的成绩相似，而B组后面2天学习

①钟丽凤．先行组织者策略对学生阅读理解影响的实验研究[D]．南昌：江西师范大学，2007.

EMACS编辑器时，成绩明显好于A组。这说明，打字对EMACS编辑器学习未产生迁移，而相关编辑程序的学习却产生了显著的迁移。

安德森深入分析了造成这种实验结果的原因。他指出，在打字和文本编辑器之间没有共同的产生式规则，而在两种编辑程序之间却存在很多相同的产生式规则。实践中支持这种观点的学习行为很多。比如，擅长广播体操的儿童，学习民族舞蹈比较快；而已经会仰泳的运动员，学习蝶泳的速度也是惊人的。究其缘由，都是因为两种学习之间存在相同的产生式。大家有没有发现，安德森的观点和桑代克的共同要素说有点像呢？事实上，产生式迁移理论可以理解为共同要素说在信息加工领域的翻版，两者的区别在于安德森用共有的产生式替代了相同要素。

产生式迁移理论的验证研究目前仍停留于计算机模拟阶段。尽管如此，它在实际教学中的意义仍然十分明显。由于两项任务共有的产生式数量决定迁移水平，因此教师在进行教材选编时，应考虑循序渐进的原则，前后两个单元的教学要有适度的重叠；还要重视共同规则、概念和原理的教学，以便为后续学习做准备。

（三）元认知迁移理论

前文已经对元认知策略进行了详细的介绍。元认知是认知主体对自己的认知过程、结果及与之相关的活动的认知，它使主体能够监控自己正在进行的认知活动，并做出适当的调节。自我监控、评价策略、及时调整策略等元认知活动，对专家来说通常是自动进行的，而新手则要通过传授和练习才能逐步获得。现实中，智力中等、学习成绩差的儿童通常缺乏元认知能力，他们既对自己的学习任务、学习方法意识不够，也不善于调控自己的学习过程。能不能通过适当的训练提高这些儿童的元认知能力，并使这种能力迁移到他们的学习中去呢？研究者们基于对这类现象的思考，提出了元认知迁移理论。

元认知迁移理论认为，引发迁移的主要原因在于元认知策略的训练促进了学生元认知能力的发展。为此，珀林克萨和布朗（Pulinchser & Brown）设计了一个阅读训练实验，验证元认知策略训练对学习迁移的促进作用。实验对象是有阅读困难的初中生，他们要接受两个阶段的训练。第一个阶段进行纠正性反馈训练，即回答正确立即给予表扬，回答错误立即指导他们纠正；第二个阶段进行学习策略训练，包括阅读中如何对信息分类、如何陈述主要观点、如何预测问题等。结果发现，被试回答问题的正确率从第一个阶段训练后的50%上升到第二个阶段训练后的80%，并且这种训练效果能够迁移到被试的课堂学习中。

从教学实践的角度，元认知训练实际上就是“学会学习”。实际经验表明，许多学生在学习上的困难都是由于缺乏元认知能力造成的。因此，教师可以通过自我提问、自我评价、自我调节等元认知训练，加强学生元认知能力的培养，使其能监控自己的学习过程，获得自主学习的能力。

（四）情境性迁移理论

有意思的学习迁移现象非常多。例如，商贩卖水果的时候算账神速，但他们在学校的时候数学却学得不太理想。这是为什么呢？

研究者将这种知识无法迁移的现象归咎于学校情境和社会情境的差异。格林诺（Greeno）等人基于这类学习现象，提出了情境性迁移理论。该理论认为学习具有情境性，迁移是个体通过对具有支撑作用的情境特征的认知及相互作用而实现的。学习情境能为学习活动提供的支持越多，越能促进迁移的发生；而且，个体以活动图式适应不同情境的能力也直接影响迁移。这里的情境包括最初的学习与后来的迁移中涉及的物理和社会情境。简而言之，该理论强调迁移的情境性，主张迁移是个体与情境相互作用的产物，情境特性和个体特性同时决定着迁移能否实现。

其他一些研究也证明，加强社会交互作用与合作学习，可以促进迁移的产生。还有研究者探讨了课堂情境对迁移的影响，强调通过交谈、给其他同学解释自己学习的东西、在多种情境中进行练习活动等措施来加强合作学习，进而促进迁移的产生。在情境性迁移理论的指导下，教师应鼓励学生在实践活动、合作活动中进行学习，以建立动态的活动图式；而且要将原理的讲解与在具体情境中的应用相结合，培养学生解决实际问题的能力，真正实现“为迁移而教”。

给教师的建议

依据现代学习迁移理论组织教学

●在教学中，为通过塑造学生良好的认知结构来促进其学习，教师可以通过改革教材内容和教材呈现方式，改进学生的原有认知结构变量，以达到迁移的目的。

●通过样例进行归纳学习。教师演示正确的反应，给学生提供反应的机会，并根据学生的反应提供恰当的反馈，这样学生就会辨别各种不同的情境，并做出适当的反应。让学生体验不同样例的相似性与差异性，从而完成极为自然的归纳学习。①

①王振宏，李彩娜．教育心理学[M]．2版．北京：高等教育出版社，2020.

第三节　儿童学习迁移的影响因素与促进策略

一、儿童学习迁移的影响因素

学习活动是一种复杂的认知活动,迁移规律对于培养学生的创新思维有着不可估量的影响。教师需要围绕迁移规律展开教学活动,探索教学中如何培养学生的迁移能力,从而提高教学效果。

(一)儿童学习迁移规律的心理发展特征

促进儿童学习迁移,需要了解他们在小学阶段表现出的与迁移相关的一些基本心理特征,主要有以下几个方面:

1. 学习过程中存在认知需求

马斯洛在需要层次理论中指出,每个生命个体都有自己的认知需求,尤其是小学生在学习过程中表现出强烈的心理需求。小学儿童的认知内需具有可激发性,容易在教学活动中由教师创设的具体问题情境激发出来。因此,小学教学中要充分意识到学生的认知内需,注重挖掘并开发学生在学习知识、完成任务时真正的内需,从而满足学生的认知需要,实现学习的迁移。

2. 思维发展存在具体性

小学儿童思维的基本特点,是从以具体形象思维为主要形式逐步过渡到以抽象逻辑思维为主。低年级儿童的思维具有明显的具体形象性,中、高年级儿童的思维以抽象逻辑思维为主要形式。但是,并不是说低年级儿童不能进行抽象逻辑思维。因此,小学教学中不仅要尊重学生对问题具有感性认识的理解特征,还要进一步引导学生对不同的问题进行抽象与概括,促进他们产生学习的迁移。

3. 创新思维活跃

儿童时期的创新意识和创新思维正处于非常活跃的阶段,能够自发地或通过引导利用新的思维方式学习知识、解决问题。学生的创新思维是在学过知识的基础上进行的,创新的起点过高或过低,都不符合儿童的生理和心理特征,使得学生的思维能力减弱,不利于学生创新思维的形成。这就需要教师通过迁移规律的渗透,引导学生利用新的思维方式来解决问题,培养创新思维,再反哺知识的迁移。

(二)影响儿童学习迁移的因素①

为促进学习迁移,除了认识与儿童学习迁移相关的一般特征之外,还需要明确影响

①彭小虎,王国锋,朱丹. 儿童发展与教育心理学[M]. 上海: 华东师范大学出版社,2014.

学习迁移的因素，主要包括以下几点：

1.学习对象之间的相似性

学习对象之间的相似性体现在两个方面：学习材料的相似性和学习情境的相似性。两种学习材料间具有共同的成分或相似的成分，这是学习迁移发生的基本条件。相似程度的大小决定着迁移范围和效果的大小，如原理、规则等本质特征的相似性，以及某些具体事例内容等非本质特征的相似性。前后两种学习情境的相似，如学习场所、环境的布置、问题解决情境等，有利于促进迁移的发生。所以，一般情况下，很多学生的平时练习成绩比考试和比赛成绩好，在本校考试或比赛的成绩比在外面的成绩好，就是受不同学习情境的影响。

2.学生已有经验的概括程度

学习迁移是在一种学习中习得的已有经验对另一种学习的影响，因此，已有经验的概括水平对迁移的效果有很大的影响。一般来说，概括程度越高，迁移的可能性就越大，效果也越好。布鲁纳就很重视学科基本知识的掌握以及原有知识的巩固程度。在学生的学习中，如果能重视基本概念、基本原理的理解，重视思想方法的掌握，就更容易实现广泛的、效果良好的迁移。

3.学生学习的定式

定式是指从事某种活动时所具有的心理准备状态。在活动的进程中，先前的活动经验容易为后面的活动形成一种准备状态，使学生倾向于在学习时以一种特定的方式进行。定式对新的学习既可以产生积极的促进作用，也可能产生消极的干扰作用，阻碍迁移。例如，若学生在解决较难的问题时用惯了某一公式，那么他们以后就有坚持应用这一公式的倾向，很难改变；若在较易解决的问题中用惯了某一公式，则他们在解决新问题时也能够较灵活地适应。由此可以看出，积极作用能增加学生解决相似问题的速度，但是思维一旦进入死角之后，反而不能摆脱先前学习定式的影响，不能迅速找到解决新问题的办法，阻碍问题的顺利解决。

4.学生个体的智力水平

个体智力水平是影响学习迁移的主观条件。智力对人的学习迁移的质量有重要的作用。桑代克发现，学生的智力水平越高，迁移能力就越强。有较高智力水平的人能够很容易地发现两种学习之间的相同要素和相互关系，能够对两种学习材料进行高度的概括，所以能够更好地将原来学习中的策略、方法运用到新的学习中。例如，把较困难的复合题分解成几个简单题让学生去做，一般不会发生多大的困难；但是如果要求学生独立地解决这些复合题，有些学生就会束手无策。一种可能的原因是，这些学生分析问题的思维能力较差，不能独立地把复合题分解成简单题，所以找不到解题方法。相反，智力水平较高的学生能够轻松地解答比较困难的复合题，还能进行多样的变换和分解，顺利地解决问题，实现迁移。

二、儿童学习迁移的促进策略[①]

迁移对于学习者和教育工作者都有重要的意义。学生在懂得学习迁移的原理之后，会更加积极主动地学习，有利于提高学习效果。教师在理解学习迁移的原理和作用之后，也有利于改变陈旧的教育观念，促进现代教育观念的形成，在组织教学时充分运用促进学习迁移的条件来选取教学方法，合理地选取教学实例，适当地安排教学内容，实现“为迁移而教”。在促进学习迁移时，教师要注意以下问题：

（一）充分了解教材体系，合理安排教材与教学内容

如果教材和教学内容安排得合理，迁移的效果就会更好，教师的教和学生的学都会省时省力。因此，在教材的编排和教学内容的安排上，要注意在各个教学单元相对独立的前提下，体现出各单元和各部分内容之间的内在逻辑联系和前后衔接，切忌造成各部分之间的相互割裂。为了在教材中恰当运用迁移规律，教师不仅要吃透所教知识点，更要了解整本教材，甚至整个教材体系，充分利用教学材料中的内在联系。

例如，小学两步应用题教学中，应充分利用教材中两步应用题与一步应用题间的逻辑联系，引导学生产生积极的迁移。同时，在教学内容的选用上，要多考虑对学生进入社会有所帮助的、有趣味性的内容，并将真实生活中的例子融入其中，帮助学生将知识与真实的生活背景相联系。教师在编排和选择教学内容时，不仅要注意知识的纵向联系，还要注重概念、原理之间的横向联系，使知识结构化和网络化。在实际教学中，教师如果善于抓住教学中的纵横交错的网络节点进行教学，就有利于学生对知识进行建构，促进学习迁移。

（二）突出基本概念，加强基本知识与技能的教学

基本概念是学科的精髓和核心，知识迁移实际上就是基本概念和基本规律的迁移。任何学科的知识都会在学习者头脑中形成一个层级结构，最具包容性的观念处于这个层级结构的顶端，能够为新的学习提供最佳的巩固点。布鲁纳认为，学生只要领会了基本的原理和概念，就可以触类旁通，从而能用基本的和一般的观念来扩大和加深知识。基本知识和技能的概括化程度较高，是一门学科知识中的“共同因素”，对它的掌握，有利于促进学生学习的迁移。目前的课程改革借鉴了布鲁纳等人的观点，强调教学从基本问题出发，让学生在探索和实践中，灵活地运用已有的知识和技能，自己得出结论，这对知识的掌握和技能的形成起到了促进作用。

---

①彭小虎，王国锋，朱丹．儿童发展与教育心理学[M]．上海：华东师范大学出版社，2014.

资料超链接

加强基本原理教学时应注意下述问题：

(1)给予恰当的学习内容和练习课题，使学生充分掌握基本原理；

(2)通过练习使学生在充分理解原理的基础上，应用原理去解决实际问题；

(3)在教学中鼓励学生自己总结、归纳学过的内容，充分掌握运用基本原理的条件和方法，使所学原理达到最有效的迁移。①

(三)了解学生已有的知识水平，教授正确的学习方法

迁移是以学生大脑中已经贮存的知识水平为前提的，因此，教师必须从学生的实际出发组织教学，不仅包括各个年龄阶段学生的基本情况，还包括学生之间在个性、能力、兴趣等因素方面存在的差异。教师只有了解每个学生的实际情况，教学才会有针对性，才能使迁移顺利地进行。同时，任何学习都是可以产生迁移的，而学习方法的掌握、学习能力以及整体智力素质的提高，尤其是策略性知识的学习和迁移，能够对个人的成长和发展产生重要影响。例如，当学生在新的情境或任务中不能很好地运用所学策略时，教师可以给学生一些小提示，如“回想一下我们上节课讨论过的三角形按角分类的例子”，这样能帮助学生把新旧知识联系起来，从而促进迁移的产生。因此，在教育教学中，教师还要注意教给学生正确的学习方法，教会学生学习，发展智力素质。

(四)把握好迁移的时机与“度”，防止负迁移

教师运用迁移规律教学，还要做到“恰到好处”。因为有的内容与前面的知识联系不大，比如“分数的初步认识”一节，新旧知识联系不明显，教师就应注重从学生的生活实际去引入，而不要强求以前面已经学过的知识来实现迁移。由于学生原有知识观念和认识水平的制约，教师切不能“拔苗助长”。教师要把握好迁移的时机，注意迁移的广度和深度，才能收到事半功倍的效果。此外，负迁移在学习迁移中也很容易出现，因为学生有些模糊的不太准确的知识、经验及技能对新知识会产生反面的影响和干扰作用。为了防止负迁移的产生，消除负迁移带来的不利影响，教师应及时澄清一些重要概念和原理，加强相似知识的对比练习。

①彭小虎，王国锋，朱丹. 儿童发展与教育心理学[M]. 上海：华东师范大学出版社，2014.

本章小结

在学习掌握学习策略相关内容的基础上，本章进一步介绍和探讨了学习迁移的分类和作用、早期经典学习迁移理论与现代学习迁移理论，以及儿童学习迁移的一般规律与教学启示，为实践教学活动中树立、巩固、践行“为迁移而学，为迁移而教”的思想提供理论基础。

【练习与实践】

在课堂教学和批阅作业的过程中，新手教师张老师发现班上很多同学能够正确地认识并画出锐角三角形的高，但是遇到直角三角形和钝角三角形的时候，就总会混淆犯错。于是张老师决定进行教学反思，以便在教学中做出改进，帮助同学们正确地区分不同类型三角形的高。

假如你是张老师，你会怎么设计并展开下一堂课的教学呢？

【成长直播间】

<table>
<tr><td rowspan="3">成长维度</td><td colspan="5">内容</td></tr>
<tr><td rowspan="2">我收获了什么</td><td colspan="4">成长等级</td></tr>
<tr><td>A</td><td>B</td><td>C</td><td>D</td></tr>
<tr><td>知识</td><td></td><td colspan="4"></td></tr>
<tr><td>能力</td><td></td><td colspan="4"></td></tr>
<tr><td>素养</td><td></td><td colspan="4"></td></tr>
</table>

【学习加油站】

[1] 王小明，庞维国．儿童认知与学习[M]. 上海：华东师范大学出版社，2014.

[2] 吴红耘，皮连生．学与教的心理学[M]. 6版．上海：华东师范大学出版社，2020.

第十二章

哪种老师适合儿童？——教师心理

学习目标

1. 理清教师职业角色的形成过程、教师威信的影响因素，洞察教师职业心理素质的结构、职业认同和职业倦怠的表现。

2. 熟练运用教师职业倦怠的调控方法。

3. 形成自觉扎根乡村的教育情怀。

知识导图

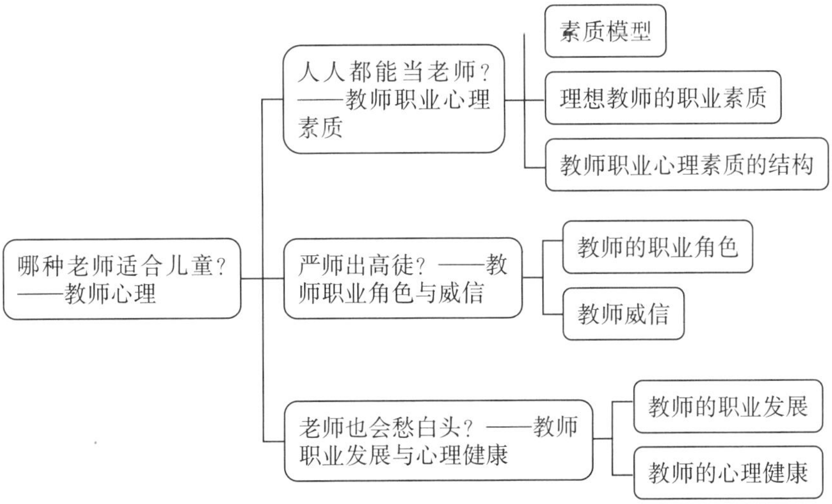

资料超链接

张桂梅，扎根滇西贫困地区40多年，立志用教育扶贫斩断贫困代际传递，在教育助力脱贫攻坚中做出重要贡献。她膝下没有儿女，却是华坪儿童之家170多个孤儿的“妈妈”，她对每一个孩子都视如己出，教他们读书识字，引导他们养成良好的卫生习惯，树立正确的人生观、价值观；她推动创建了全国第一所全免费女子高中——丽江华坪女子高级中学，用爱点亮乡村女孩的人生梦想，帮助1804名贫困山区女学生圆梦大学；为了帮山里女娃“逆天改命”，她开启了艰难的家访路，途中她摔断过肋骨、迷过路、发过高烧、旧疾复发晕倒过，但她从未放弃，一条家访路坚持了10多年；她还倾力帮助民族地区师生、困难群众，捐出包含社会捐助的诊疗费在内的全部积蓄用于兴教办学、扶贫济困。

作为一名未来的小学教师，你将要面对的专业成长挑战还有很多。在教师心理层面，这些挑战表现在教师职业心理素质的构成要求、形成教师职业角色和树立教师威信、认同教师职业、持续健康发展职业化道路以及敏锐意识到职业倦怠并做出及时调整等方面。为此，人们对教师行为及其心理进行了大量研究，概括起来，教师心理研究涉及教师的职业心理素质、教师的职业角色与威信、教师的职业发展与心理健康等领域。

第一节　人人都能当老师？
——教师职业心理素质

理想的教师如何与学生相处？他们具备什么样的特征？他们的专业素质应该包含哪些方面？研究者们不断地探索着这些问题的答案，积累了许多相关的研究成果。本节从梳理素质模型入手，分析教师职业心理素质的相关问题。

一、素质模型

洋葱模型是一种典型的素质模型。该模型把胜任素质由内到外概括为层层包裹的三层结构：最核心的层面是个性动机，中间层包括自我认知、态度和价值观，处于最外层的是知识和技能，如图12-1[①]。模型中的素质越向外层，越易于培养和评价；越向内层，越难以评价和习得。

①肖鸣政，（英）库克．人员素质测评[M]．3版．北京：高等教育出版社，2013.

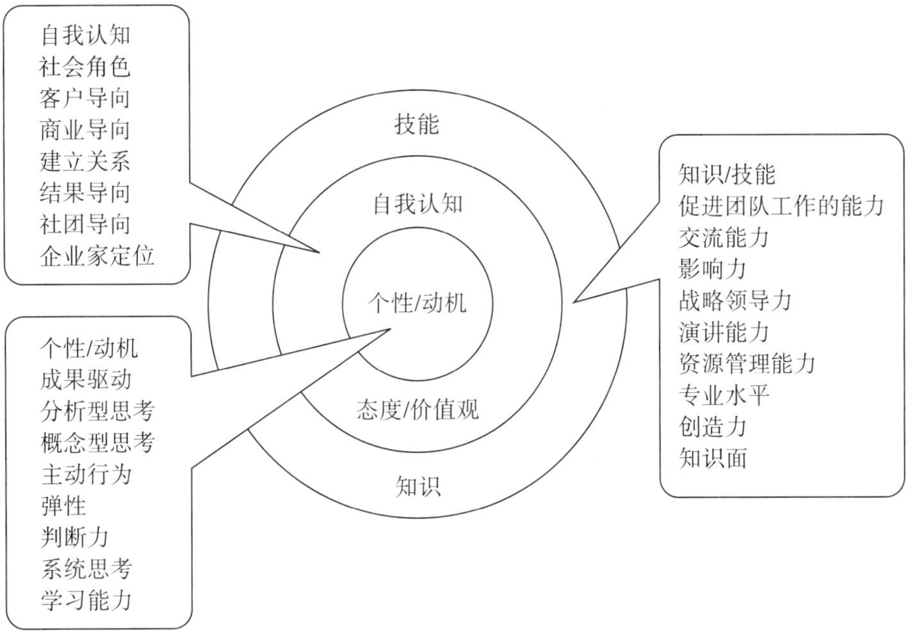

图12-1 洋葱模型示意图

通常来说，动机是推动个体为达到目标而采取行动的内驱力；个性是个体对外部环境及各种信息的反应方式、倾向与特性；自我认知是指个体对其自身的看法与评价；态度是个体的自我认知、价值观以及社会角色综合作用外化的结果；知识是个体在某一特定领域所拥有的事实型与经验型信息；技能是个体结构化地运用知识完成某项具体工作的能力。

根据洋葱模型，胜任各个岗位的人员的“素质”应是知识、技能及职业素养的整合。知识和技能属于洋葱的外皮，容易被感知；而职业素养则是属于洋葱的内在部分，很难判断和识别。所谓职业素养，就是个人的职业价值观和心理素质。

二、理想教师的职业素质

一般说来，个体能否顺利就业并取得成就，在很大程度上取决于本人的职业素质。职业素质越高的人，获得成功的机会就越多。职业素质的主要特征之一就是职业性，不同的职业，职业素质是不同的。教师职业的素质要求具有不同于其他职业的独特性。

（一）理想教师的心理品质

关于理想教师的心理品质的描述，不同发展阶段有不同的侧重方面。20世纪中期，盛行基于能力或基于绩效的模型。这类模型关注教师的行为，试图鉴别出哪些行为与学生的学习成绩高度相关，从而培养教师的这些行为。20世纪70年代，人本取向的教师教育思想兴起，使人们更加关注教师本人，尤其是教师的个性特征，如热情、灵活、热爱学生等。比较具有代表性的观点是，理想教师具有以下几项基本心理品质：关心、理解、接受、尊重、友谊和信任。这些品质能让学生体会到教师的关心，能促进他们的学习。只有知道教师在关心他们时，学生才能关注到教师的学问。

（二）教师职业素质的洋葱模型

有研究者综合前述两种倾向，将它们与素质的洋葱模型相融合，得到关于教师素质的洋葱模型，如图12-2所示[①]。这为思考理想教师的职业素质提供了一个整体框架。

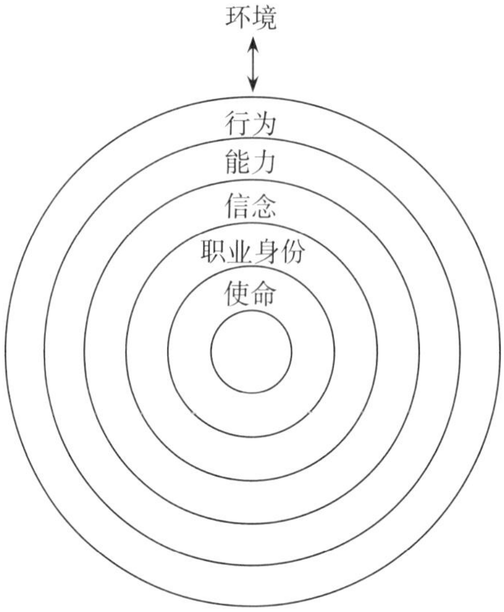

图12-2　教师职业素质的洋葱模型示意图

这个模型中，最外层"环境"和第二层教师的"行为"是能够直接观察到的。第三层"能力"是知识、技能和态度的综合体。第四层教师的"信念"决定了个体内部注意力的分配，从而影响能力的转移。例如，如果教师认为没有必要注意学生的感受，他就不可能培养自己的理解和同感能力。第五层"职业身份"指个体如何看待自己的职业身份，其核心问题有"我是谁？""我想成为什么样的教师？""我如何看待自己的教师角色？"等。第六层"使命"关注有关个人价值的核心问题，如"我为什么存在？""我存在的意义是什么？"等。

这个模型中，里层和外层的因素是相互影响的。外层因素影响里层因素，例如，环境会影响教师的行为（如一个问题班级与一个文明班级所引起的教师反应是不同的），行为的不断反复使教师慢慢形成一种能力。反过来，里层因素也影响外层因素，例如，教师的行为影响环境（如教师表扬或惩罚学生会引起学生不同的行为），教师的能力决定了他所能展示的行为。

①陈琦，刘儒德．教育心理学[M]．3版．北京：高等教育出版社，2011.

三、教师职业心理素质的结构

教师职业心理素质是教师职业要求的、在教师专业发展过程中形成的、在教育教学工作中培养并表现出来的、直接影响教育教学效果的相对稳定的心理品质。一般而言，教师职业心理素质具有多维度、发展性、阶段性、可培养等特征。具体而言，教师职业心理素质主要包括教师的教学效能感、教师的教学能力和教师的人格特征三个方面。

（一）教学效能感

教学效能感是指教师对自己影响学生学习行为和学习成绩的能力的主观判断。它属于教师的教育观念，是教师从事教育工作的心理背景，影响着教师的知觉、判断，进而影响其教育行为及教学质量。大量研究表明，教师的教学效能感是学生学习成绩好坏的重要预测变量，是专家型教师区别于新手型教师的重要指标。

教师的教学效能感包括一般教学效能感和个人教学效能感。一般教学效能感是指教师对教与学的关系、教育在学生发展中的作用等问题的一般看法。个人教学效能感是指教师在对自身教学能力的认知基础上形成的关于自我教学能力的信念。该信念一旦形成就成为稳定的人格特征，直接决定教师的教学行为，影响教学效果及学生的学习成绩和学习动机等，并通过行为结果得以不断激活和强化。

教师的教学效能感对教师行为的影响主要有四个方面：第一，影响教师在工作中的努力程度。效能感高的教师相信自己的教学活动能使学生成长，便会投入很大的精力来努力工作；效能感低的教师则认为不管自己如何努力，收效也不会大，因此不愿意投入太多精力或放弃努力。第二，影响教师在工作中的经验总结和进一步学习。效能感高的教师为了提高自己的教学效果，会不断地总结各方面的经验，不断地学习，以提高自己的教学能力；效能感低的教师则由于不相信自己在工作中会取得成就，难以做到在工作中不断积累、总结和提高。第三，影响教师在工作中的情绪。效能感高的教师在工作中会信心十足、精神饱满，表现出极大的热情，往往会取得良好的教学效果；效能感低的教师则常常在工作中感到焦虑和烦恼，以致不能很好地完成教学工作。第四，影响教师的职业压力应对策略。研究发现，效能感高的教师面对职业压力时更可能采取较为积极和理智的应对策略，改变职业压力的作用，减少职业倦怠的程度。

教师的教学效能感不是先天形成的，也不是一成不变的，其形成和发展主要受两方面因素的影响：一是外部环境因素，良好的社会风气、工作发展条件和人际关系等有助于提高教师教学效能感；二是教师自身因素，比如教师的价值观、自我意识、归因方式和个人成败经验等，其中最为重要的是教师个人的成败经验。一般来说，教学过程中的成功经验会提高个人的教学效能感，而过多的失败经验会降低个人的教学效能感。因此，作为一名教师，应正确对待自己的成功和失败，不断地总结和反思，有自信心并坚持不懈，就一定会取得良好的教学效果。

(二)教学能力

教师的教学能力涉及教学认知能力、教学操作能力和教学监控能力三方面。

1. 教学认知能力

教学认知能力是指教师对所教学科的知识的概括能力,以及对所教学生的心理特点和所使用的教学策略的理解能力。它是教师在长期教学过程中积累的知识经验的基础上形成的。

2. 教学操作能力

教学操作能力指教师在教学中使用教学策略的能力,即教师在组织教材、选择教学技术和方法、组织管理课堂、测评教学效果等方面的能力。教学策略的运用是教师教学能力的重要成分之一,是影响教师教学行为和衡量教学行为水平的一个重要指标。教师可以把课堂教学策略的训练作为提高自身教学能力的突破口。

3. 教学监控能力

教师的教学监控能力是指教师为了保证教学成功,实现预期教学目标,在教学全过程中不断地对教学活动本身进行积极主动的计划、检查、评价、反馈、控制和调节的能力。教学监控通过影响教师教学认知水平和教学行为,最终影响学生学科能力的发展、学生的学习成绩和学习监控能力的发展,从而成为教师职业心理素质的核心成分。在教学能力结构中,教学认知能力是基础,教学操作能力是集中体现,而教学监控能力是关键。

教师的教学监控能力有多方面的内容和多样化的表现:一是教师对自己教学活动的事先计划与安排;二是对自己实际教学活动进行有意识的监督、评价和反馈;三是教师对自己的教学活动进行调节、矫正和有意识的自我控制。在教学过程的不同阶段,教师的教学监控能力有多种表现形式,包括课前计划与准备、课堂的反馈与调节、课后反思与评价。

决定教师教学监控水平的直接因素有三个方面:一是教师能否正确、全面地发现和觉察自己正在进行的教学活动的状况和存在的问题;二是教师是否具备解决教学活动中所存在问题的足够的知识经验;三是已有的知识能否和现存的问题联系起来,从而进行合理的、有效的知识重组。

提高教师的教学监控能力的技术,概括起来有三种:(1)角色改变技术,即教师通过听专家讲座、听观摩课、参加教育科研活动,掌握正确的教育观念和方法,从而实现角色的改变;(2)教学反馈技术,即教师利用各种教学反馈技术,如微格教学技术等,对自己教学过程的各个环节有全面、清晰而准确的认识,进而客观地评价自己的教学状况和效果;(3)现场指导技术,这种技术可以帮助教师针对不同教学情境,选用最佳的教学策略,以达到最佳的教学效果,最终达到对课堂教学的有效调节和校正。

（三）人格特征

教师的人格特征不仅影响着自身的行为及心理健康水平，而且影响着教育教学效果和学生的发展。教师的人格特征主要通过两条途径对学生产生影响：一是教师的人格特征影响学生人格的发展；二是教师的人格特征影响学生学业成就的发展。在教育实践中，优秀教师的职业角色中体现出的典型人格特征主要有以下三个方面。

第一，热爱教育事业，热爱学生，富有事业心、责任感。没有爱就没有教育，爱是教师教育学生的基础和开始，这是教师最基本的个性心理品质。教师只有热爱教育工作，才会乐于献身教育事业，并与教师的责任感、义务感、荣誉感、自豪感联系在一起。教师还要热爱学生，真正去关心学生的成长。教师对学生的爱包括：了解学生，因材施教；尊重学生，公平对待；信任学生，对学生怀有积极的期待。

第二，情感成熟而稳定，情绪自控力强。这是教师顺利完成教育教学工作的重要条件，主要表现为：(1)能够预料行为的后果，控制环境和自己的反应，谋求自我情绪稳定；(2)能够在遇到不良情况产生消极情绪时，既延缓自己消极情绪的发作，又不压抑自己的情绪表现，以恰当而有效的方式及时宣泄自己的不良情绪。

第三，耐心、自制、有恒。教育的对象是儿童。教师日常工作非常琐碎，这要求教师有耐心、自制和持之以恒的品质。要能够坚持不懈地了解和关注学生的成长，对学生严格要求、不断督促与检查；能够控制自己的惰性，穷尽自己的所有资源来获得职业和专业的成长。

资料超链接

教育家精神：新时代教师必备的职业心理素质

2023年9月9日，习近平总书记致信全国优秀教师代表时强调要“大力弘扬教育家精神”：

心有大我、至诚报国的理想信念；

言为士则、行为世范的道德情操；

启智润心、因材施教的育人智慧；

勤学笃行、求是创新的躬耕态度；

乐教爱生、甘于奉献的仁爱之心；

胸怀天下、以文化人的弘道追求。

第二节　严师出高徒?
——教师职业角色与威信

教师是一个什么样的职业角色？如何建立和维护教师的威信？明确这些问题，对于教师和学生都具有非常重要的意义。在认识教师职业心理素质的基础上，本节围绕以上问题展开探讨。

一、教师的职业角色

心理学中的“角色”是指在特定的社会和团体中占有适当的位置，被该社会和团体规定了的行为模式。一个人扮演了某种角色，就意味着某种身份和社会地位，也意味着某种社会责任。教师，也是这样一种被赋予了社会地位和社会责任的职业角色。

（一）教师职业角色概述①

从社会对教师的角色期待以及教师的社会职责来分析，教师在学校教育过程中主要扮演着学生学习的促进者、行为规范的示范者、班集体活动的领导者、学生心理保健者、教育科研人员和家长的代理人等角色。

1. 学习的促进者

现代研究表明，教师应该充当的不仅是知识的传授者，更应该是学生学习的指导者、促进者，甚至是激发者、支持者和欣赏者。这一角色要求教师要指导学生去掌握基础知识和基本技能，学会如何发展各种能力，形成良好的品德；要培养和激发学生的学习动机，培养学生学习的主动性和积极性，从而保证学生在未来的社会生活中不断自我学习、自我探索。

2. 行为规范的示范者

教师作为社会文化价值与道德准则的传递者，无疑是学生模仿和学习的榜样。这要求教师不仅要指导学生掌握社会价值观和行为规范，更要通过自己的言行举止，对学生施以潜移默化的影响，充当起行为规范的示范者这一角色。因此，教师要时刻使自己的思想言行成为学生的表率，为学生提供好的榜样。

3. 班集体活动的领导者

班级是学校里最主要的正式团体，教师要担当好班集体各项活动的领导者角色。首先，要具备民主型的领导方式，促进良好师生关系的形成；其次，在课堂教学中建立良好的秩序，使学生养成自觉遵守纪律的习惯；最后，要注意发挥班干部的作用，形成良好的班集体气氛和舆论，建设好班集体。

①肖少北，申自力，袁晓琳. 儿童发展与教育心理学[M]. 北京：科学出版社，2016.

4.学生心理保健者

随着竞争日趋激烈，学生的心理压力越来越大，心理问题日趋增多。这要求教师充当学生心理健康的维护者、辅导者，做好学生心理健康教育工作。教师不仅要通过各种途径和方法来发展和提高学生的心理能力，而且当学生面临挫折或问题时，要及时帮助学生克服其成长中的障碍。

5.教育科研人员

传统教书匠式的教师已日渐不能适应当前社会经济文化的发展和教育自身发展的需要，专家型、科研型教师将成为未来教师的重要角色之一。因此，教师不能满足于传统意义上的“传道、授业、解惑”，还应该掌握现代教育理论和方法，积极探索和研究教育教学实践中出现的问题，促进自己教育教学能力的发展，不断提高教育教学效果。

6.家长代理人

进入学校后，儿童心目中的权威就从父母换成了教师，特别是低年级学生，这种权威是不容怀疑的。家长也要求儿童要听从教师的教导。因此，教师要充当好家长代理人的角色，一方面要像家长那样给学生温暖和关爱，要注意与家长沟通；另一方面也要严格要求学生，要让学生明白和体会师生关系不同于亲子关系，这样才有利于学生社会性的发展。

（二）教师职业角色的形成①

教师职业角色承载着教师自身和社会对教师群体行为模式的一系列期望，它是由一系列角色构成的角色系统，其角色形成过程呈现出以下特点：

1.从知识的传授者转变为学习的促进者

一直以来，“传道、授业、解惑”是教师最显著的标志。教师的功能就是把人类已有的知识经验传授给年轻一代，使其在较高起点上发展。不仅如此，教师还必须懂得如何传授知识，是学科教学法与学科知识的双重专家。这就要求教师应把使学生形成正确的学习态度、方法以及灵活的知识迁移能力作为教学的主要任务，担当起学习的促进者的角色，实现“教”学向“导”学的转换。

2.从严格的管理者转变为灵活的组织者

学生大部分的学校活动都以集体方式进行，教师需要扮演严格的管理者角色，成为学生集体的领导者和纪律的执行者。同时，由于时代的发展促使学生平等、民主意识增强，导致师生关系更多地向平等的方向发展。因此，教师将更多地引导学生进行活动，从管理者逐渐转变为组织者。例如，组织学科教学的讲授内容、组织学生的课堂行为，促进学生文化知识和技能的掌握；组织学生进行课堂内外各种活动，如游戏、劳动等，以达到理论联系实际、寓教于乐的作用。

---

①张大均. 教育心理学[M]. 3版. 北京：人民教育出版社，2015.

3. 思想品德教育者和心理辅导者

教师肩负着在思想品德方面促进学生社会化的任务。因此，教师要扮演好思想品德教育者的角色，通过自己的言传身教，促使社会意识和道德规范转化为学生的内在品质。同时，学生成长中的许多心理问题不能单纯依靠道德教育来解决。这就要求教师学习一些基本的心理咨询知识和技术，为学生提供安全的氛围和支持性的心理环境，为其提供辅导和建议，并在必要时及时转介到专业人员处。此外，在日常教育教学过程中，教师要注重将心理素质训练和思想品德教育融合到各种活动中，以提高学生心理素质、培养良好的道德品质。

4. 从经验积累者到行动研究者

专家型教师是教师专业发展的最高目标。从新手教师开始，单纯的经验积累不足以造就教育教学的专家，教师还应该从经验型向研究型转变。教师成为研究者并不是成为专门的研究人员，而是教师在自己的教育教学实践中去发现问题、研究问题和解决问题，研究的对象是自己的教育教学活动，包括教材、教法、教学手段和教学策略的选择等；教师也不是完全地进行学术研究，而是研究自己教学中的亲身经历或直接感受到的问题，目的是改善自己的教学效果。

资料超链接

对教师隐喻的变化

古今中外，关于教师的隐喻不计其数。随着社会的发展、时代的变迁及教育理念的更新，对教师的隐喻也发生了巨大的变化，这一变化也意味着对教师的不同期待与要求。

奉献（蜡烛、春蚕）→双赢（火箭）

人们素来赋予教师崇高的赞誉，伴随而来的就是高期待、高要求，希望或者要求教师像蜡烛一样“燃烧自己，照亮别人”，像春蚕那样悲壮，“到死丝方尽”。现在，人们逐渐认识到教师也是一个平凡的人，也像学生一样需要成长和发展。火箭论意味着教师在把学生送到目的地之时，自己也拔高了一层，实现师生共同成长的双赢。

静态（一桶水）→动态发展（河流、蓄电池）

教师是“先知先学”之师，教学即是把自己早已储存的知识之水灌输给学生。随着教师职业专业化的发展，人们意识到教师自身也需要不断地学习，补充能量，要像河流一样有源头，像蓄电池一样可以不断充电。

成批生产（工程师）→个性凸显（裁缝、园丁）

在应试教育中，教师是工程师，学生是没有生命力的钢铁，在教师的拿捏下成为标准化的零件，从题海战术中被成批生产出来。随着素质教育的兴起，人们开始关注学生间的差异，教师成了“裁缝”，量体裁衣、因材施教提上了日程。①

二、教师威信

教师威信是指教师在学生心目中的威望和信誉，是教师知识、能力、品格和情感等因素在学生心理上产生的非权力性影响力，它自然地影响着学生，使学生自觉自愿信服、尊重教师。它与威严不同，威严是以教师的职权威慑、压服学生，只能使学生产生惧怕和回避的心理。威严使学生敬而远之，而威信则使学生亲而近之。威信实质上是通过教师的人格、能力、学识及教育艺术在学生心理上引起的信服而又尊敬甚至崇拜的态度。

（一）教师威信的教育功能

威信是教师成功地扮演教育者的角色、顺利完成教育使命的重要条件。教师威信是直接影响教育教学效果的重要因素之一，会在教育教学中产生以下作用。

其一，教师的威信影响学生的认识，是学生接受其教诲的基础和前提。古人云：“亲其师，信其道。”有威信的教师能使学生产生信任的心理感受，学生会更积极主动地接受教师的教导。而对于威信较低的教师，学生往往不大信任其教导的真实性和正确性，甚至会有抵触情绪，因而学习效果一般较差。

其二，教师的威信影响学生的思想品德和行为习惯。有威信的教师常常被学生视为心目中的榜样而进行模仿。这样的“言传”和“身教”无形当中塑造着学生的思想品性，使教师的一言一行具有更大的教育作用。

其三，教师的威信能唤起学生积极的情感体验。有威信的教师的表扬能让学生感到愉快和自豪，产生前进的动力；他们的批评能让学生感到悔悟、自责和内疚，促使其自觉地改正缺点和错误。这样的情感体验有利于强化学生的行为方式，对思想和行为的塑造具有推波助澜的作用。

由此可见，有威信的教师能够在认知、情感和行为上影响学生。不同年龄、性别、个性特点的学生对教师的期望不同，所以教师的威信对于不同的学生来说有不同的深度和广度。

（二）教师威信的形成

教师威信的形成是一个由“自然威信”向“自觉威信”发展的过程。“自然威信”是在师生交往初期，由学生对教师自发的信任和尊敬而产生的威信，它建立在教师身份角色所赋予的权威、权力和影响力的基础上。随着师生之间相处和了解的加深，教师的威信就逐渐发展成“自觉威信”，这才是真正的威信。在这个过程中，教师威信的形成和发展受

①刘儒德. 信息技术与课程整合[M]. 北京：人民教育出版社，2004.

到诸多因素的影响。例如,社会对教师的态度、家长对教师的态度、学生对教师及其工作的认识、教师自身的因素等。其中,教师自身的因素起决定性作用。

第一,教育教学技能和人格特征是教师获得威信所必需的因素。如果教师知识渊博,有较强的教学能力、教学艺术,能够给学生以深刻启迪并激发他们对问题进行深入思考,自然会获得威信。同时,教育又是一项复杂的、高负荷的工作,面对困难和挫折,一个具有良好个性心理品质、自我批评精神的教师更容易获得学生的尊敬和爱戴。

第二,良好的道德品质是教师获得威信的基本条件。教师的道德品质体现在其对教育工作意义的认识及由此产生的对本职工作的高度负责精神。如果教师热爱教育事业,有强烈的自豪感、光荣感和责任感,兢兢业业,有道德修养,以身作则,为人师表,出色完成教学工作任务,就会成为学生思想的榜样,并获得学生的尊敬;相反,如果教师不热爱教育工作,对教学无热情,敷衍了事,表里不一,华而不实,就会失去学生的尊敬。

第三,教师的仪表、风度和行为习惯影响威信的形成。教师的仪表端庄、朴实、整洁、大方、自然,风度优雅,可以给学生充实、沉着、稳重、积极向上的感觉;教师仪容不整、生活懒散、不讲卫生以及习惯性不雅观的语言动作等不良仪表和习惯,会损害教师的威信。

第四,教师给学生的第一印象有助于威信的树立。在头几次见面的关键时期,学生会根据教师的表情、态度、声音、语调等形成初步印象和评价。教师第一次和学生见面会给学生留下特别深刻的印象。第一印象好,学生往往对教师以后的言行向好的方面解释;相反,学生会感到失望,常向不好的方面解释教师的言行,今后也很难改变这种印象,教师威信就难以建立。因此,教师应高度重视第一次与学生见面,争取给学生留下良好的第一印象,初步建立起在学生心目中的威信。

第五,师生良好的交往对教师威信的获得有相当大的作用。教师的威信是在与学生的长期交往、互动中形成的。师生关系并非只限于课堂教育教学中,在日常的生活交往中,教师与学生交流思想、兴趣、情感等,要平等、民主地做学生的朋友和知己,使学生对教师产生亲近感、认同感,增强学生对教师的依赖和尊敬。在交往中,教师既要满怀真诚和爱心,与学生坦诚相见,热情关怀,耐心细致,又不能为取悦学生而无原则地迁就,或者和学生称兄道弟。

(三)教师威信的维护和提高

教师的威信形成后,具有一定的稳定性,但是这种稳定性是相对的,有条件的,并不是一成不变的。引起教师威信变化的因素,既有客观因素,如社会的变迁、学生的发展等;又有主观因素,如教师的知识面、教育教学技能等。总之,教师如果不是经常处于积极的发展状态,其威信就有可能降低或丧失。教师想要恢复已失去的威信,要比最初获得威信困难得多。因此,教师不仅要注意在学生中形成威信,而且还要注意维护和提高已经形成的威信:一是巩固已有的威信,防止威信的下降和丧失;二是发展不全面的威信为全面的威信;三是发展低水平的威信为高水平的威信。维护和提高教师威信,关键在于教师本身要使自己的道德、心理品质和业务能力始终处于积极的发展状态，特别是要具备以下几点特征。

第一，教师要有坦荡的胸怀，实事求是的态度和自我批评精神。有威信的教师并不是没有缺点和错误。作为一名教师，应该能够对自己的过失承担责任、及时纠正，这不但不会降低自己的威信，反而会赢得学生的尊重。

第二，教师要正确认识和合理运用自己的威信。教师的威信是学生接受教诲的重要基础和前提，但是也容易使学生过分依赖教师，迷信教师，对教师的教导盲目地言听计从。因此，教师要正确认识威信的作用并合理运用，一方面利用威信的力量，引导学生向积极的方面发展；另一方面也要注意培养学生的独立性、自主性和批判性。

第三，教师要有不断进取的敬业精神。教师必须严格要求自己，不断地更新自己的教育思想观念和教学艺术，提高自己的业务知识和水平，完善自己的各种素质，以满足学生不断发展的需要，才能不断地取得良好的教育教学效果，从而激起学生的敬佩之情，维护自己的威信。

第四，教师要始终做到言行一致，做学生的楷模。一般来说，在学生心目中，教师是知识丰富的人，是举止文明的典范。如果学生发现教师的言谈举止与自己心目中的教师形象有云泥之别，那么教师的威信就会下降。同时，教师言行一致，则“言传”和“身教”并行，不仅增强教育效力，而且会赢得学生的信赖与尊重。因此，言行一致和以身作则既是教师获得威信的重要品质，更是维护教师威信的重要品质。

给教师的建议

什么样的教师在学生心目中才有威信？

教师的威信主要表现在六个方面：

(1)教育热情——热爱、尊重、关心学生，待人耐心、和蔼、亲切，师生关系融洽；

(2)思想品格——文明，真诚，言行一致，有修养，以身作则；

(3)知识水平——不仅了解所教学科知识，对其他学科也比较了解，一专多长；

(4)教学能力——教学有方，语言表达力强，讲课生动有趣；

(5)工作态度——尽职尽责，严格要求，认真勤恳，治学严谨；

(6)教育作风——公正无私，不偏不袒，作风民主。

小学生喜欢的教师是：教学方法灵活；活泼，开朗，能与学生一起学习和游戏，对学生宽容、热心。小学生不喜欢的教师是：教学方法呆板；好训斥人，有偏心。[1]

[1]张大均. 教育心理学[M]. 3版. 北京：人民教育出版社，2015.

第三节　老师也会愁白头？
——教师职业发展与心理健康

教师职业被公认是一种高强度、高压力的职业，所以教师是职业倦怠的高发人群。因此，在职业发展过程中，教师的心理健康状况必须引起教育决策者、社会、学校、教师个人等各方的高度重视。

一、教师的职业发展

20世纪80年代以来，国内外诸多研究者探讨了教师职业生涯的发展过程，发现在不同的年龄阶段和职业发展阶段，教师群体表现出不同的心理和行为特征，关注着不同的核心问题。

（一）教师职业发展的阶段

关于教师职业发展的阶段，许多研究者勾勒了教师职业发展的变化过程和各阶段教师的基本状态。其中，富勒（Fullor）的理论比较具有代表性。他认为，教师在职业发展的历程中大概要经历四个阶段：职前关注期、关注生存期、关注情境期、关注学生期。各阶段教师的基本状态如表12-1所示。

表12-1　富勒的教师职业发展阶段理论

发展阶段	阶段特征
职前关注期	指学生时期对教师的观察，往往持批判或敌对的态度。
关注生存期	是新教师进入教学的最初阶段，非常关注生存适应性问题，比如“学生喜欢我吗？”“我能管理好班级和课堂吗？”“领导是否觉得我干得不错？”等等，常处于焦虑、担忧和紧张状态。
关注情境期	虽然仍关注前一阶段的问题，但更关注与实际教学相关的事情，如“内容是否充分得当？”“如何呈现教学信息？”“如何掌握教学时间？”等，把精力放在如何教好每一堂课上。
关注学生期	在顺利适应前两个阶段之后，教师真正体现出对学生的关怀，考虑到学生的个别差异和个体需要问题，认识到先前知识与学习能力存在差异，教材和教法并不一定适合每个学生，在教学中会因材施教。

除了富勒的观点以外，还有几种影响较大的理论。例如，费斯勒（Fessler）提出教师职业发展过程八阶段论：（1）职前教育阶段；（2）实习引导阶段；（3）能力养成阶段；（4）热情和成长阶段；（5）挫折阶段；（6）稳定停滞阶段；（7）低落阶段；（8）退出职业阶段。斯特菲（Steffy）将教师职业发展过程分为五个阶段：（1）预备阶段；（2）专家阶段；（3）退缩阶段；（4）更新阶段；（5）退出阶段。休伯曼（Huberman）则把教师职业周期分为七个时期：（1）入职期，教龄为1—3年；（2）稳定期，教龄为4—6年；（3）实验和变化期，教龄为7—25

年；(4)再评估期，实验和变化后，可能会导致自我怀疑危机，教师会重新评价自己；(5)平静疏远期，教龄为26—33年；(6)保守抱怨期，50—60岁的教师；(7)脱离期，教龄为34—40年的教师。

综合以上从时间维度来展开的研究，可以概括出教师职业发展的一般过程：职前培训—入职适应—职中发展—退出职业。但每个教师的发展轨迹会受多种偶然因素的影响，因此，具体到每个教师，职业发展是依次经历每个阶段，还是跳过某些阶段直接进入下一个阶段，或者长期停滞在某个阶段，甚至在某些阶段之间不断循环，要视其自身特质与经历而定。

（二）教师职业发展各阶段关注的核心问题[①]

在职业发展的不同阶段，教师需要关注的核心问题不尽相同。通常来说，主要有以下几类共性问题会困扰处于职业发展不同阶段的教师。

第一，适应问题。教师进入新环境，面对新问题，会产生身心困扰。比如，新教师会觉得在学校里学到的专业知识与实际教学是两回事，与不同类型的学生、家长、同事和领导很难相处等。不过，“不适应”不只在新教师身上才会发生，任何年龄、处于任何发展阶段的教师都会或多或少地出现适应问题。比如，处于成长期的教师可能需要改变惯用的教学方法，或新教材很难把握，或是出现职业生涯的“高原现象”等。这些问题都会影响教师的教学效果和身心状况，进而影响学生的学习成绩与心理状态。

第二，工作压力问题。教师的压力主要来源于工作要求和教师个人特征。教师工作要求指教师所从事的工作任务的数量和困难程度，如工作负荷、竞争机制、升学率要求、人际矛盾等；教师个人特征指能力、性格、抱负水平、自我效能感、家庭等个人因素。这些压力在各阶段都可能出现，新教师的压力可能与教学能力、人际关系及专业能力有关，成长阶段的教师可能担心无法发挥能力和施展抱负，中年教师的压力可能涉及婚姻、家庭生活或经济。

第三，拓展和创新问题。教育教学的理念、课程、教材、教法等持续发展和变化，社会的变迁、新的文化观念和科技成果也时时刻刻影响着教师和学生。加上教师面对的学生大都处于相对固定的年龄，如小学生多在6—12岁，而教师自己的年龄却在逐渐增大，因此教师与学生在思想观念、行为方式等各方面的距离会逐渐拉大。如果教师不重视与时俱进地接受新的思想观念，不善于用新的科技成果来充实自己的教学内容、改进教学形式，而是因循守旧、思想僵化，则会引起职业发展的危机。

（三）教师的职业认同

在教学和教师教育领域中，对“职业认同”这个概念有多种界定，强调的重点各不相同。有的强调感知性，提出教师职业认同是教师个人对自身教师身份的正面感知，以及

①张大均．教育心理学[M]．3版．北京：人民教育出版社，2015.

在自我肯定和自我接纳下所表现出来的行动；有的强调过程性，提出教师职业认同是教师的个人经历、实践经验与外部环境之间相互作用的一种职业角色内化过程，并且在这个过程中与自我角色认同构建互动关系，感受到职业价值；有的强调动态性，提出教师职业认同具备一定稳定性，但同时它也是一种动态过程，会依据社会情境、个体因素及紧急事件而出现变化。总之，教师职业认同的共同特征可以概括为：①教师职业认同是动态的，不是固定的，是终身学习的过程；②教师的职业认同包括多项次认同，它们之间可能是和谐的，也可能是不和谐的；③教师职业认同具有明显的个人特征；④教师在职业发展的过程中必须是积极主动的，教师个体是职业认同的重要因素[①]。《小学教育专业师范生教师职业能力标准（试行）》从三个方面描述了师范生教师职业认同：其一，了解小学教师工作的特点并认同教师职业价值；其二，乐于从教、热爱教育事业的心性；其三，树立育人新理念。

对中小学教师的调查研究发现，教师的职业认同与工作投入之间呈显著正相关，且教师职业认同可以通过组织支持感间接促进工作投入水平，表现为这些教师对工作更加专注认真、更有创新和探索的活力、更乐于奉献。这说明职业认同是一种积极的心理资源，是工作投入的激励性因素[②]。对农村中小学教师的调查发现，虽然教师的职业责任心都较强，但是职业认同度普遍不高，受到教师对职业的认识、职业满意度等因素的影响，具体表现为年龄越低、学历越低、担任语数外学科教学的教师对职业认同更高，教学工作投入明显更多[③]。

再看职前教师的职业认同呈现出的特点。无论是公费师范生，还是小学教育专业学生，他们总体的教师职业认同程度处于中上水平，且存在显著的文理科差异，文科生高于理科生；也存在非常显著的性别差异，女生高于男生，但在小学教育专业学生中不存在性别差异。生源地、家庭经济收入状况不影响师范生的总体教师职业认同感。小学教育专业学生的教师职业认同在家庭支持与否这个因素上表现出显著差异。此外，高教师职业认同感的学生更多是出于内心对教育事业的热爱而选择免费师范生，而低教师职业认同感的学生则更多是因为外在因素选择免费师范生。[④]

教师职业认同的影响因素，主要集中在内部因素、外部因素两部分。内部因素主要包括人口统计学变量因素和教师个体因素，外部因素主要表现为学校环境和社会环境。其中，要尤为重视教师个体因素和学校环境因素，相比较而言，它们是比较容易改变的因素。因此，为培养和提升教师的职业认同，学校方面应当改进学校的管理，营造民主和谐的学校环境；重视教师的专业发展，加强教师专业能力培训；完善教师奖励机制，改善教

①魏淑华，宋广文．国外教师职业认同研究综述[J]. 比较教育研究，2005(5).

②白玉萍，黄凡，肖晶．中小学心理教师职业认同、组织支持感与工作投入的关系研究[J]. 中小学心理健康教育，2022(16).

③李壮成．农村中小学教师职业认同现状调查——以四川省为例[J]. 教育测量与评价（理论版），2009(10).

④丁道群，蒋珊珊．湖南地区高校免费师范生的教师职业认同感调查研究[J]. 教师教育研究，2011，23(4).

师工作生活条件。教师方面应当塑造正确的职业价值，培植深厚的教育情怀；树立终身学习的理念，不断提高自身素质。从未来教师的教育培养角度，应当开展“体验+项目”的研究活动，提升职业认知水平；多学科协同，突出教学实践，提升教师职业能力；教师职业文化氛围显性化，培养教师职业情感，坚定教师职业意志。

二、教师的心理健康

教师在职业发展过程中会经历不同的发展阶段，在逐步强化巩固教师职业认同的同时，可能也会面临不同的核心问题。随着教师专业化进程的加快，教师职业生涯中可能面临的压力会越来越大。关注教师的心理健康，既是教书育人的需要，也是教师自身成长发展的需要。

（一）教师的职业角色压力①

教师在教育教学过程中扮演多种角色，其多重性和高要求必然产生教师的角色压力。具体而言，教师职业角色压力主要来源于角色冲突和角色超载。

1. 角色冲突

当教师不能同时满足对其有意义的多种角色期望，或对某一特定角色的期望不一致时所产生的矛盾或紧张心理，就是角色冲突。一种是角色间冲突，教师需要同时扮演几个角色，或几个角色同时对教师提出相互矛盾的行为要求。例如，女教师的家庭主妇角色与职业角色之间的冲突，严格的班主任与慈爱的母亲之间的冲突等；另一种是角色内冲突，不同群体对同一角色持有相互矛盾的期待，或教师对角色行为的理解与他人的期待不一致甚至相反，却又必须履行时，就会发生角色内冲突。例如，校长和学生对教师管理的态度有不同期望，教师很难同时令二者都满意。适当的角色冲突有助于教师适应工作的要求，促进教师学习。但冲突也会影响教师的心理健康和工作积极性，甚至影响教师职业的稳定，诱发部分教师的角色转变行为。

2. 角色超载

教师因缺少时间、精力或资源，无力实现角色的要求，就会产生角色超载。它来源于两方面：一是时代发展导致对教师的要求提高，使教师角色组合中的角色数量和各角色的工作内容增加；二是班级人数膨胀、过多的测验等大大增加了教师的工作负荷，使教师几乎丧失了休息时间。教师对职业角色压力的感知，往往与该教师的个人特点有关。其中包括对教师角色所持有的观念、应对职业角色压力的策略、个人的工作自我效能感等。同样的工作负荷，自我效能高的教师更能够采取有效的应对策略，避免因工作负荷过大而感到倦怠。

①张大均．教育心理学[M]．3版．北京：人民教育出版社，2015.

(二)教师的职业倦怠

美国教育协会主席麦克古瑞曾经指出:“职业倦怠的感受正打击着无数具有爱心和理想并且乐于奉献的教师,使他们逐渐放弃自己的专业工作,这个重大的疾病正在折磨着教师职业,如果不能及时有效地纠正,那么就会达到流行的程度。”[①]自“职业倦怠”概念于20世纪70年代提出以来,相关研究已经延伸到了教学领域,并已经成为教育和心理健康领域近30年来关注的一个热点问题。

1.教师职业倦怠概述

教师职业倦怠是教师不能顺利应对工作压力时的一种极端反应,是教师长期压力体验下所产生的生理、情绪、认知和行为的衰竭状态,典型症状是工作满意度降低、工作热情和兴趣丧失,以及情感的疏离和冷漠。教师在体验职业倦怠之后容易对学生失去耐心和爱心,对课程准备的充分性降低,对工作的控制感和成就感下降。

职业倦怠包括三个核心成分:(1)耗竭感,指个体感到自己的能力和资源耗尽、用完。生理耗竭是职业耗竭的临床指标,表现为极度的慢性疲劳、疲乏虚弱、睡眠障碍、头痛、食欲异常等;情感耗竭是职业倦怠的核心维度,也是最明显的症状表现,例如丧失工作热情、情绪波动大、容易迁怒他人、感情处于极度疲劳状态等。(2)去人格化,指刻意在自身和工作对象间保持距离,对工作对象和环境采取冷漠和忽视的态度。具体表现为减少接触或拒绝接纳学生,对待学生像对待没有生命的物体一样,用带有蔑视色彩的称谓称呼他们,或用标签式语言描述个体学生;对同事常持多疑妄想的态度,对他人过度反应,导致人际关系恶化。(3)低个人成就感,指倾向于消极地评价自己和工作的意义与价值、个人成就感降低、自我效能感下降。低成就感教师觉得工作中不再有什么值得去做,感觉他们无法给学生的生活带来更大的变化,而他们的职业所带来的金钱和社会认可等回报也少之又少,于是就产生了较强的自卑感。

教师职业倦怠是在外界压力和自身心理素质的互动下形成的。归纳起来,有内部因素和外部因素两方面的原因。内部因素与个人因素息息相关,教师的自我概念、对于角色冲突的态度、解决冲突的策略以及个性心理特征对职业倦怠都有重要影响,若教师对自己的角色有明确的概念,那他就会较少受他人期望的影响。此外,自尊和自信是影响教师职业倦怠的重要因素。个体对社会支持普遍存在强烈的需要,任何感到遭受社会拒绝的事件都可能被认为是有压力的,因此,缺乏自信心的人会比其他人更容易感到威胁。

人格特质对职业倦怠的影响力远不能和外部因素相比。这些环境因素涉及工作特征、职业特征和组织特征等,主要包括:(1)社会期望,即教师职业的声望压力。我国一直都对教育持有很高的期望,对教师有很高的要求,但现在更重视教育质量,重视教师对社会的责任,而忽视了教师本身的需求。当教育质量差、学生出现问题时,教师就首当其冲地成为替罪羊。不断被监督和谴责会对教师产生难以忍受的压力,从而导致教师心理

①李江霞.国外教师职业倦怠理论对我国的启示[J].教育科学,2003,19(1).

健康问题的产生。(2)工作压力，主要体现在教学工作、教育工作、科研进修三个方面。教学工作方面，随着素质教育的实施，课程结构和内容的改革，现代教学方法手段的更新，社会对教师的教学能力有更高的要求。同时，班级人数的膨胀、考试竞争、升学压力、过多的测验与材料工作也大大增加了教师的工作负荷，从而给他们带来倦怠感。教育工作方面，随着社会的变迁，学生的问题行为也日益严重，教师必须花费更多的时间与精力来处理学生的问题，管教学生已成为教师压力及倦怠的主要因素。科研进修方面，随着中小学重视“以研促教”的思想，教师们除了日常教学外，还要承担各种各样的教学科研任务。如今，教师学历提升已经成为一种趋势，大部分教师除了要参加各种岗位培训，还要参加学历考试，给教师带来沉重的压力。

职业倦怠心理的存在会直接影响教师的身心健康，从生理上到心理上再到行为上对工作敷衍了事，不思进取，甚至产生辞职意向和行为。同时，教师职业倦怠还会阻碍教师的专业发展，甚至会引发家庭冲突和危机。不仅如此，它还直接影响其教学品质，危害学生的学业，不利于学生身心健康的发展和健全人格的形成。

2.教师职业倦怠的调适

如上所述，教师职业倦怠产生的原因是多种多样的。因此，应对教师职业倦怠，可以从个体、社会、物质三个层面进行协调。个人的自我效能感、控制感、自尊自主等，是教师面临多重角色时进行有效顺应的心理基础；社会支持系统，是教师承担多重任务时进行有效合作的社会基础；物质资源则包括良好的身体状况和能满足职业基本需要的人财物等，这是教师能够有效转移工作干扰的前提[①]。教师也要学会合理地预防、调适职业倦怠，维护自己的心理健康状况。具体的应对策略如下。

其一，改变观念，换个角度思考问题。任何事情都有积极面和消极面，教师职业角色压力也是这样，若能换个角度思考问题，往往能茅塞顿开、柳暗花明。因此，教师要学会正确看待自己的工作，就像詹森所说，“教学远不是解释知识和等待下课的铃声，它远远超过这些。它是发现、是分享、是兴奋和爱。它不是负担，而是欢乐。它像强烈的、能给你带来温暖的阳光和激情迸发的篝火。”[②]

其二，进行职业发展规划。职业生涯发展规划有助于教师专业化的阶段性发展，并能对其工作产生评价和激励作用，还能够将教师当初投身教育事业的理想信念贯穿于自己的整个教学生涯之中，有效解决工作动力不足和成就感低的问题。职业生涯规划最核心的作用就是让教师获得自我认同，解决“自己是谁”“要成为谁”“如何实现”等一系列角色认同问题[③]。处于任何发展阶段的教师都需要进行职业发展规划，尤其是新教师，要在教师职业生涯开始时就为自己设定发展目标，把目标细化，利用所有资源来实施这些目标，并定期审查目标达到的情况以调整发展计划。

①靳娟娟，俞国良．教师心理健康问题与调适：角色理论视角的考量[J]．教师教育研究，2021(6)．

②(美)费奥斯理，(美)费尔普斯．教师新概念：教师教育理论与实践[M]．王建平，译．北京：中国轻工业出版社，2002．

③许春良，浅谈现代教师职业倦怠的新趋势及自我调适[J]．小学教学研究，2021(27)．

其三，积极的应对策略和归因方式。在面对问题时采用更积极的应对手段，而不是逃避。努力使自己成为更加内控的人，把原因归结为个体可以控制的因素（如努力），从而提高自我效能感。当发现自己有职业倦怠的症状时，要勇于面对现实，反思自己的压力来源，主动寻求专业人士的帮助。

其四，从组织层面看，应通过削减过度工作时间、降低工作负荷、明确工作任务、积极沟通与反馈、建立有效的社会支持系统、强调公平等来防止和缓解职业枯竭。有研究者指出，重复性的工作容易让人产生倦怠感，而通过工作重塑可以让个体主动对工作做出相应的调整与改变。工作重塑分为任务重塑、关系重塑和认知重塑。任务重塑包括增加或减少任务量、改变任务的性质、改变时间和精力在多个任务上的分配等，让教师将更多的精力放在自己觉得有意义的工作任务上；关系重塑是指改变教育教学工作中与他人互动的质量和频率；认知重塑则是指改变教师对工作的看法或感知方式，改变自己对工作的认知可能会产生新的动力。让教师尝试优化日常工作，将原本看似无意义的部分进行价值转换，这样不仅可以重新找回工作的新鲜感，还有可能让自身职业发展进入一个崭新的阶段①。

总之，针对教师职业倦怠，要积极地使用问题解决策略。除上述策略外，还包括及时合理地宣泄情绪、寻求社会支持、加强时间管理和社交训练、进行适度的锻炼，以及在感觉紧张时使用肌肉放松、冥想放松等方法来松弛身心。

阅读与思考

你如何为从事儿童教育职业做好准备

下面这些你能够完成的事情将使你的职业变得快乐，对你自己、儿童和他们的家庭也富有建设性。

1. 形成一种教育与教育哲学。
2. 分析你对教学的态度和愿望。
3. 分析你对儿童的态度与感觉。
4. 相信所有的儿童都有学习能力。
5. 提高技巧，扩大知识面。
6. 尝试新事物。
7. 对教学保持热情。
8. 抓住每一次教育机会去提高训练方案与职业水平。
9. 寻求在各种各样环境中与所有类型的孩子在一起的经验的机会。

①张亚红，周璇，别平丽．中小学教师职业倦怠感的现状调研分析及心理调适策略[J]．2022，10(2)．

10. 走进对你有机会的地方。[①]

本章小结

教师心理是教师教育知识中必不可少的重要组成部分。本章主要介绍和探讨了教师职业心理素质的模型与结构、教师职业角色和威信的建立与维护，以及教师职业发展及其过程中需关注的心理健康问题，为未来教师们了解教师职业提供了一个窗口。

【练习与实践】

小茹是一名师范专业的大学生，最近她不断在思考一系列问题：什么样的老师才是适合学生的好老师？自己距离成为这样的好老师还欠缺些什么？在实习的时候是不是得威严十足，千万别在学生面前露怯？

小茹决定向已经走上教师岗位的学长们请教经验。假如你是小茹的学长，你打算如何帮助她解开目前面临的这些困惑呢？

【成长直播间】

成长维度	内容				
	我收获了什么	成长等级			
		A	B	C	D
知识					
能力					
素养					

【学习加油站】

[1] 莫雷．教育心理学[M]．北京：教育科学出版社，2021.

[2] 张大均，江琦．教师心理素质与专业性发展[M]．北京：人民教育出版社，2005.

[3]（美）麦金太尔，（美）奥黑尔．教师角色[M]．丁怡，马玲，等译．北京：中国轻工业出版社，2002.

①（美）莫里森．当今美国儿童早期教育（第8版）[M]．王全志等译．北京：北京大学出版社，2004.